MARADONA

Ouvrage dirigé par Bénita Rolland et Jacqueline Lasry

www.hugoetcie.fr

ISBN : 9782755605754
Dépôt légal : mai 2010
Imprimé en France

Alexandre Juillard

MARADONA

Hugo&Cie

« LO MAS »

En Argentine, tout est plus beau, tout est plus grand.

« *Lo mas* », le plus, le mieux, est donc une expression largement utilisée au pays de Diego Maradona. À écouter un habitant de Buenos Aires (*Porteño*) parler, et il parle beaucoup, l'Argentine est un pays aux multiples trésors, un pays magnifique, un pays unique.

L'avenue 9 de Julio à Buenos Aires ? « *La plus grande avenue du monde* ». Les femmes ? « *Les plus belles du monde* ». La viande ? « *La meilleure du monde* ». Boca Juniors ? « *Le plus grand club du monde* ». Diego ? « *Le plus grand joueur de tous les temps* ». Dans le vocabulaire très imagé argentin, *lo mas* est bien souvent enrobé d'une autre expression, qui bat tous les records de prononciation.

Ce mot qui est, pour le coup, typiquement argentin, c'est *boludo.* C'est une sorte de « con » à la marseillaise, mais il est difficile à traduire tant il veut tout dire. Un ami peut être un *boludo*, un ennemi peut être un *boludo*. C'est un mot doux et dur à la fois, mais aussi un sérieux tic de langage qui se glisse instinctivement entre deux mots, qui commence et/ou termine une phrase. Et ce *boludo*, les Argentins l'emmènent partout avec eux. Au Brésil par exemple. L'été, de nombreux Argentins envahissent, en effet, les plages de Florianopolis et de ses environs. Ils y débarquent en masse et en groupe. Ces plages de sable fin, situées dans le Sud du Brésil, sont à « seulement » vingt-quatre heures de voiture (une broutille pour eux) de Buenos Aires. Là-bas, les Argentins ont bien du mal à passer inaperçus. Ils ont pour la plupart entre vingt et trente-cinq ans, ne se déplacent qu'en groupe, ont les cheveux qui dégoulinent sur la nuque, n'hésitent pas à enfiler en territoire ennemi un short du club qu'ils supportent (de Boca Juniors à Velez Sarsfield, en passant par River Plate), prononcent un *boludo* tous les deux mots. Et must du must pour certains, ils arborent fièrement sur une épaule, sur un bras ou sur une jambe un tatouage qui représente Le Diego. Le *Diez*. Un signe qui ne trompe pas. Car de Maradona, ils en sont fiers. Il est si argentin. Grâce à lui, le nom du pays a fait le tour du monde. Et a même sauvé des vies. Si, si, c'est vrai. L'anecdote est souvent répétée, même romancée, par les taxis *porteños*. Chacun a sa version, mais toutes ont le même fond de vérité :

« *Un jour, un Argentin tentait de s'enfuir d'un pays en guerre. Je crois que c'était au Liban. Il arrive à la douane, on lui demande ses papiers. S'il ne passe pas de l'autre côté, il est cuit. Les douaniers regardent son passeport puis lui disent :*

– Argentine. Mais c'est où ça ?

– Mais vous savez, lui répond l'Argentin, c'est le pays de Diego Maradona…

– Ah! Maradona, football, Maradona, football…

Ils s'esclaffent et le laissent passer.

Si Maradona n'avait pas existé… »

La phrase reste en suspens car c'est tout simplement inimaginable.

Comme il est inimaginable qu'un phénomène comme Maradona ait pu naître ailleurs qu'à Villa Fiorito. Car, comme le tango, Diego est né dans les bas-fonds de Buenos Aires. Diego, c'est l'Argentine. Tantôt *lo mas*, tantôt *boludo*, mais tout le temps argentin. Tout le monde en parle, tout le monde à son avis sur le personnage, les Argentins l'ont aimé, l'ont détesté, mais tous s'accordent à dire que « *quand même, le Diego, à une époque il était plus connu que le pape. Vu d'où il vient, ce n'était pas gagné. Son destin est extraordinaire et grâce à lui on a touché le Ciel avec les mains, et ça on lui en sera éternellement reconnaissant.* »

Le personnage est fascinant.

Tout le monde connaît tout sur sa vie, car avec lui, c'est une conférence de presse permanente. Tout se sait, tout se dit et tout se contredit. Il a certainement été l'homme le plus médiatisé du XXe siècle. Diego est incontournable.

Certains en ont fait un dieu, dans le sens littéral du terme, puisqu'en Argentine, un groupe d'irréductibles fidèles a créé une église maradonienne. D'autres ont écrit des chansons ou tourné des films en son honneur.

Il a tout connu tout au long de son demi-siècle d'existence. Des grandes victoires et de pathétiques déboires. Il a frôlé la mort, il a connu l'amour, il a grandi dans la misère, est devenu millionnaire avant de disparaître pour mieux réapparaître.

« PELUSA »

Pelusa, peluche, duvet, voire *Pelusita* petite peluche, petit duvet.

C'était le surnom de Diego Maradona à l'époque de l'insouciance, celle où il faisait rouler des heures durant un ballon de pacotille sur l'un des terrains vagues de Villa Fiorito.

En Argentine, on aime donner et recevoir des surnoms. Rien de plus normal donc que Diego ait été *Pelusa* ou *Pelusita* pendant les premières années de sa vie. Pourquoi ce surnom ? Parce que le gamin, petit de taille, a des cheveux noirs comme du charbon, des cheveux longs et bouclés. Ils ne sont pas toujours propres et souvent en bordel. Le gamin ne tient pas en place, sa bouille, sa gouaille et son caractère sont déjà attachants.

La vie de *Pelusa* commence à quelques kilomètres de Villa Fiorito, à la polyclinique Evita de Lanus, en pleine zone Sud de Buenos Aires. La *zona sur* a encore aujourd'hui mauvaise réputation chez les *Porteños* plus huppés de la zone Nord. Ils la trouvent sale et pauvre, bien trop pauvre. Au début des années soixante, cette zone est majoritairement peuplée d'immigrés venus de l'intérieur du pays. Ils habitent dans des cités-dortoirs sans charme pour les plus chanceux, dans des bidonvilles (*villas*) où règne la misère pour les autres. Doña Tota et Don Diego font partie de cette colonie d'immigrés. Ce ne sont pas des *Porteños* pur sucre. Ils sont originaires d'Esquina, une petite ville de la province de Corrientes, située à quelque 670 kilomètres au nord-est de Buenos

Aires. Là-haut, les Maradona ont bien du mal à joindre les deux bouts. Don Diego travaille sur le Rio Parana. Chaque jour, il prend les commandes d'un bateau qu'il fait glisser sur les eaux sombres du Parana avec, à son bord, du bétail. Il les dépose dans un champ, laisse brouter les bêtes toute la journée et revient les chercher le soir venu. Don Diego aime ce fleuve, il aime naviguer, mais son métier lui permet tout juste de survivre. Avec Doña Tota, ils ont déjà quatre enfants, quatre filles, lorsqu'ils décident de « descendre à la capitale ». C'est la Tota qui saute le pas la première. Elle part en éclaireuse. Quelques mois plus tard, Don Diego la rejoint et quitte à son tour son Esquina. Il y laisse son bateau, ses amis et sa province…

La famille Maradona s'installe définitivement dans cette *zona sur*. Comme beaucoup de leurs compatriotes, Diego père et Tota sont « descendus à la capitale » pour travailler, pour tenter d'offrir un autre avenir à leurs enfants. D'autres diront, pour survivre. Survivre, le mot est tabou. C'est une question de dignité. Jamais, il ne sortira de la bouche de Diego.

Sitôt arrivés à la capitale, les parents Maradona ne perdent pas de temps et se mettent tout de suite au travail. Don Diego est une petite main, un ouvrier corvéable à merci, pendant que la Tota fait des ménages et use de sa malice pour arrondir les maigres fins de mois. Elle n'est pas prête à tout, elle s'arrange comme elle peut car sa priorité revient à l'éducation de ses quatre filles. Et puis, elle ne peut pas trop s'engager car elle tombe rapidement enceinte.

Ce n'est que neuf mois après l'arrivée des Maradona à Buenos Aires que leur divin enfant voit le jour. Ils n'ont pas perdu leur temps.

Dans la nuit du samedi 29 octobre 1960, Dalma Salvadora Franco, dite Doña Tota, entre à la polyclinique Evita, son cinquième enfant va bientôt voir le jour. Le travail dure toute la nuit. Don Diego a bien évidemment accompagné sa femme. L'enfant a décidé d'arriver un samedi soir ou un dimanche matin, comme s'il avait attendu que son père termine sa semaine de dur labeur. (Il travaille six jours sur sept.) Une bonne partie de la nuit, Don Diego trépigne dans les couloirs de l'hôpital. Il fait les cent pas. L'attente est insupportable. En son for intérieur, il espère que, cette fois-ci, Tota lui donnera un fils. Autour de lui, d'autres pères se rongent les sangs. Les heures passent. Le soleil se lève. Nous sommes le 30 octobre. Ce jour-là, les onze premiers enfants à naître sont des filles. Don Diego ne s'en soucie pas. Mauvais présage. Et puis soudain, des pleurs derrière la porte. Doña Tota vient d'accoucher. La sage-femme sort, s'approche de Don Diego pour l'informer : c'est un garçon. Le 30 octobre 1960, à 7h05, Doña Tota a donc donné naissance à un adorable bébé, Diego Armando Maradona. « *Après avoir mis au monde Dieguito, j'étais follement heureuse*, assure Tota. *J'étais très émue. C'était particulier et encore aujourd'hui, je ne sais expliquer pourquoi.* » Diego, c'est le cinquième des huit enfants de la famille Maradona et le premier garçon. Il était temps. Don Diego est aux anges et en plus le bébé lui ressemble. Quel prénom lui donner ? Doña Tota et Don Diego ne discutent pas, ne négocient pas, car cela tombe sous le sens. Diego s'appellera Diego comme son père. C'est la tradition en Argentine. Le premier garçon d'une famille prend toujours le prénom de son père. Point. À peine ses yeux sont ouverts qu'il est déjà chouchouté par sa mère et ses quatre sœurs aînées. Un vrai petit prince. Et pourtant la vie n'est pas facile à Villa Fiorito. Comme le dira Maradona, de longues années plus tard, « *Fiorito se résumait en un mot : combat.* »

La petite mais déjà nombreuse famille habite au cœur de cette *villa*, de ce bidonville de la périphérie de Buenos Aires. Les rues en terre l'été, et recouvertes de boue l'hiver, ne sont pas ou trop peu entretenues. Il n'y a pas d'eau courante et l'électricité est capricieuse. Les petites cases parfois en briques, parfois en bois, parfois les deux, ne sont d'aucun confort. La famille Maradona habite au numéro 523 de la rue Azamor, à l'angle de la rue Mario Bravo.

Donia Tota ne travaille pas beaucoup, elle consacre la majeure partie de son temps à sa progéniture. Don Diego, lui, est ouvrier. Peu de revenus donc, et un rythme de vie infernal. Le paternel se lève au milieu de la nuit, monte dans son bus et pointe quotidiennement à cinq heures du matin à son usine. Il ne revient dans ses pénates qu'en fin de journée après dix-huit longues heures de travail. *Chitiro* (son surnom, intraduisible) est éreinté. De temps en temps, il a même du mal à se lever tant l'effort physique est cassant et tant son corps demande du repos. « *Le vrai phénomène Maradona s'explique par les mains et le visage de Don Diego,* assure Fernando Signorini, le préparateur physique de Diego tout au long de sa carrière. *Après son travail usant à l'usine, il venait chercher Diego pour l'emmener à l'entraînement. Il ne dormait que sur le trajet, dans le bus, à l'aller et au retour. Quand Diego manquait d'entrain pour s'entraîner, je l'attaquais sur le sujet. Je l'insultais, il le prenait mal, mais il finissait toujours par s'y mettre.* »

Don Diego, lui, ne sèche que très rarement le travail. Mais lorsqu'il ne se lève pas, l'ambiance à la maison est plus que glaciale car tout le monde sait que, le soir venu, il n'y aura pas grand-chose à se mettre sous la dent. L'équation est simple : pas de pesos, pas de dîner. Car Don Diego, comme tous les ouvriers des années soixante, est payé à la journée. Il s'en veut, c'est certain, mais ses enfants ne mouftent pas. Encore moins Diego qui voue un respect absolu à ses parents.

La maison des Maradona n'a pas été détruite. Elle tient toujours debout. Aujourd'hui, elle est inoccupée. C'est une relique, une des rares fiertés du quartier. C'est un petit pavillon à la sauce bidonville. Avant d'entrer dans la maison, le visiteur doit fouler un minuscule jardin recouvert de terre battue. C'est une sorte de patio. À l'intérieur de cette *casita* sans charme faite de briques et de bois, il n'y a que trois pièces. La principale est une salle à manger-cuisine-bureau. Les deux autres sont des chambres. La première est réservée aux parents, la seconde aux huit enfants. Le plafond est bas et n'est pas aussi protecteur qu'il faudrait. Le toit de tôle est perméable, alors, lorsque l'orage gronde, lorsque la pluie tombe, des gouttes viennent mouiller le modeste intérieur de la *casita*. Malgré ces conditions de vie précaires, personne ne se plaint. Et encore moins Diego. Lui, avant l'arrivée de ses deux petits frères et de sa petite sœur, est le chouchou de ses dames. « *Avec quatre sœurs aînées et une mère comme la Tota, j'étais vraiment un petit roi. Je demandais un café, elles se battaient pour me le servir, ma mère disait,* el nene *(le bébé) veut manger, pareil… Je ne me suis jamais vraiment bougé chez moi. Ni là ni après. Mais bon, je ne faisais pas rien non plus, je savais me rendre utile. C'était moi, par exemple, qui devais aller chercher de l'eau pour que ma mère fasse la cuisine et la lessive.* » Dans son autobiographie[1], il va même jusqu'à dire : « *J'ai commencé à pratiquer la musculation en portant des seaux de vingt litres que je remplissais d'eau potable à l'unique robinet du lotissement.* »

Bien entendu, au début des années soixante, la vie de *Pelusa* tourne déjà autour du ballon rond. Lorsqu'il est en âge de tenir sur ses deux jambes, *la pelota* prend une place importante dans sa vie. Il n'a pas de ballon ? Ce n'est pas grave, il s'en confectionne un avec les moyens du bord. Son père, Don Diego, se souvient des premiers ballons de son fils : « *Le petit prenait les chaussettes de sa mère et les remplissait de papier mouillé. Il aimait que son ballon puisse rebondir un peu.* » Un jour pourtant, la roue tourne, son premier rêve devient réalité, il peut enfin en caresser un. Un vrai. Son premier cadeau est un ballon. La tradition est, là encore, respectée car bien souvent en Argentine, *la pelota* est le premier présent offert à un enfant. C'est le Beto Zirate, l'un de ses nombreux cousins, qui a eu l'idée et les moyens de le lui acheter. Le Beto est mort depuis, mais Diego Maradona aime répéter son nom car il lui est et sera « *éternellement reconnaissant.* » Difficile de dater cet épisode. Certains assurent que Diego n'avait qu'un an, d'autres qu'il en avait trois. Retenons juste que *Pelusa* n'était pas bien grand et que ce cadeau lui a été offert un 30 octobre, pour l'un de ses anniversaires. « *C'était le plus beau ballon du monde, je n'oublierai jamais mon premier ballon. Le premier soir, je me suis endormi en le serrant très fort contre moi. J'étais le plus heureux des enfants.* » Ce ballon, en tout cas, fera la joie de nombreux footballeurs en herbe de Fiorito. « *Il était content, il était si fier,* se remémore Don Diego. *Lorsqu'il revenait de l'école, Dieguito venait chercher son ballon et il disparaissait. Il rameutait les gamins du quartier et il jouait pendant des heures et des heures. De temps en temps, on était même obligé de venir le chercher. Il était prêt à rester jouer même à la nuit tombée.* »

Rien ni personne ne pouvait empêcher Diego de s'amuser ou de sortir dans les rues de Fiorito pour courir derrière un ballon. Ses parents, qui lui laissaient une certaine liberté, ne se montraient intraitables que sur

1 - *Yo soy el Diego de la gente, Diego Armando Maradona,* Daniel Arcucci et Ernesto Cherquis Bialo, Edition Planeta, 2000.

un sujet : l'école. Peut-être parce qu'eux-mêmes n'avaient jamais eu la possibilité de suivre une scolarité normale. Ils souhaitaient donc que leurs enfants aient cette chance, ils rêvaient même que l'un d'entre eux entre à la Faculté et rapportent des diplômes à la maison.

Alors, très tôt, ils ont acheté à Dieguito une blouse blanche, un cartable, un cahier et des stylos. La tenue parfaite du petit écolier argentin. Pour lui faire sentir à quel point l'école était importante, sa maman, Doña Tota, faisait l'effort de l'accompagner tous les jours.

Elle comme Don Diego se bercent d'illusion, se persuadent que leurs enfants auront une vie meilleure. Qu'un jour la chance leur sourira et qu'ils s'en sortiront.

Même si le Dieguito ne pense qu'au football et se dit, sûr de lui, qu'un jour, il évoluera en *primera* (première division), il lui est interdit de faire l'école buissonnière. Ce n'est pas un brillant élève. Non pas que *Pelusa* soit bête, mais les cahiers, les livres et le tableau noir ne l'intéressent pas plus que ça. Chaque matin, et il n'est pas du matin, il se lève difficilement, sort de son lit, petit-déjeune d'un bol de lait et s'en va à son école : l'Escuela Remedios de San Martin.

Lorsque ses professeurs alarment ses parents de ses mauvais résultats, c'est bien souvent Don Diego qui hausse le ton car Doña Tota est incapable d'élever la voix sur son petit protégé. Dans les cas les plus extrêmes, son père lui fait miroiter une punition diabolique : « *Si tu ne travailles pas, plus de football !* » Rarement la menace est mise à exécution. Parce que Diego est incontrôlable. Pour l'empêcher de courir derrière un ballon, il faudrait pouvoir l'enfermer à la maison. Et même là, il trouve toujours le moyen de jouer : il jongle, dribble les chaises, fait passer le cuir par-dessus un fauteuil et manque de briser une partie du modeste mobilier de la famille. Autant le laisser sortir…

À Villa Fiorito, à peine l'école terminée, les enfants s'approprient la rue. Ils en font un vaste terrain de jeu. Ce quartier, oublié par l'État, n'est devenu officiellement une ville qu'en 1995. À l'époque comme aujourd'hui, chacun faisait ce qu'il pouvait pour survivre. Avec l'envie, farouche, de s'en sortir un jour et de prendre sa revanche sur une société qui vous isole. Et pourquoi pas d'aller vivre ailleurs. Aujourd'hui, les rues dépravées de Fiorito sont gangrenées par un fléau qui s'attaque férocement aux Argentins les plus déshérités. Ce fléau, cette drogue, c'est le *paco*. C'est un dérivé de la cocaïne, une poudre beige composée de résidus de cocaïne, de solvants comme la paraffine et d'un autre ingrédient qui varie selon les centaines de laboratoires clandestins de la région (verre de tube de néon pilé, kérosène...). Le mélange est explosif et destructeur. Le *paco* s'inhale comme du crack. C'est un poison dont les consommateurs sont dépendants dès la première prise. Dans les années soixante, le *paco* n'existait pas. La drogue non plus, ou si peu. Certains volaient, d'autres trouvaient le moyen de gagner quelques pesos, pas toujours honnêtement, pour aider à subvenir aux besoins de leur famille, bien souvent très nombreuse.

Pelusa n'était pas en reste, il a même confectionné des cerfs-volants pour les vendre. Maigre butin.

Dieguito n'est pas capricieux, il n'a pas besoin de grand-chose et ne demande rien à ses parents. Très tôt, il comprend qu'il faut faire avec les moyens du bord. Le seul problème, de taille, c'est qu'il use trop rapidement ses baskets. À force de taper dans la balle, de courir sur un terrain vague pelé et cabossé, ses semelles s'effacent, le tissu craque. Et ça a le don de mettre son papa dans tous ses états. Diego Maradona avouera plus tard que son père n'hésitait pas à lui mettre des coups de ceinture pour le punir. Cette réaction est celle d'un homme élevé à la dure, qui se tue au travail pour un maigre revenu. Et son tout petit salaire ne lui permet pas, par exemple, de remplacer régulièrement les chaussures de *Pelusa*. Ou lorsque la frustration se mêle à la fatigue... Encore une fois, Diego ne lui en veut pas. Enfin, c'est ce qu'il dit aujourd'hui. De l'eau a coulé sous les ponts.

Lorsqu'il rentre de l'école, lorsqu'il sort de chez lui, Diego a toute une bande d'amis avec qui s'amuser. Certains jouent au bord du Riachuelo, un cours d'eau qui passe non loin de Fiorito. Devenu plus loin un fleuve, long de 65 kilomètres, il est aujourd'hui considéré comme le plus pollué du continent. Il est trop sale, c'est un dépotoir. Une poubelle géante dans laquelle les gens n'hésitent pas à jeter tout et n'importe quoi. Et pourtant le Riachuelo est une rivière mythique, souvent chantée par les *tangueros*. Mais c'est aussi une frontière naturelle qui sépare Fiorito du reste de la province, du reste du monde. Pour l'enjamber, Diego et sa bande doivent emprunter le pont d'Alsinas. « *Pour nous, c'était comme le pont de Manhattan*, affirme Maradona. *Lorsque nous le traversions, nous sortions de notre quartier, et le monde était à nous. On devait y passer pour aller à Buenos Aires. C'était un passage obligé.* » Au début *Pelusa* ne l'emprunte pas souvent, il ne s'en soucie pas. Il est encore trop petit pour avoir conscience de ce qui se passe ailleurs. De toute façon, il ne pense qu'à une chose : jouer au football.

Et pour ça, pas besoin de sortir de sa villa, car à quelques *cuadras* (blocs) de sa maisonnette se trouve ce qui va devenir son terrain de jeu préféré. C'est un immense terrain vague. Une place centrale du quartier. Les gamins et les habitants de Fiorito appellent cet espace *las siete canchas* (les sept terrains). C'est aujourd'hui un haut lieu du football argentin, car c'est là que leur meilleur joueur de tous les temps est né. C'est là qu'il s'est forgé son caractère, qu'il a inventé ses plus beaux gestes, qu'il a développé toutes ses extraordinaires facultés physiques. En Argentine, on appelle ces terrains vagues *« potrero »*.

« EL POTRERO »

El Potrero, le terrain vague. En Argentine, ce terme est souvent associé au football. Bon nombre de joueurs argentins se sont en effet formés sur ces terrains de fortune. Mal entretenus, ils sont, pour la plupart, recouverts de terre battue. C'est un espace ouvert aux vents, à la pluie, à la canicule. Lorsque des trombes d'eau tombent du ciel, elles ont vite fait de les inonder et de les transformer en une piscine vaseuse. Et l'été, lorsque le soleil frappe de ses chauds rayons cette terre desséchée, elle devient aussi dure que du bitume. Avec une différence, de taille, chaque pas, chaque course donne naissance à un nuage de cette terre devenue poussière. Bien sûr, il n'existe pas de *potrero* dans les quartiers chics. Alors que c'est le centre névralgique des bidonvilles. Un endroit où l'esprit s'évade, où les *chicos* se sentent libres et où tous les rêves naissent ou se détruisent. « *En football,* affirme Aduardo Archetti, anthtropologue social, *les Argentins ont construit leur style en réaction au style britannique, apporté dans le pays par les milliers d'immigrés venus travailler dans l'industrie et le chemin de fer à la fin du* XIXe *siècle. Alors que les Britanniques avaient un style répétitif, à savoir le* kick and rush, *les Argentins ont développé un jeu basé sur l'imagination, la technique et l'individualisme, un football fait de beaucoup de dribbles. Diego Maradona est le parfait représentant de ce style conçu dans les années vingt. Mais il est également le symbole de l'enfant de la liberté qui échappe à l'école et à la famille et qui construit sa vie sur les* potreros. *Il en a fait sa vie. Car, pour lui, le monde entier est un immense* potrero *où il doit pouvoir s'exprimer dans la plus totale liberté, sans contrainte, sans règle sociale.* »

Dans les bidonvilles, le *potrero* est donc l'endroit sacré des enfants, des ados et des pères de famille. C'est un territoire réservé aux hommes. Il permet aux meilleurs de devenir des petites stars du quartier. Il permet à d'autres de gagner quelques pesos. On y joue pour la gloire, pour le plaisir et pour de l'argent. Sur un *potrero,* tout est permis. Les beaux gestes et les mauvais coups. Tous ceux qui sont passés par cette case, et ils sont nombreux, sont unanimes : « *C'est là qu'on devient un homme.* »

Et Diego Maradona est fier d'être un « joueur de *potrero* », car il n'y a pas de doutes pour lui, « *dans le football argentin, le* potrero, *c'est l'origine de tout. Petit, je ne me sentais pas comme un enfant de la rue mais comme un enfant du potrero.* »

Son *potrero* à lui est une usine à champions. Un endroit où les enfants ont du talent plein les pieds. Comme le disent les habitants de Fiorito « *notre quartier ne donne rien de bon hormis de grands footballeurs.* » Diego Maradona est le plus illustre d'entre eux, mais certains témoins affirment qu'à son époque ils étaient nombreux à bien taquiner le cuir. Certains parlent d'un gamin. Plus personne ne se souvient de son nom ou de son prénom. Seul son surnom est resté : *la tormenta* (la tempête). Un gamin, dit la légende, capable de dribbler sans s'essouffler et d'effacer l'une après l'autre toute personne qui se dressait sur son chemin. Plus qu'une tempête, un ouragan. Il y avait aussi le Goyo Carrizo. Un ami, un pote du Diego. Les deux faisaient la paire. Lorsqu'ils jouaient ensemble, ils formaient un duo incontrôlable. Ils se trouvaient les yeux fermés. Diego aimantait le ballon, dribblait, trouvait toujours un nouveau geste, une nouvelle combinaison de mouvements. Le Goyo, lui, était un *goleador*, un buteur. Diego lui offrait des cadeaux de ballon, des passes millimétrées et le Goyo finissait le travail. Ils étaient inséparables dans la vie comme sur le terrain. Il y avait aussi Montanya. Un autre *pibe*, un autre copain. Son surnom, il le devait certainement à son physique imposant. Ces trois-là se sont rencontrés sur le *potrero*. Ensemble, ils écriront les premières pages de la légende de Diego Maradona. Patience…

Les trois compères se sont rencontrés sur LE terrain vague de Fiorito. Les habitants du quartier lui avaient donné un nom : *las siete canchas*. Les sept terrains. Depuis, il a été rebaptisé en hommage à l'idole : le stade D.A.M, comme Diego Armando Maradona.

C'est une grande esplanade, un immense terrain de jeu. Les deux poteaux et la barre transversale sont des planches de bois plantées sur le sol rugueux. Les filets sont troués. Et que dire du terrain ? Il est jonché de verres, criblé de trous et n'est pas tout à fait plat. Qu'importe, à toute heure de la journée, il y avait toujours quelqu'un pour jouer. Sur ce territoire sacré, les chefs, les décideurs sont les plus grands.

Les adultes, les pères de famille organisent des matchs, des tournois regroupant plusieurs équipes du quartier. Don Diego a également le football qui coule dans les veines, alors il crée son équipe et lui donne un nom : *l'Estrella Roja*. L'étoile rouge. Pas de Belgrade mais de Villa Fiorito. Diego en est l'une des stars, même s'il n'est encore qu'un enfant.

Le père du Goyo Carizzo n'est pas en reste et lui aussi a son équipe : *Tres Banderas*, les trois drapeaux. L'ambiance est bon enfant. Il arrive même à Diego de changer de maillot, d'évoluer dans une autre équipe lorsque la sienne ne joue pas. Que ne ferait-il pas pour jouer, toujours jouer ?

Sur le terrain, les enfants ont carte blanche. La culture du quartier les pousse même à tenter, toujours tenter des nouveaux gestes. Ils doivent dribbler. Pour les plus doués, comme Diego, ils doivent souvent éviter les tacles plus qu'appuyés. Les jambes de ses adversaires se transforment en dangereux ciseaux, prêts à le découper en mille morceaux. Les coups pleuvent. Sur un *potrero*, il faut savoir encaisser sans broncher. Savoir jouer dur et toujours se relever. C'est le jeu. Et cela a le don de mettre Don Diego dans une rage folle. Il a peur, il angoisse. Et si quelqu'un finissait par faire mal à Dieguito, et si un gamin sans scrupules finissait par lui briser un os de la jambe ? Que ferait-il ? La Tota ne préfère rien savoir.

Pelusa est déjà un équilibriste, il est capable d'éviter les coups, il se faufile entre cette forêt de jambes malveillantes avec l'agilité d'un chat… qui retombe toujours sur ses pattes. Diego est toujours petit de taille, râblé, et ses cuisses ressemblent à celles d'un haltérophile. Mais cela ne suffit pas, son père n'est pas rassuré : « *Je ne voulais pas que Diego sorte pour aller jouer,* raconte Don Diego. *Il était devenu une cible, le joueur à abattre. Dieguito n'avait pas peur. Toute cette violence ne l'empêchait pas de jouer, de prendre le ballon et de réaliser des choses incroyables. Personne ne pouvait l'arrêter. Et s'il prenait un coup, il se relevait. En tout cas, il ne s'est jamais plaint.* » *Pelusa* encaisse et ne s'offusque pas. Lui, le chat de Fiorito, sait resté muet comme une carpe.

Ce silence s'explique. Le *potrero* a des règles, des codes inviolables. Chaque joueur doit les respecter. C'est comme ça qu'aujourd'hui encore, la tradition perdure.

La première est simple : il n'y a pas d'arbitre. Les fautes, les penalties sont parfois sanctionnés, parfois non. C'est au bon jugé de chacun. Inutile d'écrire que les plus grands, les plus influents du quartier ont souvent le dernier mot. C'est la jungle, la loi du plus fort.

Dans chaque équipe, les plus grands sont ceux qui décident. Qui joue, qui ne joue pas et à quel poste. Les petits n'ont le droit qu'à une chose : obéir et donner le meilleur d'eux-mêmes. Car la pression est déjà énorme. À partir de dix ans, les gamins, comme Dieguito, jouent pour de l'argent. Ils jouent pour gagner et pour se remplir les poches. Ce sont déjà des professionnels en quelque sorte. Certains ont la mémoire qui se trouble à l'évocation de ces matchs couperets où le vainqueur empoche la mise. Ils préfèrent se souvenir de la fameuse tradition argentine : « jouer pour le *pancho* et le coca ». Pour un hot dog et un soda.

Pelusa a bien joué, enfant, pour de l'argent. C'est une certitude. Et ses services ont rapidement été les bienvenus, les cadors du quartier se l'arrachaient. « *Moi, j'ai été professionnel très jeune,* en rigole tendrement Diego. *À Fiorito, je jouais avec le premier qui venait me chercher.* »

Les codes du *barrio* et du *potrero* prévoyaient deux types de match pour de l'argent. Le premier était le plus courant. Il opposait deux équipes du *barrio*. C'étaient des derbys ou des *clasicos.* Les matchs étaient âpres, plus que disputés, car il était question de suprématie et d'honneur. En général, ces rencontres avaient lieu en fin de semaine ou en toute fin d'après-midi. À chaque fois, c'était le même refrain.

Une équipe lançait un défi à une autre. Pour cela, elle devait avancer de l'argent. Déposer une *seña*, une caution. Le montant de la victoire était discuté entre les « capitaines » avant chaque rencontre. C'était le début des années soixante-dix, *Pelusa* n'avait que dix-douze ans, mais il grandissait, prenait de la bouteille et de l'assurance. En clair, il devenait un homme, respecté dans son quartier. Et ce, pour son seul talent de footballeur, déjà rémunérateur.

Mais ces petits matchs « entre amis » pouvaient se transformer en tournois. Ils avaient lieu le samedi et duraient toute la journée. Là encore, l'argent venait récompenser les vainqueurs. C'étaient des rencontres à éliminations directes. Et les règles variaient selon les jours, selon les humeurs des organisateurs. Parfois, chaque équipe qui remportait au moins un match pouvait repartir avec quelques pesos en poche. Parfois non. La pression montait d'un cran sur et en dehors des sept terrains, lorsqu'il était décidé que seul le vainqueur du tournoi empocherait la mise. Nom de code de ces tournois : *a plata o mierda*. Pour de l'argent ou de la merde. Combien de pesos *Pelusa* aura-t-il gagnés tout au long de ses années de formation ? Ce n'étaient pas des sommes rondelettes, mais vu la situation financière des familles des gamins du quartier, peut-être aidaient-elles ne serait-ce qu'un tout petit peu à embellir un morne quotidien. En tout cas, pour de nombreux spécialistes, c'est le *potrero* qui a développé le football tout en feinte et en contre-pieds de Diego Maradona. Fernando Signorini, le préparateur physique historique de Maradona, en a longuement parlé avec lui tout au long de leur relation. Et il en est certain, sans le *potrero*, sans Villa Fiorito, *Pelusa* n'aurait pas pu devenir l'idole des Argentins et l'un des tout meilleurs joueurs de l'histoire : « *Diego est un roublard, un homme qui a toujours su se débrouiller, se dépêtrer des situations les plus insolites sur un terrain comme en dehors. Cela fait partie de son caractère et de son jeu. Petit, il a rapidement pris conscience qu'on pouvait arriver à beaucoup de choses avec de la malice. Lorsqu'il prenait un train pour aller en ville, il savait contourner les contrôles. Il observait le contrôleur au bout du quai, terré comme un animal. Et dès que l'agent avait le dos tourné, en un clin d'œil, il sautait dans le train. Rapide, net et sans bavures. Une autre fois, en passant devant un maraîcher, il volait une pomme par exemple. Rien de bien méchant. Il pouvait embobiner le vendeur, lui faire un tour de passe-passe ou bien attendre le moment idéal et agir en un rien de temps.*

« Et que dire de son potrero *? Lorsque vous le voyez, vous vous demandez comment c'est possible de jouer sur un terrain aussi mauvais. Eh bien, lui n'avait pas le choix. Et c'est là que son jeu a pris forme, c'est là qu'il est né. Sa conduite de balle, exceptionnelle, il la doit à Fiorito. Joueur, quand il courait, on avait l'impression que le ballon lui collait au pied, comme il devait lui coller au pied lorsqu'il était enfant. Le terrain était si mauvais, si bosselé qu'il fallait bien trouver une manière de le contrôler. Il avait un talent, inné, mais il a toujours su s'adapter à son environnement. Diego a toujours été très créatif dans ses dribbles, très instinctif. Petit, il devait faire tourner en bourriques ses adversaires, trouver des gestes dont lui seul a le secret. Et cette quête du dribble parfait, c'est-à-dire aussi beau que déroutant, il l'a commencée dans ses toutes premières années. Enfin, son physique. Diego était doté d'une souplesse incroyable. Son corps pouvait se tortiller dans tous les sens. Il avait la grâce et le physique d'un danseur. Eh bien, là encore, je me répète, mais c'est à Fiorito qu'il a construit ce physique sans s'en rendre compte. Éviter les trous, le ornières, les adversaires, il fallait être un funambule et il l'a été, il l'a toujours été. »*

Fernando oublie quelque chose d'important dans sa définition dithyrambique d'un joueur, il est vrai, hors norme. Son caractère. Car trop souvent le *potrero* est l'objet de nombreux fantasmes en Argentine comme sur le Vieux Continent. Mais à l'instar de Carlos Tévez, un autre footballeur argentin, lui aussi estampillé « joueur de *potrero* », Diego ne baissait jamais les bras. Une autre légende du football local, Carlos Bianchi, ex-joueur du Stade de Reims, du PSG et de Strasbourg, cinq fois meilleur buteur du Championnat de France et entraîneur surtitré en Argentine (à Velez Sarsfield et à Boca Juniors), est lui aussi passé par la case *potrero*. Et s'il y a bien une chose qu'un joueur se forge sur ces terrains, « *c'est le courage,* assure-t-il. *Imaginez-vous ces matchs, intergénérationnels où les plus petits jouent avec les plus grands. Personne ne vous fait de cadeau. Je peux vous assurer que je n'ai jamais pris de coups comme ceux que je prenais sur un* potrero. *Mais il faut toujours se relever, ne jamais baisser les bras et cacher ses faiblesses, sinon vous êtes mort. Et dans le quartier, plus personne ne va vous respecter. Quand on a grandi sur un* potrero, *on peut encaisser beaucoup de choses. Après, plus tard, pour ceux qui ont la chance de devenir professionnels et de jouer le dimanche sur une pelouse bien entrenue, dans un stade plein à craquer avec en prime un arbitre officiel... on est loin, très loin du potrero. La peur n'existe plus.* »

Le *potrero* colle encore à la peau de Maradona, même s'il n'est plus joueur, car c'est lui qui a le mieux incarné cette culture typiquement argentine. Dans son livre *Masculinidades : futbol, tango y polo en Argentina*[2], Eduardo Archetti consacre un chapitre tout entier (*L'imaginaire masculin de liberté : le monde des pibes et Maradona)* à cette relation passionnelle. Et pour son raisonnement, Archetti s'appuie sur une définition de la notion du *pibe* donnée en 1928 par un certain Borocoto.

La ressemblance avec Maradona est troublante : « *Un* pibe*, c'est un gosse au visage sale, la crinière en rébellion contre le peigne, les yeux malicieux, mobiles, menteurs et persuasifs, et un regard brillant qui suggère un rire picaresque à peine formé sur sa bouche pleine de petites dents, probablement abîmées à force de croquer le pain de la veille. Son pantalon fait de pièces grossièrement raccommodées, sa chemise portant toute la douleur de l'Argentine, détendue au col et mouchetée de trous en guise de ceinture, un autre en travers de la poitrine pour coincer un lance-pierre bricolé. Ses genoux couverts de croûtes, restes de blessures désinfectées par le destin, les pieds nus ou chaussés de sandales informes à force de taper sans répit dans un ballon. Sa posture est tout un symbole, comme s'il était en train de dribbler avec une balle en chiffon. Sa balle ne peut être que de chiffon et de préférence tenu par une chaussette usagée. Si un jour, un tel monument se fait jour, nous serons nombreux à soulever notre chapeau devant lui, comme nous le faisons à l'église.* » Pour Archetti donc, « *ceci est une sorte de portrait du joueur argentin idéal tel qu'il s'est inscrit dans l'inconscient collectif. Cela signifie que l'authentique joueur argentin ne va jamais cesser d'être un enfant, car le football permet à l'homme de continuer à jouer et de rester un gamin. Donc, dans ce monde imaginaire du football, le pouvoir de la liberté et de la créativité prend le pas sur la discipline, l'ordre et la hiérarchie. Les* pibe *sont des personnages qui peuvent faire usage de la liberté et de la créativité sur leur territoire, à savoir sur les* potreros. *Le joueur idéal ne peut être qu'un* pibe, *un être qui ne cessera jamais d'être enfant. C'est*

2 - Antropofagia, 2003.

pour cette raison que Maradona est un pibe de oro, *un footballeur qui vient directement du* potrero. »

Après quelques années à user ses semelles sur le *potrero* de Fiorito, il est temps pour Diego de traverser le pont d'Alsina, d'aller tenter sa chance à Buenos Aires. Il n'a plus rien à prouver dans son quartier.

Mais que vaut réellement *Pelusa* ? Est-ce un génie, une star en devenir ? A-t-il le niveau pour garnir les rangs d'une vraie équipe ? Grâce à son ami Goyo, il va pouvoir savoir…

« LAS CEBOLLITAS »

Las Cebollitas, les petits oignons. Drôle de nom pour une équipe.

Nous sommes en 1970, année apocalyptique en Argentine. Le pays est gouverné depuis 1966 par le général Ongania. Sa dictature, violente, ne plaît pas à tout le monde. Les étudiants, les ouvriers se rebellent. Le climat est tendu, instable. Les militaires remplacent donc Ongania (le 18 juin 1970) par un autre homme, tout aussi violent : Roberto Marcelo Levingston. *Pelusa* entend parler de ces manifestations, de ces mouvements sociaux, mais il n'a pas vraiment conscience de ce qui se passe. Il n'a que dix ans. Et, de toute façon, il n'a pas l'habitude de voir des hommes en uniforme à Fiorito. La police, les militaires, personne n'y met les pieds. C'est un quartier oublié par l'État depuis sa création. Ce n'est pas maintenant que la junte militaire va venir y traîner ses bottes.

Les mois passent, les journées de *Pelusa* se suivent et se ressemblent : école, football, dodo. Au début de l'année 1970, le Goyo Carizzo, son inséparable ami, décide, poussé par son père, de tenter sa chance pour devenir apprenti footballeur. Il se rend aux journées de test organisées par Argentinos Juniors. Un club professionnel moyen, mais reconnu dans le milieu pour former de très bons joueurs. Le Goyo passe son examen haut la main. Son physique et son sens du but tapent tout de suite dans l'œil de Francisco Cornejo. Francis, comme il est appelé, cherche des joueurs pour former son équipe. Catégorie : benjamin. Elle regroupe des enfants nés en 1959 et 1960. Buenos Aires et sa banlieue recèlent de grands joueurs en herbe. Mais la détection, à cette époque-là, n'était pas aussi efficace qu'aujourd'hui. Alors les entraîneurs, comme Cornejo, n'hésitent pas à demander à leurs poulains s'ils n'ont pas un copain aussi doué qu'eux. Lorsque Francis pose la question à Goyo, ce dernier lui répond au tac au tac qu'il en connaît un, bien meilleur que lui. Son entraîneur est sceptique, mais il demande quand même à voir. Le soir, de retour au quartier, le Goyo s'en va retrouver *Pelusa* qui n'est pas difficile à localiser. Il gambade sur le terrain vague, comme tous les jours. *Pelusita* est d'abord excité par ce que lui dit son ami. L'idée l'emballe. Il s'imagine jouer dans une équipe, avec un maillot, sur un vrai terrain, peut-être même sur une pelouse. Quand il y réfléchit à deux fois, *Pelusita* sait que la partie ne va vraiment pas être facile avec ses parents. Parce que pour se rendre au terrain d'entraînement, pour pouvoir être testé, il doit prendre le bus, même deux bus. Cela veut dire quatre tickets. Une fortune. Jamais son père ne lui donnera autant d'argent. Tout simplement parce qu'il n'en a pas. Le soir pourtant, du bout des lèvres, il se confesse à la Tota. Il lui explique la situation. Elle l'écoute et lui jure qu'elle en touchera un mot à Don Diego. La Tota sait que la négociation sera compliquée, mais que ne ferait-elle pas pour son protégé ? Qu'a-t-elle raconté à Don Diego ? Personne ne le sait, mais elle finit par le faire flancher. Lorsqu'elle annonce à son Dieguito que le paternel a accepté, il ne tient plus en place. Il prend ses jambes à son cou pour aller donner la bonne nouvelle à Goyo. Le test a lieu quelques jours plus tard. Pour *Pelusa*, l'attente est longue. Il n'en peut plus, il a l'impression que les heures, que les jours ne se terminent plus. La nuit, il a du mal à trouver le sommeil, comme s'il sentait que ce rendez-vous était le plus important de sa jeune vie.

Le jour J arrive enfin. Il était temps.

Pelusa s'en va de bon matin avec Goyo et Montanya, direction la capitale. Les trois enfants prennent d'abord le bus de la ligne 128. Pour eux, c'est le bus vert. Et ensuite le 44 pour arriver à Las Malvinas. Un complexe sportif qui appartient à Argentinos Juniors. Il est situé à seulement quelques *cuadras* du cimetière de la Chacarita, le plus grand de la capitale. Et l'un des plus connus aussi puisque Carlos Gardel, le chanteur, le *tanguero* et l'une des grandes idoles des Argentins y repose.

Après avoir traversé la ville et après être restés assis pendant deux bonnes heures sur l'un des inconfortables sièges du bus, les trois mousquetaires de Fiorito arrivent au complexe. Mais la pluie s'en mêle et va d'abord doucher leur enthousiasme. Les terrains sont gorgés d'eau. L'essai n'aura pas lieu. *Pelusa* a les larmes au bord des yeux. Parce qu'il se dit que la chance de sa vie vient de lui passer sous le nez. La faute à ce satané ciel d'habitude si clair et si dégagé. Mais Francisco Cornejo a plus d'un tour dans son sac et ne veut pas renvoyer tous ces gamins chez eux avant de les avoir vus jouer. Il se concerte avec Juan Emilio « Yayo » Trotta, son fidèle assistant. Les deux hommes se mettent d'accord. Ils réunissent les enfants pour leur annoncer que l'essai aura bien lieu, mais dans un autre stade, sur un autre terrain. Ils invitent donc les *chicos*, qui ont séché leurs larmes et retrouvé le sourire, à monter sur la plage arrière du pick-up de Yayo. La petite colonie se dirige vers le parc Saavedra, non loin de là. Francis divise le groupe en deux. La légende dit que Diego n'a foulé la pelouse qu'en seconde mi-temps, en compagnie de son fidèle Goyo. La légende dit encore que ce jour-là, *Pelusa* a joué comme un dieu. Petits ponts, coup du sombrero, dribbles, passes et buts et le tout en une seule mi-temps. Sur le bord du terrain, Yayo Trotta et Cornejo sont stupéfaits. « *Dès son premier contact avec le ballon,* assure Francis, *j'ai su qu'il était différent des autres. Diego était un miracle. Je n'avais jamais vu un gamin aussi doué, aussi spontané et aussi créatif avec ses pieds. Mais j'étais sceptique. Je croyais que c'était un nain. Parce qu'il était petit, qu'il avait un peu de duvet sous le nez et des jambes d'haltérophile. À la fin de l'entraînement, je me suis approché de lui pour lui demander son âge. Il m'a dit qu'il avait dix ans. Je ne l'ai pas cru. Je lui ai alors demandé ses papiers. Il m'a dit qu'il ne les avait pas, qu'il les avait oubliés. Tout ça me semblait bizarre, mais je lui ai dit de revenir, qu'il était accepté dans l'équipe mais à une seule condition, qu'il me montre ses papiers.* » Problème, Diego Armando Maradona n'en a pas. Enfin, pas de pièce d'identité, et encore moins de passeport. La Tota a bien un extrait de naissance un peu froissé dans un tiroir, mais c'est tout. Francis est allé lui même jusqu'à Fiorito pour en avoir le cœur net et lorsqu'il voit ce morceau de papier, son regard s'illumine. Il a la confirmation que Diego est né en 1960, c'est bien ça le plus important. Rapidement, *Pelusa* se fait faire des papiers. Les choses rentrent dans l'ordre. Sur le terrain, Diego et ses potes font danser le tango à leurs adversaires. Ils ne jouent encore qu'au *baby-futbol*. C'est la première étape de la formation des joueurs argentins. Le *baby-football* se joue en salle, sur des petits terrains. Il oppose deux équipes de six. Cet espace réduit permet à chacun de développer sa technique. Et à ce petit jeu-là, les petits oignons sont imbattables. Trop petits, trop agiles, trop techniques, ils se faufilent partout et enfilent les victoires. Ils passent ensuite à la seconde étape de leur formation et s'entraînent sur un grand terrain. Ils alternent et jouent en salle et sur une pelouse. « *Mais rapidement, Francis a décidé de ne plus nous faire jouer, en match, au baby-futbol,* se souvient Daniel « Polvorita » Delgado, l'un de ses équipiers d'enfance. *Avec Diego, c'était du vol. Il se baladait. Les matchs devenaient violents, on se prenait des coups en permanence. Lors d'un tournoi, Francis a même refusé de jouer la finale. Et il nous a dit qu'on n'affronterait plus personne sur un terrain de baby-futbol.* » Les enfants ont écouté, sans broncher. Francis était le chef. Il savait ce qu'il faisait.

« *Quand Diego est arrivé*, affirme Daniel « Polvorita » Delgado, *on avait déjà une bonne équipe. Goyo, Montanita et lui sont les derniers à nous avoir rejoints. Diego n'était pas très bavard au départ. Il était assez réservé, introverti. Rapidement, on a pourtant vu qu'il était le meilleur joueur de l'équipe. Il a pris petit à petit confiance en lui, grâce à son football, pour devenir même un vrai boute-en-train. Je me souviens d'un tournoi à Cordoba* (une ville située à 800 km de Buenos Aires). *Il s'était réveillé au milieu de la nuit pour renverser un seau d'eau dans le lit d'un copain. Une autre fois, toujours au milieu de la nuit, il allumait la lumière et la refermait sans arrêt, frénétiquement, jusqu'à ce que tout le monde se réveille. Il était déconneur, mais c'était gentil, jamais méchant. Il n'avait jamais de mauvaise intention.* »

Grâce au football, grâce aux *Cebollitas*, Diego devient quelqu'un. Il a trouvé un sens à sa vie. Le ballon lui permet d'être et de se faire respecté. Le football lui permet également de découvrir son immense pays lorsque les *Cebollitas* participent à un tournoi en province. Pendant quatre ans, les *Cebollitas* ont tout gagné. L'équipe a remporté quelque 136 matchs pour les uns, 141 pour les autres. C'est une vraie machine, qui, petit à petit, se fait connaître dans tout le pays. Il faut dire que le nom est facile à retenir.

C'est son légendaire entraîneur, Francisco Cornejo, qui en a eu l'idée. « *Tous les clubs connus trouvaient des noms bizarres à leur équipe de benjamin. Moi, j'ai trouvé* las Cebollitas, *car mon équipe était formée de petits gabarits, très rapides, très vifs.* » Les petits oignons font pleurer leurs adversaires. C'est une machine à marquer des buts. Selon Oscar Lucero, l'un de ses joueurs, « *on jouait avec autant de brio que le Barcelone de Josep Guardiola (2008-2009). Toujours en mouvement, toujours solidaires, il n'y avait que des bons manieurs de ballon et puis on pouvait compter sur le meilleur joueur de tous les temps* : *Diego. Il faisait des différences énormes avec le ballon. Il lui est arrivé d'inscrire dix buts dans un match. On était imbattables.* » Alors les défaites, et il n'y en a pas eu beaucoup, tout le monde s'en souvient. Surtout Diego. « *On jouait un tournoi à Cordoba. Nous avions perdu la finale contre un club de Santiago del Estero. J'étais inconsolable au coup de sifflet final. Je m'en voulais, j'avais l'impression que c'était de ma faute. Et puis un joueur s'est approché de moi. Il m'a relevé et m'a dit* : *"Ne pleure pas, un jour tu seras le meilleur joueur du monde.* » La légende était en marche. Pendant quatre ans, les petits oignons vont partager leur passion pour le ballon rond. Chaque week-end, c'est le même scénario. Les joueurs de Cornejo se retrouvaient au complexe sportif de Las Malvinas. Ensuite, ils montaient tous sur la plage arrière du pick-up de Yayo Trotta. La joyeuse bande traversait alors la ville pour jouer et pour gagner. Le bouche à oreille fonctionne à merveille à Buenos Aires. Lorsque l'équipe joue à domicile, ils sont une cinquantaine à suivre les performances des *Cebollitas*. La presse s'y intéresse et leur consacre quelques articles. En 1971, Diego Maradona fait même sa première grande apparition médiatique. Un programme de télévision très populaire, *Sabados circulares*, lui consacre un reportage dans lequel on le voit jongler sur l'un des terrains des *Cebollitas*. Timide, il déclare du bout des lèvres, le regard planté sur la pelouse : « *J'ai plusieurs rêves* : *jouer en première division, être international et gagner la Coupe du monde.* »

L'histoire est belle et ces images en noir et blanc continuent de passer régulièrement à la télévision argentine.

Las Cebollitas deviennent de vraies petites stars. *Pelusa* est toujours impérial sur le terrain, un peu moins en dehors... Plus d'une fois, il oublie ses papiers. C'est une vraie tête en l'air. Mais Francis ne se laisse pas attendrir par le regard de chien battu de *Pelusa*. Pas de papier, pas de match. Son « miracle » finit par retenir la leçon.

Et retenir l'attention. Plusieurs fois, des grands clubs de la capitale, plus huppés et plus riches qu'Argentinos Juniors, lui font du pied et tentent de le charmer. Mais Don Diego, qui a une confiance aveugle en Cornejo, refuse que son fils aille voir ailleurs. Un jour, c'est le grand River Plate, le club le plus populaire du pays avec Boca Juniors, qui vient lui faire les yeux doux. Quelques dirigeants prennent le temps de se déplacer jusqu'au complexe sportif de Las Malvinas pour parler avec Don Diego et avec Cornejo. Ce dernier ne lâche rien, mais laisse le soin au paternel de prendre la décision. Après tout, c'est son fils, il fait ce qu'il veut. Don Diego hésite et finit par demander conseil à Cornejo. Celui-ci lui répond : « *River, c'est un grand club, c'est vrai, avec beaucoup d'argent. Mais là-bas, c'est un autre monde. Les meilleurs sont traités comme des petites stars, ils ont des passe-droits, mais ils ont aussi beaucoup d'obligations. Diego sera prisonnier à River, alors qu'ici, Diego c'est Diego. Un footballeur brillant mais d'abord un enfant qu'il faut laisser grandir.* » *Pelusa* ne partira jamais à River Plate. Ni ailleurs.

Dieguito sent que le vent tourne, qu'il devient quelqu'un d'important. Mais il est encore timide. Un jour, à la fin d'un match, un vieillard, supporter de la première heure, veut lui offrir un vélo. L'homme veut le récompenser pour tout le plaisir qu'il lui procure chaque semaine. *Pelusa* refuse cordialement. Il est déboussolé. Il a du mal à comprendre. Pourquoi veut-on lui offrir un cadeau alors qu'il ne pense qu'à jouer et à s'amuser ? Il trouve le geste presque déplacé. Et puis, il veut rester digne et ne pas manquer de respect à son paternel. Don Diego n'a pas les moyens de lui offrir un vélo, alors son fils revenant avec une bicyclette sous le bras, ça aura peut-être le don de le froisser. Il est donc inutile d'accepter.

À cette époque-là, Diego Maradona n'est encore qu'un enfant, un être doux, sensible et très simple. Les années *Cebollitas*, ce sont ses années d'insouciance. Aujourd'hui encore, il repense avec nostalgie à cette période si intense et si légère à la fois. Il se souvient encore de l'équipe type des *Cebollitas*, des qualités de chacun de ses ex-coéquipiers mais aussi et surtout de Francisco Cornejo, son mentor, son maestro…

FRANCISCO CORNEJO

« Francis » était un homme simple. Un homme passionné. Il a donné sa vie à Argentinos Juniors. Pendant plus de trente-cinq ans, il est resté dans l'ombre, pour former soigneusement une ribambelle de joueurs. C'était un ouvrier doué, un homme qui savait parler aux enfants, tantôt papa poule, tantôt père fouettard. Il les a aimés comme s'ils étaient ses propres fils. Le maestro n'a jamais eu de femme, ni d'enfants d'ailleurs. Il a terminé sa vie seul, en mars 2008, dans un modeste appartement du quartier de Congresso, dans le centre de Buenos Aires. Il est mort sans le sou, mais jamais il ne s'est plaint. Trop fier, trop humble.

Tout au long de sa vie, il n'a d'ailleurs cessé de répéter qu'il avait été le plus chanceux des entraîneurs : « *Comment pourrais-je être pauvre alors que c'est moi qui ai peint le plus beau tableau du monde ?* » Car c'est lui, Francisco Cornejo, qui a découvert Diego Maradona. C'est lui qui l'a entraîné lors de ses sept premières années à Argentinos Juniors, lorsque Diego n'était encore que *Pelusa*, l'ailier gauche des *Cebollitas*...

La rencontre entre les deux hommes a changé leur vie. Car Diego a trouvé chez Francis un second père, sévère mais juste et toujours attentionné. Et l'entraîneur a eu le privilège et la chance de tomber un jour sur un génie du ballon rond, considéré comme beaucoup par le meilleur joueur du XXe siècle.

Doña Tota et Don Diego ont rapidement compris l'importance du maestro dans la vie de leur chérubin. Alors, ils lui ont ouvert les portes de leur maison, le considérant presque comme un membre de leur famille. D'ailleurs, un jour, alors que les adultes sirotent un maté, que Diego est sorti pour taquiner le cuir avec les copains du quartier, Francis se tourne vers la Tota et lui dit :

« *Doña Tota, ne vous inquiétez pas, votre Dieguito, il va tous vous sauver.*

– *Que Dieu vous entende Francis, que Dieu vous entende…* », lui répondit la Tota. Cette petite anecdote est restée gravée dans la mémoire de Cornejo. « *Car,* dit-il, *je crois que Dieu m'a finalement entendu… Mais je ne m'imaginais pas à l'époque que* Pelusa *allait devenir ce qu'il est devenu. Je savais qu'il était d'une autre planète, une merveille du football, mais de là à devenir le meilleur…* »

La première fois que l'homme a vu l'enfant prodige, il a crié au miracle.

Comment un enfant pouvait faire autant de choses avec un ballon ? Francis s'est souvent posé la question. Et puis un jour, il s'est résolu à penser que le môme était né comme ça, qu'il était unique et que son rôle serait donc de bien l'entourer. « *Sur le terrain, je lui laissais une totale liberté. Instinctivement, il se positionnait sur la gauche. Je le laissais faire et je lui demandais de se bouger un peu, de courir sur tout le front de l'attaque. Petit, il était habile, explosif, créatif et il était très malin. Car le secret de Diego, c'est qu'on pouvait lui mettre un dix sur dix dans les jambes, et un autre dix sur dix dans la tête. Et ça, c'est plutôt rare d'avoir les deux choses en même temps.* »

La rencontre entre les deux hommes ne pouvait se produire que sur un terrain d'Argentinos Juniors. Francis n'a pas connu d'autres équipes. Dès l'année 1953, il commence à s'occuper de l'école de football du club. Car Cornejo est un gamin du quartier de La Paternal.

Il y est né le 31 janvier 1932. Comme tous les enfants du *barrio*, il est attiré par le ballon rond. La rue est son terrain de prédilection. Et comme tous les enfants du *barrio*, c'est un *bicho* (un moustique), un supporter d'Argentinos Juniors.

La Paternal-Argentinos Juniors, voilà deux noms indissociables. L'un définit l'autre et vice-versa. Car le football a toujours eu une place particulière dans la société argentine. À Buenos Aires, chaque quartier abrite un ou des clubs. Et il est inenvisageable qu'une personne originaire de La Paternal, par exemple, supporte Boca Juniors (du quartier de la

Boca). C'est comme ça, c'est historique. Les clubs ont, en effet, aidé les quartiers dans la construction de leur identité. Parce que l'Argentine et Buenos Aires ont été peuplées par des immigrés. À La Paternal, ils étaient originaires d'Italie.

C'est un quartier de classe moyenne situé en plein cœur de Buenos Aires, un quartier sans histoire. Il est fait de petites maisons et de rues pavées. La Paternal est bien à l'image d'un Francisco Cornejo. Il ne tape pas à l'œil. Francis, lui, n'est pas très grand, il mesure à peine 1m70. Il a toujours eu le cheveu court et bien coupé. C'est un homme droit et modeste qui a décidé, très tôt (à vingt et un ans), de s'occuper des footballeurs en herbe. Si Maradona est le plus illustre de ses élèves, il a également formé les Fernando Redondo, Sergio Batista ou Claudio Borghi. Mais il n'a jamais voulu en faire un business ni s'en servir pour se remplir les poches de grosses coupures. Il ne s'est jamais pris pour un autre.

« *C'était un saint*, avoue Daniel Polvorita Delgado, l'ex-attaquant des *Cebollitas. Il était dévoué à sa cause. Il travaillait dans une banque, mais il consacrait tout son temps libre aux enfants. Il était de la vieille école car il ne rigolait pas avec nous, il nous tenait bien. Mais on l'aimait, on le respectait parce qu'il nous respectait. C'est lui qui lavait les maillots, c'est lui qui mettait la main à la poche alors qu'il n'avait pas un sou pour nous acheter du coca et des sandwichs, c'est lui qui allait voir nos instituteurs pour essayer de régler nos problèmes à l'école. C'était un éducateur exceptionnel. Nos parents lui faisaient confiance, alors aucun père ne mettait son nez dans son équipe.* » Les ex-*Cebollitas* ont tous les mêmes trémolos dans la voix à l'heure de se souvenir de leur maître. Même Diego a, maintes fois, rendu hommage au maestro : « *Sans lui, je ne sais pas ce que je serais devenu. Je lui dois tout. C'était plus qu'un entraîneur, c'était un père pour nous tous.* »

Maradona ou pas, Cornejo a toujours traité tous ses joueurs de la même manière. Pas de passe-droit, pas de favoritisme. Lorsque Diego ne filait pas droit, Francis n'hésitait pas à le remettre à sa place. « *Dieguito était un peu tête en l'air*, se souvient Cornejo. *Il oubliait souvent ses papiers d'identité. Pour jouer lors d'un match officiel, chaque joueur doit pouvoir prouver son identité. Si quelqu'un les a oubliés, on peut toujours s'arranger, c'est vrai.*

Mais lorsque Diego les oubliait, il allait sur le banc. Il pouvait pleurer, il pouvait me faire des yeux de chien battu, mais je ne cédais pas. Car je me suis toujours considéré comme un éducateur. »

Pendant quelques années, Francis a remplacé la figure paternelle. Don Diego, qui passait ses journées à travailler, n'a jamais eu vraiment l'opportunité de consacrer du temps à son enfant. Cornejo lui, instaure des règles, impose des limites, il adore Diego, c'est même l'un de ses chouchous, mais il fait tout pour que cela ne se voie pas trop. « *Pourtant, au bout d'un an,* avoue-t-il, *j'étais convaincu qu'il avait un destin unique. Je l'ai alors amené consulter le docteur Paladino, le fameux médecin de Carlos Monzon, afin de lui donner un traitement de vitamines et d'équilibrer son alimentation. Car chez lui, il mangeait beaucoup de viande rouge et pas assez de légumes et de sucres lents.* »

Il comprend rapidement qu'il a une certaine influence sur *Pelusa*. Autant qu'elle soit bonne, se dit-il. « *Il était toujours collé à moi*, affirme l'entraîneur. *Il n'était pas rebelle pour un sou. Sur le terrain, il donnait l'exemple par son attitude. C'était un bon camarade, un grand coéquipier. Il me craignait un peu, mais il sentait que je le protégeais.* » Plus d'une fois, Francis lui a acheté un sandwich, un coca ou lui a glissé un billet dans la poche, ou des tickets de bus. Il aidait, à sa manière, les Maradona. Il leur facilitait un peu les choses, pour que jouer reste un plaisir pour Diego, le plus longtemps possible, pour qu'il se sente bien, qu'il ne manque de rien.

« *C'était un fils pour moi, le fils que je n'ai jamais eu.* » Un gamin brillant balle au pied. Pendant plusieurs années, Cornejo s'est régalé des gestes, des actions et du culot de son protégé. Le petit est capable de tout, du meilleur comme du pire. « *Diego était très malin. Vous savez combien de buts il a inscrits de la main avec les* Cebollitas *? Combien de buts il a inscrits en slalomant au milieu de l'équipe adverse ? Il en a marqué une quantité industrielle. Je me souviens aussi d'une action pendant laquelle il avait couru avec le ballon collé sur son crâne, il me faisait penser à une otarie avec un ballon sur le bec, et il a traversé le terrain comme ça, il passait au milieu des joueurs, avant de laisser retomber le ballon et d'aller crucifier le gardien. On n'en croyait pas nos yeux. Il montrait des choses qu'on n'avait jamais vues* *auparavant. Il a toujours aimé le football. Si je devais le définir, je dirais : si Diego allait dans une soirée en costume blanc et que quelqu'un lui jetait un ballon couvert de boue, il n'hésiterait pas à le contrôler de la poitrine... C'est instinctif chez lui.* »

Cet objet a donc toujours eu une importance vitale pour Maradona. C'était un jouet à l'époque mais aussi un outil qui lui permettait d'exister. Sur le terrain, il se prenait pour un prince, pour un joueur unique que rien ni personne ne pouvaient arrêter. C'est grâce au ballon rond qu'il a su se faire une place dans la société. Très rapidement, il a même pris conscience du pouvoir du cuir. C'est ce qu'assure Francis : « *Assez vite, et comme pendant toute sa carrière, il a subi l'envie et la jalousie des parents de partenaires qui ne supportaient pas qu'un si petit gosse au teint mat – un négro – venu des bas-fonds de la société, puisse être aussi doué. Je lui disais de ne pas s'inquiéter, d'ignorer les critiques et qu'avec le temps, les gens finiraient par s'agenouiller devant lui. De la touche, on l'insultait,* villero de mierda, negro de mierda, *tuez-le. Il fallait calmer son père, ça le rendait fou et sur le terrain, même s'il était déjà soumis à la violence, il encaissait et répondait par des gestes de folie, sans cesse axé sur le jeu. Car le ballon, c'était l'amour de sa vie. Il a compris que le rejet et l'attraction qu'il suscitait venaient de sa façon unique de manier le ballon. Il ne pleurait pas, ne râlait pas, il avançait. Le football l'a transformé intérieurement, en a fait un gagnant naturel, aussi bien à douze ans pour un soda qu'à vingt-cinq ans pour une Coupe du monde. Il n'a pas eu besoin de crier pour s'imposer car le football en a fait un leader naturel. Sa force de caractère s'est développée à force de coups, d'attaques et de l'attention dont il a toujours fait l'objet. Beaucoup d'autres enfants ont craqué alors que lui, il a grandi dans l'adversité. Plus il y avait d'obstacles et de critiques, plus il était fort. Cela a toujours été son mode de fonctionnement.* »

Francis et Diego ont grandi ensemble pendant sept ans, puis leurs chemins se sont séparés. Pour Diego, l'argent, la gloire et la célébrité mondiale. Pour Francis, la vie simple d'un habitant de Buenos Aires, supporter d'Argentinos Juniors mais aussi et surtout l'un des plus grands formateurs de l'histoire du pays. Jusqu'à sa mort, il se rendait trois fois par semaine, en bus, au centre d'entraînement d'Argentinos Juniors pour regarder les entraînements et les matchs des catégories infantiles.

C'était un passionné. Les deux hommes se sont perdus de vue. Diego ne l'a pourtant jamais oublié. Quant à Francis, jusqu'à la fin de sa vie, il a donné des interviews au monde entier pour tenter d'expliquer le phénomène Diego Maradona.

« EL BICHO »

El bicho, la bestiole, l'insecte, est le surnom donné à tous les joueurs, les dirigeants et les supporters d'Argentinos Juniors. C'est plus qu'une entité, c'est une grande famille dont le nom complet est « *El bicho colorado* ». Cet insecte est coloré pour la simple et bonne raison que le maillot de cette équipe est rouge. Cette appellation n'est pas d'origine car elle n'a vu le jour que dans les années cinquante après que *Clarin*, le quotidien le plus lu en Argentine, avait titré après une victoire : « *Les* Bichos colorados *ont piqué là où ça fait mal* » Aujourd'hui, plus de cinquante ans après les faits, ce surnom est entré dans le langage populaire et médiatique.

En 1973, l'économie de la planète vacille, c'est le premier choc pétrolier. En Argentine, les militaires qui sont au pouvoir depuis 1966 sont obligés d'organiser des élections car les caisses sont vides, la société civile gronde et l'opposition est de plus en menaçante, de plus en plus puissante. Pour éviter une sanglante guerre civile, les militaires se résolvent donc à passer la main. Cette année 1973 marque le grand retour aux manettes de Juan Domingo Peron, après dix-huit ans d'exil. En octobre, il devient président pour la troisième fois de sa vie. Le pays respire, l'espoir renaît.

1973, c'est également l'année où Diego Maradona fait une seconde apparition remarquée dans les médias argentins. Il n'a que treize ans et, déjà, on lui promet une carrière à la Pelé. Le principal hebdomadaire de sport, *El Grafico,* consacre un article de deux pages au phénomène des *Cebollitas*. *El Grafico* a entendu la rumeur grandissante dans la ville, celle d'un génie, d'une jeune vedette locale de douze ans qui sévit à Argentinos Juniors. Le journal est émerveillé et s'avoue impressionné par tant d'aisance. Il souligne que Diego a le potentiel pour devenir le « *meilleur joueur argentin de tous les temps.* » Rien que ça.

1973, c'est également l'année où le paternel de Daniel « Polvora » Delgado écrit soigneusement dans son carnet : « *Diego jouera le Mondial 1978.* » Cet homme issu de la classe moyenne argentine a en effet tenu un petit cahier où il recensait ses impressions mais aussi les statistiques des *Cebollitas*. De nombreuses pages sont noircies de louanges faites à Maradona.

Cette année-là, le talent et la fantaisie de Diego Maradona sont utilisés, pour la première fois, à des fins politiques. Peron, qui a entendu parler des *Cebollitas*, appelle un jour Francisco Cornejo pour lui demander que son équipe joue aux quatre coins du pays mais aussi à l'étranger afin de promouvoir le sport juvénile – qui était l'un des piliers de son gouvernement. La vie de *Pelusa* s'accélère. En 1973, Diego monte pour la première fois de sa jeune mais déjà trépidante vie dans un avion, pour se rendre à Santiago du Chili. Sur le chemin, la tête dans les nuages, il a certainement admiré les plaines de la Pampa mais aussi et surtout la majestueuse chaîne de la cordillère des Andes. Le spectacle est à couper le souffle. Mais ces jeunes Argentins n'ont pas fait le voyage pour prendre des photos ou pour jouer aux petits touristes en short. Ce voyage, c'est du sérieux, il y est plutôt question d'honneur de la patrie et de ballon rond. Les membres des *Cebollitas* n'ont que treize ans, mais ils doivent affronter la sélection des moins de 18 ans du Chili. La différence d'âge est énorme, des lions et des petites souris se sont donné rendez-vous sur un terrain de football. Mais Diego la malice et sa bande ont plus d'un tour dans leur sac et leur vivacité, leur technique et leur talent leur permettent d'arracher un match nul (2-2). Et encore, les Chiliens ont de la chance car jamais les *Cebollitas* n'auraient dû perdre ce match. Selon les médias présents ce jour-là, le penalty sifflé en toute fin de rencontre pour le Chili était aussi imaginaire que scandaleux... Comme si la sélection chilienne, plus âgée, ne pouvait pas perdre contre une jeune équipe d'artistes venus de l'autre côté de la Cordillère des Andes.

Diego n'a que treize ans, mais il fait déjà tourner beaucoup de têtes. La sienne, elle, est encore bien accrochée sur ses épaules. *Pelusa* est toujours un enfant qui ne pense qu'au ballon et à Argentinos Juniors. Il n'a pas complètement pris conscience de son nouveau rôle et de ses nouvelles obligations. Sous l'œil sévèrement attendri de Cornejo, il ne cesse de progresser et de surclasser la concurrence. « *Vers treize ans, c'est le moment où un joueur s'envole,* note Adrian Domenech, ex-coéquipier de Maradona à Argentinos Juniors, devenu un formateur réputé en Argentine. *C'est vers cet âge-là que les meilleurs sautent des étapes, qu'ils sont aspirés vers le haut niveau. Diego se baladait avec les enfants de son âge, c'est donc logiquement qu'il a vite été surclassé.* »

Alors que la majeure partie de ses copains évoluent en *novena* (neuvième), la première catégorie du football juvénile argentin, Diego ronge son frein, parce qu'il est né en toute fin d'année (octobre). Il n'a pas encore ses treize ans. Officiellement, il n'a pas donc pas le droit de jouer avec eux, puisque le surclassement est formellement interdit. Il doit réviser ses gammes de virtuose à l'école de football. Autant dire que *Pelusa* s'ennuie fermement. Il est décidément trop fort. Et c'est Cornejo qui va, une nouvelle fois, voler à son secours, quitte à contourner les règles. Il n'hésite pas une seule seconde à le faire jouer sous une fausse identité, avec une fausse licence. Un jour, par exemple, il s'appelle Montanya. C'était lors d'un match contre le Racing Club de Avellaneda. Diego est sur le banc, mais les choses, sur le terrain, ne se passent pas comme prévu. Alors, à la mi-temps, Cornejo lui fait signe de se préparer. Diego s'exécute. En une mi-temps, il étale tout son savoir-faire et inscrit deux buts. L'entraîneur du Racing n'en croit pas ses yeux. À la fin de la rencontre, il s'approche de Cornejo et lui glisse : « *Mais pourquoi laisses-tu un tel joueur sur le banc ? Ce gamin est un vrai génie.* » Francis ne répond pas, esquisse un sourire, lui serre la main et s'en va.

Quelques semaines plus tard, le tandem Cornejo-Maradona récidive. Ils sont les protagonistes de la même supercherie. On ne change pas un scénario qui gagne. Cette fois-ci, l'adversaire est un plat un peu plus épicé car Boca Juniors est le club le plus prestigieux du pays. Les *Cebollitas* font honneur à leur surnom, tant ils paraissent minuscules à côté de ces mastodontes de Boca. Le scénario se répète : Dieguito regarde toute la première mi-temps, assis sur le banc des remplaçants. En tout début de seconde mi-temps, Francis décide de le lancer dans l'arène car son équipe est au bord du gouffre, menée trois buts à zéro. Quelques tours de passe-passe plus tard et après avoir inscrit deux buts et donné une passe décisive, *Pelusa* est une nouvelle fois le héros des *Cebollitas*. Il permet aux siens d'arracher un match nul. Ce jour-là, Maradona s'appelle une fois encore Montanya. Les joueurs et l'entraîneur de Boca Juniors n'y ont vu que du feu jusqu'à que les *Cebollitas* entonnent, sur le chemin des vestiaires et en chœur, un « *grande Diego, grande Diego* » en hommage à leur meilleur joueur. L'entraîneur de Boca Juniors a l'oreille qui traîne, il est fou furieux, car il vient juste de comprendre que Montanya n'est autre que Diego Maradona. Et que Cornejo a triché. D'un pas rageur, il fonce vers lui pour lui dire ses quatre vérités : « *Mais tu as aligné Maradona, fils de pute ! Tu n'avais pas le droit…* » Une fois encore, Cornejo ne répond pas. Il regarde ailleurs, il ne veut pas lui expliquer les raisons de ce subterfuge. Cornejo pense, en effet, que Diego doit jouer pour continuer de progresser, que le talent de son « miracle » l'oblige à contourner les règles. Il trouve la situation assez cocasse, car, pour la première fois, certains se plaignent de la présence d'un joueur trop jeune. C'est le monde à l'envers. Francis sait pourtant qu'il ne va pas pouvoir mentir plus longtemps car Diego est trop voyant, trop fort pour passer inaperçu. Son nom et son football sont désormais connus de tous.

Difficile de savoir combien de fois Diego a joué sous une fausse licence. Mais ce qui est certain, c'est que ce mensonge n'a pas duré bien longtemps puisque le 30 octobre 1960, *Pelusa* souffle enfin ses treize bougies. C'est une délivrance. Il n'a plus à mentir et peut désormais commencer à jouer, officiellement, dans les catégories de football juvénile d'Argentinos Juniors. Il devient alors un *bicho*, un vrai.

En fin d'année 1973, il intègre la *novena*, la neuvième équipe du club et la première catégorie du football juvénile. L'ossature est celle des

Cebollitas. Cette équipe continue à écraser la concurrence dans la joie et la légèreté. Les joueurs, les entraîneurs, les observateurs continuent d'appeler cette bande de petits diablotins à crampons les *Cebollitas*. Et pourtant, sur les registres officiels de la AFA (Association du football argentin), Maradona, le Goyo ou la *polvorita* Delgado and C° évoluent sous le nom d'Argentinos Juniors. Dès la *novena*, les choses sont un peu plus cadrées. C'est maintenant le club qui fournit et qui lave les maillots car c'est le début des tournois officiels contre les meilleurs équipes de la ville et de la province. La *novena*, c'est le véritable point de départ du chemin qui doit mener les meilleurs à la *primera*, l'équipe première qui évolue, elle, en première division. Dans le football juvénile, il n'y a pas de place pour les faibles, pour les blessures ou les vagues à l'âme, car la plupart de ces footballeurs en herbe caressent le rêve de devenir un jour des joueurs professionnels, de devenir un nouveau Mario Kempes. Un attaquant racé et *goleador*, néo-international qui n'évolue encore, en 1973, qu'à l'Instituto Cordoba, un modeste club de première division. Mais combien réussiront à accomplir ce rêve ? Une poignée, oui, ils ne seront qu'une poignée, au final, à connaître l'adrénaline d'un match de première division. Et cette adrénaline, *Pelusa* la découvre petit à petit.

Le week-end, les jours de match de la *primera*, son équipe est souvent réquisitionnée au stade avec un travail bien précis à faire : ramasser les ballons. Son habileté est déjà bien connue de tous, alors un jour, un dirigeant lui demande de jongler pendant la mi-temps. *Pelusa* n'en demandait pas tant. Il se pointe donc au milieu de la pelouse et commence à faire sautiller le ballon sur son pied gauche, son pied droit, sa tête, son torse, son dos, ses épaules. Les supporters d'Argentinos Juniors et de Boca Juniors le remarquent et saluent le talent du gamin. Lorsque les joueurs reviennent sur la pelouse, tous ensemble entonnent un « *que se quede, que se quede* », qu'il reste, qu'il reste. C'est le flash, le coup de foudre, les spectateurs sont déjà amoureux de cet enfant haut comme trois pommes et diaboliquement agile avec ses pieds et son corps. Le ballon et son corps ne font qu'un. Cette petite attraction plaît tant qu'elle sera reconduite à maintes reprises. Pour *Pelusa*, tout va très vite, tout se passe comme dans un rêve. Il est persuadé qu'une petite étoile veille sur lui. Et c'est avec cette même légèreté et cette même naïveté qu'il prend son envol. Car *Pelusa* est bien trop fort pour les gamins de son âge. Il grille les étapes et n'est encore qu'un jeune adolescent lorsqu'il débute enfin en première division. Son premier rêve devient réalité.

Il faut dire que tout le monde commence à le connaître au club. C'est donc en toute logique que son nom arrive jusqu'aux oreilles de Juan Carlos Montes, l'entraîneur de la *primera*. « *On me bassinait avec ce gamin,* assure Montes. *Les entraîneurs des jeunes m'en parlaient et me disaient que c'était vraiment un joueur à part et qu'il fallait que je le voie. Moi, j'avoue que je faisais la sourde d'oreille, car l'équipe se battait pour ne pas descendre, alors faire jouer un gamin de quinze ans dans ces conditions, c'était assez risqué. J'ai fini par craquer et je l'ai convoqué pour un entraînement, à la fin de l'année 1975. Je n'ai pas été déçu, Diego nous a fait un véritable show. Je lui ai alors demandé de s'entraîner avec le groupe pro. Je pensais bien le faire rapidement débuter. Mais quelques jours plus tard, les entraîneurs de l'équipe de sa catégorie l'ont convoqué pour un match capital. Je l'ai laissé y participer. Je n'aurais peut-être pas dû, puisque Diego a été expulsé pour avoir applaudi ironiquement une décision de l'arbitre. Il a pris cinq matchs de suspension.* » Ce n'est qu'en 1976 qu'il pourra finalement faire ses grands débuts en première division. Il n'a pas encore seize ans.

L'histoire de Diego et du football professionnel a donc débuté le mercredi 20 octobre 1976. C'était un jour printanier, le ciel était dégagé, bleu, et la température douce et agréable. Argentinos Junior recevait sur son terrain Talleres de Cordoba.

« *La veille*, se souvient Maradona, *Juan Carlos Montes est venu me voir et m'a annoncé la nouvelle le plus tranquillement du monde. "Demain, me dit-il, tu joues avec l'équipe première." J'étais stupéfait. Enfin, j'allais faire le grand saut. En huit mois, je suis passé de la huitième équipe du club à la* primera. *Ce match, je m'en souviendrai toute ma vie. On jouait sur notre terrain. Je suis entré en tout début de seconde mi-temps. Montes m'a dit : "Vas-y, c'est à toi. Fais ce que tu sais faire, et essaie donc de faire un petit pont dès ton premier ballon." J'avais le numéro 16 dans le dos. Le public m'a ovationné, c'était magique. Je ne me sentais plus, jamais je n'avais ressenti autant d'adrénaline. À cette époque-là, j'écoutais avec beaucoup d'attention ce que disaient mes entraîneurs. Alors, sur l'un de mes premiers ballons, j'ai réalisé un petit pont. La foule s'est soulevée. J'étais sur une autre planète. J'ai réalisé un bon match et même si on a perdu 1-0, j'étais super heureux. Ce match, ça a été le début de tout, car je ne suis plus sorti de l'équipe première. Et dès mon cinquième match contre San Lorenzo, le 14 novembre 1976, j'ai inscrit mes deux premiers buts.* »

Diego est passé de la *novena* à la *primera* en deux ans et demi. Une vraie météorite, puisqu'un joueur « normal » met en moyenne cinq ans pour réaliser le même trajet. Diego est allé deux fois plus vite que tout le monde.

Dès ses premiers matchs avec les grands, *Pelusa* devient la nouvelle coqueluche d'Argentinos Junior. Son aisance, ses bouclettes brunes, son visage d'ange et son sourire permanent ont le don de magnétiser le public et les foules.

Les supporters du *bicho* sont persuadés qu'avec lui, tout va changer et que ce club va enfin sortir de l'anonymat dans lequel il est plongé depuis trop longtemps.

Les dirigeants ont bien compris qu'ils tenaient là un diamant brut. Alors, le lendemain de son premier match en *primera*, ils annoncent à Dieguito qu'ils vont lui louer une maison non loin du club. Toute la famille déménage. Maradona quitte définitivement Villa Fiorito, il n'aura plus à monter quotidiennement, et pendant des heures, dans le bus qui le transporte de son quartier jusqu'au club. Diego change de vie et il ne se doute pas encore que plus rien ne sera comme avant…

1979

1979 est une année noire en Argentine, un pays qui vit toujours sous la terreur des militaires. Chaque jour, des opposants sont torturés, assassinés et même balancés, parfois morts, parfois vivants, dans les eaux sombres du Rio de la Plata. Des milliers d'hommes et de femmes disparaissent. Personne ne sait où ils sont et personne n'ose encore imaginer qu'ils ont été tués. Des mères courage, « *las madres de la plaza de Mayo* », manifestent pacifiquement chaque jeudi pour avoir une audience avec le général Videla, le même qui avait remis fièrement la Coupe du monde en 1978 à la Sélection argentine. Mais l'homme à la moustache fournie ne répondra pas à ces mères désespérées. La répression est sanglante et souvent aveugle.

Seul un homme de petite taille, aux cheveux bouclés et aux cuisses d'haltérophile, offre un semblant d'échappatoire à toute une population. C'est un rayon de soleil dans cette période si noire. Car Diego Maradona éblouit par sa soif de jouer, sa légèreté sur la pelouse, et ses dribbles tout droit sortis du *potrero* redonnent le sourire à des millions d'Argentins. Ce n'est pas un clown mais juste un footballeur surdoué. Dès que son pied gauche caresse le ballon, les spectateurs oublient un instant leur quotidien. Rarement le football a été si proche du pouvoir, rarement le football a été un pansement si puissant et si efficace aux blessures du quotidien. Mais les joueurs comme Diego Maradona ne sont pas tout à fait conscients du rôle qu'ils jouent. Ils ne se rendent pas compte qu'ils sont, malgré eux, utilisés par les militaires. D'ailleurs, Prospero Consoli, le président d'Argentinos Juniors, déclare cette année-là : « *Diego Maradona n'appartient pas à Argentinos Juniors, mais au patrimoine national.* » Cette phrase est lourde de sens. Insupportable même. Mais Diego ne tique pas ou, en tout cas, pas publiquement. Car à cette époque, *Pelusa* ne brille que sur les pelouses argentines. Il n'est pas encore cet homme qui parle haut et fort, et à tort et à travers. Il est jeune et encore naïf même s'il est de moins en moins innocent. En 1979, l'Argentine n'a d'yeux que pour lui. Car il fait toujours autant le spectacle et il est, de plus, devenu un serial buteur. C'est lui le *goleador* incontesté du Championnat. Avec ses quatorze buts, il finit en tête du classement des buteurs du Tournoi métropolitain, ex-aequo avec Sergio Fortunato, l'attaquant d'Estudiantes de La Plata. Et cette même année, il obtient également le titre honorifique du *goleador* du Championnat national (douze buts). Maradona n'a que dix-neuf ans, mais il est l'incontestable meilleur joueur du Championnat argentin. Les plus grands clubs européens lui font les yeux doux. Mais les militaires refusent de le laisser partir. La dictature a besoin d'un homme créatif et capable de soulever les foules. Les militaires n'hésitent pas une seule seconde à utiliser son image et son pied gauche à des fins politiques, patriotiques et nationalistes.

Pour la bande du général Videla, tous les moyens sont bons pour retenir le fils prodige au pays. L'un des dirigeants d'Argentino Juniors – et ça tombe bien – n'est autre que Guillermo Suarez Mason, un militaire zélé, un fidèle parmi les fidèles. Suarez Mason n'est pas un tendre. L'homme, aujourd'hui décédé, est bien connu des associations des droits de l'homme. Son nom de code : « le boucher d'Olimpo ». Car Guillermo Suarez Mason, un militaire au curriculum vitae éclaboussé par le sang qu'il a fait couler, était l'un des principaux responsables du centre clandestin de détention El Olimpo. Sur les quelque sept cents opposants qui y ont été transportés, seuls cinquante ont survécu. Les prisonniers étaient systématiquement torturés, drogués, humiliés, violés, assassinés avant d'êtres enterrés dans des charniers ou des fosses communes. Et c'est ce même Suarez Mason qui avait un œil attentif sur Maradona. Mais il n'a pas employé les mêmes méthodes avec lui. Il ne l'a pas menacé mais plutôt amadoué. Le général Videla aurait débloqué des fonds spéciaux au « boucher d'Olimpo » qu'il fasse une offre à Maradona. Une offre qu'il ne pourra pas refuser. Une offre conséquente qui puisse permettre à Diego de patienter un peu avant de s'envoler vers le Vieux Continent. Car à la fin des années soixante-dix l'argent était déjà le nerf de la guerre dans le football et, si Diego tenait tant à signer à la Juventus, au Barça ou ailleurs, c'était bien « *pour mettre sa famille à l'abri* ». Diego fait en effet tourner beaucoup de têtes, en Europe et ailleurs.

Le *pibe* est si fort que Cesar Luis Menotti, l'entraîneur de la Sélection, le convoque régulièrement sous le maillot *albiceleste.*

En mai 1979, il décide d'ailleurs d'emmener Maradona avec lui sur le Vieux Continent. Pour l'occasion, Menotti a fait le choix de se passer des exilés comme Kempes, Ardiles et Bertoni. Le chemin est libre, la place est faite au phénomène argentin : « *Si j'ai sélectionné Maradona,* affirme alors Cesar Luis Menotti, *c'est parce que, mis à part son talent, il a besoin d'être confronté au football européen. L'heure est venue de donner sa chance au joueur le plus prometteur du football argentin de ces vingt dernières années...* » Cette mini-tournée européenne commence par un match contre les Pays-Bas, pour une revanche de la finale de la Coupe du monde 1978 remportée par les Argentins. Ce match se termine sur un score nul (0-0) et une performance juste moyenne de Diego Maradona. Il faut attendre le second match pour voir enfin une partie de l'immense talent de Maradona. Le vrai Diego est à l'œuvre. Quelques jours plus tard, l'Argentine affronte l'Écosse à Hampden Park. Les Écossais s'en souviennent encore. Ce jour-là, Diego réalise un match exceptionnel. Même Cesar Luis Menotti, d'habitude mesuré, a des éloges plein la bouche pour son nouveau protégé : « *L'Écosse a été le témoin de la consécration de Diego Maradona en Europe.* » L'Argentine gagne 3-1 grâce au nouveau génie du football mondial. Diego inscrit un but et réalise deux passes décisives. Il est dans tous les bons coups et sa prestation, spectaculaire, est même saluée par les 60 000 spectateurs d'Hampden Park. À la toute fin de la rencontre, les spectateurs, en transe, lui rendent un vibrant hommage en criant à l'unisson : « *Argentina, Argentina, Argentina* ». Le lendemain, la presse écossaise est dithyrambique et fait ses gros titres sur ce petit homme venu de l'autre côté de l'Atlantique : « *Maradona the first* », « *Wonderboy* », « *The new Pelé murders the Scot* ». Diego prend alors conscience que le maillot *albiceleste* a un pouvoir spécial. Car une grande performance sous ce maillot aura toujours plus d'impact, sera toujours plus applaudie et plus commentée.

Cette mini-tournée européenne permet à Maradona de goûter aux joies du football international. Elle n'est qu'un amuse-bouche avant son grand défi de l'année 1979. Il a à voir également avec les couleurs *albiceleste.* L'Argentine doit, en effet, participer à la Coupe du monde des moins de 20 ans, qui se déroule au Japon. Les *Albiceleste*, qui ont gagné la Coupe du monde 1978 chez eux, en Argentine, n'ont jamais remporté cette Coupe du monde des moins de 20 ans. La pression est énorme. Car si Diego et sa bande réussissent à soulever ce trophée, la dictature pourra, une fois de plus, communiquer autour de son football triomphant. Une victoire finale de Diego et sa bande signifierait que l'Argentine est le pays du football, le numéro 1 du ballon rond, mais aussi une nation triomphante. Pourtant, lorsque les hommes de Cesar Luis Menotti débarquent au Japon pour participer à cette compétition, il n'est pas certain que les joueurs aient complètement conscience de ce rôle politique. De ce rôle d'ambassadeur footballeur. Eux, basiquement, ne sont là que pour jouer et pour gagner, un point c'est tout. La récupération étatique d'une telle victoire, ils n'y pensent pas. Cela n'empêche pas Diego Maradona d'être motivé comme jamais. Il est remonté comme un coucou car il n'a toujours pas digéré de ne pas avoir été de la fête en 1978. Diego qui avait débuté avec la Sélection à l'âge de seize ans, en février 1977 contre la Hongrie, était dans le groupe des quarante puis dans celui des vingt-cinq avant la Coupe du monde 1978. Tout était réuni pour qu'il connaisse sa première Coupe du monde, chez lui, en Argentine. Mais à la surprise générale, Cesar Luis Menotti décide de l'évincer au dernier moment. Il ne fait pas partie des vingt-deux. Sa déception est immense. Une semaine après cette mauvaise nouvelle, Diego Maradona inscrit quatre buts au cours d'un match de Championnat. Il se sent victime d'une énorme injustice et répond donc par un coup d'éclat. Leandro Zanoni, qui a étudié la relation de Diego Maradona avec les médias, note dans son livre *Vivir en los medios, Maradona, off the record*[3] que « *1979, c'est l'année de la véritable explosion médiatique de Diego car il aligne les performances de très haut niveau. En février 79, et à seulement dix-huit ans, il fait la une du* Grafico *(*le magazine numéro 1 du football en Argentine*). Cette montée en puissance vient également de la colère ressentie par Maradona de ne pas avoir été convoqué pour la Coupe du monde 78. Lors de la saison 78-79, Diego reçoit les premières offres de clubs étrangers, dont celle, très intéressante, de la Juventus de Turin. Mais l'Association argentine de football (AFA) refuse son départ. Diego se sent, là encore, victime d'une injustice, alors il n'hésite pas à critiquer la AFA, même si elle est tenue par les militaires. C'était un geste incroyablement osé à l'époque. La AFA voulait garder Maradona car il était devenu l'attraction numéro 1 du football national après que la folie du Mondial était retombée. Diego est alors utilisé par la dictature et le gouvernement Videla pour être la figure du Championnat. Car le football est un parfait dérivatif, plus on parle de ballon rond et moins on parle des tortures et de répression.* »

Diego rêve donc de remporter et de survoler cette Coupe du monde 1979 pour que la planète du ballon rond prenne conscience que c'est lui et personne d'autre la future star du football. Il est animé par un sentiment de revanche. Il sait aussi qu'une grande Coupe du monde le rapprochera un peu plus du Vieux Continent. Diego a grandi, il n'est plus le petit bonhomme sorti de Villa Fiorito.

Abelardo Carabelli, qui évoluait avec lui à Argentinos Juniors mais aussi en Sélection des moins de 20 ans, se souvient que c'est à cette époque que Maradona a commencé à changer : « *Vers dix-huit ans, il est devenu plus coriace, son caractère a changé. Pour rester proche de lui, il fallait lui obéir, lui dire oui sans poser de questions. Il était déjà entouré de gens qui ne lui voulaient pas que du bien, car il représentait beaucoup d'argent. Entre quinze et dix-huit ans, il a donc beaucoup changé. Avant, c'était un ado normal, souriant, gai et adorable. Après ses débuts en* primera *(à quinze ans), sa personnalité s'est modifiée, il n'acceptait plus les avis contraires. Cela s'explique facilement :*

3 - Édition Marea, 2006.

à quinze ans, il est devenu chef de famille, grâce à son salaire et à la petite maison que lui louait le club, il faisait vivre sa famille et son père n'avait donc plus beaucoup d'autorité sur lui. Il était trop jeune pour assumer de telles responsabilités. Personne ne peut être prêt à de tels changements Son père était un bon père, un homme simple qui fut dépassé par le succès de son fils. » Sur une pelouse, Diego n'a rien perdu de sa fraîcheur. Sur le terrain, il donne tout ce qu'il a et offre, souvent, son meilleur visage. Il a pris conscience que son salut et sa liberté passent par ses exploits. C'est pour cette raison que la Coupe du monde 1979 est un rendez-vous si important pour lui. Et c'est pour cette raison qu'il se fait un malin plaisir d'éclabousser de toute sa classe la compétition. Abelardo Carabelli : « *Nous avions gagné le tournoi après un énorme match en finale et une victoire 3-1 face à l'URSS. Nous étions favoris et Maradona était l'attraction du tournoi, il formait avec Ramon Diaz un duo exceptionnel. Diego était notre capitaine, il parlait beaucoup et bien, il ne nous critiquait pas, il était toujours positif, toujours en train de nous réconforter et de nous protéger. Avec lui, nous nous sentions forts, même quand il n'était pas bon. C'était une vraie locomotive.* » Si les images sont rares et rarement de bonnes qualités, les chiffres eux, parlent toujours aussi bien. L'Argentine et Diego ont survolé la compétition. Les hommes de Menotti sont repartis du pays du Soleil Levant avec tous les honneurs :

- La meilleure attaque (vingt buts en six matchs)
- La meilleure défense (deux buts encaissés)
- Le *goleador* : Ramon Diaz (huit buts)
- Le meilleur joueur : Diego Maradona

La finale de la compétition résume à elle seule la maîtrise et la supériorité de l'Argentine. Elle est d'abord menée 1-0 par une solide équipe russe avant de plier le match en dix minutes grâce à trois buts de Alves, Diaz et Maradona. Les 50 000 spectateurs du Stade Olympique de Tokyo sont aux anges et applaudissent bruyamment les exploits du petit numéro 10. L'équipe de Menotti est flamboyante en attaque grâce à Ramon Diaz, le Pichi Escudero, Gaby Calderon et Diego Maradona. Ils développent un jeu rapide et court, en une touche de balle, et sont devenus les maîtres du changement de rythme, grâce en particulier à Diego Maradona. Cette compétition permet à Diego, auteur de six buts, de gestes fous, de coups francs magiques et de passes décisives, de se faire connaître du monde entier. Avant cette Coupe du monde, la planète avait entendu parler d'un génie venu d'Argentine, mais c'est au Japon qu'elle a découvert que sa renommée n'était pas usurpée.

Pendant quinze jours, les Argentins suivent chaque exploit de leur petit lutin. Et qu'importe si le décalage horaire les oblige à se lever à six heures du matin. Les images de Diego Maradona soulevant cette Coupe du monde sont une bénédiction pour les militaires. Ces images de victoire inondent les petits écrans et passent en boucle jusqu'à écœurement. Sitôt la compétition terminée, les Argentins se pâment à l'idée de voir leurs nouveaux héros en chair et en os pour les célébrer. Ils doivent pourtant prendre leur bien en patience. Attendre un peu, car Diego et sa bande sont restés coincés à Tokyo. Au Japon comme en Argentine, l'attente est longue et les joueurs comme les supporters sont impatients de se retrouver. Les joueurs s'amusent comme ils peuvent. « *On a dû attendre à l'hôtel deux jours après la finale pour avoir un avion*, se souvient Gaby Calderon. *Un jour, on était tous au bord de la piscine, Diego est passé derrière Juan Barbas et l'a poussé dans l'eau. Il ne savait pas que Barbas ne savait pas nager. J'ai immédiatement plongé, mais l'autre se débattait tellement que j'ai failli couler avec lui. Heureusement qu'un Japonais est venu nous sauver tous les deux. Il fallait voir la tronche de Diego. Il a promis qu'il ne recommencerait plus. Cette anecdote montre bien dans quel état d'esprit venait Diego en* Selección. *C'était un endroit particulier pour lui, car c'était l'un des rares endroits où il était tranquille. Il était alors loin de son entourage et loin de la frénésie qu'il y avait autour de lui. Au sein du groupe, c'était bien sûr une personne très importante. En 1979 comme en 1990, il a toujours fait preuve d'une grande solidarité et d'un souci important du collectif. C'était une personne très positive qui a toujours assumé son rôle de leader. En* Selección, *Diego riait beaucoup. Il aimait partager sa table avec les déconneurs, les grandes gueules du groupe. Il y a toujours eu quelque chose de très festif en lui. Aujourd'hui encore, même lorsqu'il est mal en point, on peut voir, lors des interviews, qu'il essaie de faire des blagues, qu'il a un côté cynique et très enfantin. C'est aussi ce qui le rend très attachant.* »

La Coupe du monde des moins de 20 ans en 1979 est donc le début de capitaine Diego en Sélection. C'est là-bas, au Japon, dans un pays si dépaysant pour lui, qu'il a démontré qu'il pouvait être un leader, même sous la tunique *albicleste*. Il tenait là sa vengeance, c'est en tout cas ce que pense Juan Barbas, un autre de ses coéquipiers : « *Au Japon, j'étais dans la même chambre que Diego. On parlait beaucoup tous les deux, on se comprenait parce que nous avions une histoire similaire : nous venions tous les deux d'un bidonville. En 1978, sa non-convocation pour la Coupe du monde n'était pas un choix si scandaleux. Mais Diego qui était déjà une vedette du Championnat, même s'il était très jeune, n'a jamais digéré cet échec. À partir de là, Diego a voulu être le numéro 1. Cela a été un déclic pour lui. À cette époque-là, la grande vedette était Mario Kempes, toute la presse et le public n'avaient d'yeux que pour lui. Mais Diego savait qu'il était plus fort balle au pied que Kempes, il l'avait déjà vérifié lors d'entraînement de la* Selección. *Diego ne voulait plus jamais être rejeté de la sorte. En tout cas, ça a largement nourri sa motivation de revanche, déjà bien ancrée en lui. En 1979, il a prouvé que c'était lui le présent et le futur de la Sélection.* »

Il attendait donc d'être reçu comme un héros en Argentine. Mais le voyage pour regagner ses terres est long et éreintant. Le gouvernement militaire a tout prévu. Il a envoyé un avion de la force aérienne au Brésil pour récupérer les champions du monde. L'arrivée doit être faite en catimini. Tout a été organisé par les militaires pour que cette glorieuse victoire soit aussi et avant tout celle de leur régime : « *Nous avons atterri à l'aéroport d'Ezeiza* (l'aéroport international de Buenos Aires situé à trente-cinq km du centre de la capitale), se souvient Sergio Garcia. *Nos familles nous y attendaient. Mais à peine avions-nous pu embrasser nos proches qu'on nous a demandé de sauter dans un hélicoptère direction le terrain de football d'Atlanta, en plein centre de Buenos Aires. Là-bas, un bus nous attendait pour nous emmener à la Casa Rosada, le palais présidentiel. Honnêtement, on ne s'est pas tout de suite rendu compte de la récupération politique car nous étions lessivés, nous venions de faire un voyage long de trente-six heures. Nous n'avions qu'une envie : nous reposer.* » Le gouvernement militaire veut surfer sur cette victoire. La propagande va pouvoir fonctionner à plein régime. Le lendemain de l'arrivée triomphale des jeunes Argentins, un petit film en noir et blanc est diffusé aux informations. Il est daté du 7 septembre 1979. On y voit d'abord les buts de la finale contre la Russie, puis des images d'euphorie dans les rues de Buenos Aires. Les drapeaux s'agitent. Le commentaire, la voix-off un brin nasillarde, s'en donne à cœur joie : « *Une nouvelle fois, le pays s'est mobilisé, une nouvelle fois le pays est sorti dans la rue pour partager sa joie et sa fierté. Parce que les Argentins sont contents de montrer une image de vainqueur. Au Japon, les jeunes Argentins ont une nouvelle fois démontré au monde entier la liberté et la pureté de notre jeunesse mais aussi sa joie spontanée à l'heure de la victoire.* » S'ensuivent quelques images des joueurs dans un des salons de la Casa Rosada. Ils portent tous un costume impeccable et sont reçus par le général Videla. Ce dernier devant les caméras et les photographes déclare : « *Vous êtes l'exemple de la nation. Cette victoire, un an après celle de 1978, nous montre combien les Argentins sont prêts à souffrir pour gagner et que tous les espoirs sont permis pour le futur…* »

La fin d'année 1979 se termine en apothéose pour Diego. Comme chaque année, le quotidien vénézuélien *el Mundo* publie son bilan, son palmarès pour l'année 1979 : Diego Maradona est élu meilleur joueur sud-américain de l'année. À dix-neuf ans, c'est le plus jeune roi du continent de l'histoire. Il est en avance, toujours en avance sur son temps.

« MARADO... MARADO... »

« *Marado, Marado...* » C'est une clameur, un cri des cœurs, qui résonne encore dans les stades argentins. C'est un chant de supporters, un hommage parfois poignant, parfois grisant, fait à Diego Armando Maradona. Il l'a régulièrement entendu lorsqu'il était joueur, mais il l'entend encore lorsqu'il débarque dans un stade.

Ces « *Marado, Marado...* » ont résonné pour la première fois dans un stade au tout début de l'année 1977. Le jour même où le gamin de Fiorito a débuté sous le maillot *albiceleste* (ciel et blanc) de la Sélection argentine qui a tant fait battre son cœur. Il n'a que dix-sept ans, il n'a que onze matchs de première division dans les jambes, mais Diego est un joueur à part. Qu'importe l'âge alors, lorsqu'on est un miracle, un génie déjà vénéré de tous. Ces « *Marado, Marado...* » qui envahissent les stades du pays prouvent à quel point Diego a changé de dimension. La légende est en marche, son nom et son jeu sont connus de tous, son visage est reconnu dans la rue et les médias argentins n'ont d'yeux que pour lui.

Le changement est aussi radical que brutal. Dieguito arrive sur le devant de la scène médiatico-footballistique quelques mois seulement après un nouveau coup d'État.

Le 24 mars 1976, les militaires chassent du pouvoir « *Isabelita* » Peron (la troisième femme du général qui l'avait remplacé après son décès en 1974). Ils instaurent alors un régime de terreur, un régime sanguinaire qui a trop longtemps traumatisé le pays. C'est dans ce lourd contexte politique que Diego apparaît au grand jour. Ses arabesques et ses gestes sortis de nulle part sont particulièrement appréciés par les supporters, il est une bouffée d'oxygène car il est l'un des rares à redonner le sourire, chaque dimanche, aux Argentins. Il n'a que seize ans, mais il est déjà un symbole et les militaires le répéteront trop de fois : « *Diego fait partie du patrimoine national.* »

Diego n'a pas vraiment conscience de ce nouveau poids qu'il porte sur ses épaules. Sa came, c'est le football, il est n'est obnubilé que par le ballon rond. Cet objet est son passeport pour le bonheur. Son accession en première division, son statut de titulaire ne lui ouvrent pourtant pas encore toutes les portes. « *En 1976, Diego n'avait pas encore le droit d'intégrer le vestiaire du groupe pro,* se souvient Adrian Domenech, un ex-coéquipier. *Lors des entraînements, nous étions quelques-uns, les plus jeunes, à devoir nous changer et nous doucher dans le vestiaire des visiteurs. Sur le terrain, Diego avait beau être déjà techniquement au-dessus de tout le monde, les pros ont mis un peu de temps à lui faire entièrement confiance. Ils étaient méfiants, peut-être même un peu jaloux. Sur le terrain, ils avaient du mal à lui donner le ballon. Moi, je savais, parce que j'avais évolué avec lui dans les catégories inférieures, que même entouré de plusieurs joueurs, je pouvais lui donner le ballon les yeux fermés. Les pros ont mis un peu de temps à s'en rendre compte. Au début de l'année 1977, nous avons changé de vestiaire, nous avons définitivement intégré le groupe pro et Diego a alors pris son envol.* » Qui dit jouer en première division, dit, bien évidemment, gagner de l'argent. C'est une nouveauté pour Dieguito, alors il aime s'imaginer, avant les matchs, l'utilisation qu'il fera de ses pesos gagnés à la sueur de ses jambes.

« *Dès que j'ai commencé à jouer régulièrement,* se souvient-il, *j'ai pu m'acheter des choses que, sans le ballon rond, je n'aurais jamais pu m'offrir. Je portais par exemple, le même costume tous les samedis, et je n'avais qu'un pantalon… Dès que j'ai eu suffisamment d'argent, je me suis offert des pantalons, des chemises, des chaussures…* » L'argent commence à couler à flots pour lui, l'ex-misérable *Villero*, et cela va rapidement bouleverser sa vie. Rapidement, Maradona prend conscience qu'il a besoin de quelqu'un pour l'aider au quotidien. Un homme capable de régler ses affaires, de gérer son argent et de lui trouver quelques menus contrats. Cet homme, il ne va pas le chercher bien loin, car il l'a déjà sous la main. Il s'appelle Jorge Cyterszpiler. Les deux hommes se connaissent et s'apprécient depuis plusieurs années. « *La première fois que j'ai vu Diego,* affirme Cyterszpiler, *c'était lors d'un match des* Cebollitas. *Diego avait onze ans et moi, deux de plus. Un an avant cela, j'avais perdu un frère, j'étais inconsolable. C'est Diego qui m'a sorti de la déprime, c'est lui qui a changé ma vie. On est devenus de bons copains, et comme je vivais à côté du stade d'Argentinos, je lui ai rapidement proposé de venir dormir chez moi les vendredis et les samedis. Ça a duré longtemps, jusqu'au jour où le club lui a loué une maison. C'est à ce moment précis que Diego m'a demandé de devenir son manager. C'était un honneur pour moi car tout le monde savait qu'il deviendrait une énorme star. J'avais à peine dix-huit ans. J'avais une grosse responsabilité, car c'est l'argent de Diego qui faisait vivre toute sa famille. En quelques mois à peine, il était devenu un chef de famille et il n'avait que seize ans…* » La charge est lourde à porter pour Maradona. Mais il s'en accommode, comme il peut.

Le terrain est son terrain d'expression favori. En 1977, il devient d'ailleurs un titulaire indiscutable d'Argentinos Juniors. Entre le championnat métropolitain et le Championnat mational, il est titulaire à quarante-neuf reprises et inscrit la bagatelle de dix-neuf buts sans compter sa ribambelle de passes décisives. Les spectateurs, les médias accourent pour voir le nouveau phénomène argentin en action. Avant lui, seuls trois journalistes suivaient Argentinos, mais maintenant ils sont plus d'une vingtaine à venir chaque jour aux entraînements pour relater son actualité. C'est une attraction. Les autres joueurs ne grognent pas, car eux aussi profitent de leur nouvelle star. Ils sont plus médiatisés, ils gagnent plus d'argent, chacun a donc sa part du gâteau, même si Diego est un peu plus gourmand que les autres. Ceux qui le connaissent depuis longtemps notent petit à petit les changements qui se produisent chez Diego Maradona. Ce n'est plus le même enfant, le même adolescent plein de bonnes intentions et de naïveté. Sa nouvelle vie lui fait prendre un virage à 180 degrés. Il a si vite grandi qu'il en perd un peu les pédales.

Les spectateurs, eux, ne remarquent rien de ce changement radical, car ils ne s'intéressent qu'au footballeur, et celui-là ne cesse de progresser et d'émerveiller les foules.

« *Dans cette équipe d'Argentinos, il y avait Diego et dix autres joueurs,* remarque Ricardo Giusti, coéquipier de Diego à Argentinos et en Sélection lors de la Coupe du monde 1986 et celle de 1990. *Même les supporters des adversaires n'hésitaient pas à acclamer son génie, son côté spectaculaire et à applaudir ses gestes qui étaient jusque-là inconnus. Il n'en parlait pas, mais on sentait déjà qu'il avait une revanche à prendre sur son enfance. Il était toujours contre le pouvoir. Il protégeait toujours ses coéquipiers et les plus pauvres. Le problème c'est qu'à cette époque-là, il ne faisait déjà pas comme tout le monde. Lors des mises au vert, il ne dînait pas avec nous mais il se commandait une pizza à quatre heures du matin, juste parce qu'il en avait envie. Il était toujours très entouré par sa famille, ses copains, et il aimait se faire remarquer au resto, au stade ou ailleurs. C'était sa nature. Il n'avait pas toujours le comportement d'un professionnel, mais c'était Diego Maradona. Dès l'âge de dix-sept ans, il avait déjà des privilèges par rapport aux horaires et au menu des repas. Idem lors des concentrations ou des mises au vert qui le rendaient mal à l'aise car il se sentait enfermé, contraint à des règles. Mais le jeu et le ballon rond, c'était sacré pour lui, alors il était toujours celui qui passait le plus du temps sur le terrain à l'entraînement. Il y restait le temps qu'il voulait pour s'amuser avec le cuir.*

« *Ces privilèges n'étaient pas si choquants si on considérait que brider Maradona ou le soumettre à un cadre trop strict aurait été contre-productif vis-à-vis d'un être aussi affamé de liberté. Le club laissait sa mère lui apporter des* "pastelitos" (pâtisseries) *qu'il adorait, même la veille d'un match. Si à dix-sept ans, il pouvait déjà manger une pizza en pleine nuit, on peut imaginer les privilèges qu'il s'octroyait à vingt-cinq-trente ans quand il était la vedette numéro 1 du football mondial… En club, il respectait les anciens, mais il n'écoutait pas automatiquement leurs conseils. Il faisait toujours ce qu'il sentait. Il a toujours fonctionné en réaction face aux attaques, aux représentations du pouvoir. Je me rappelle un match à Argentinos Juniors où nous étions menés 2-0 et où il se fait traiter de "négro". "On va voir le négro" a-t-il répondu et il a dribblé quatre joueurs avant de marquer. Même à l'entraînement, s'il était énervé, personne ne pouvait lui prendre le ballon et il gagnait 18-0. Si quelqu'un se moquait de lui, il était survolté. Une fois, avec Argentinos Juniors, il a inscrit quatre buts à Hugo Gatti, le très populaire gardien de Boca, parce qu'il l'avait traité de* "gordito" (petit gros) *dans les médias... Il avait un sacré caractère, et déjà il existait un paradoxe dans sa vie : il était libre comme un oiseau sur un terrain, mais il était emprisonné, comme un lion en cage dans sa vie de tous les jours.* »

Ses prouesses et ses résultats ne feront qu'amplifier cet incroyable paradoxe. Au tout début de l'année 1977, Diego Armando Maradona est convoqué par Cesar Luis Menotti, l'entraîneur de la Sélection argentine. « *J'ai été sélectionné trois mois après avoir débuté en première division*, analyse Diego dans son autobiographie (*Moi, Diego*[4]). *Tout est allé très vite. Lors de certains entraînements, les jeunes de l'équipe nationale des moins de vingt ans se frottaient aux aînés, à ceux de la Sélection. Il y avait les Passarella, Kempes, que des monstres. Ce jour-là, j'ai tout donné, tant et si bien que Menotti m'a pris à part pour m'annoncer que j'allais disputer un match amical face à la Hongrie. Je buvais chacun de ses mots. Il m'a demandé de n'en parler à personne, ou alors seulement à mes parents, car il ne voulait pas que les journalistes le sachent. C'était pour me protéger, pour que je me prépare tranquillement et que je reste concentré. Il m'a précisé que je ne jouerais que si l'équipe avait pris un certain avantage au tableau d'affichage. L'Argentine menait trois buts à zéro lorsque Menotti m'a demandé de me préparer à entrer. Il devait rester vingt-cinq minutes à jouer. Je me suis levé pour m'échauffer, et c'est à cet instant que j'ai entendu mon nom sortir des tribunes : "Marado, Marado..." Mes jambes flageolaient, mes mains tremblaient. Je suis entré sur le terrain et je me suis libéré. Un autre de mes rêves se réalisait...* »

Les prestations hallucinantes de Maradona aiguisent les appétits. Ses performances sont décryptées par les plus grands clubs de la planète. Ils en salivent d'envie, ils sont prêts à mettre le paquet pour s'attacher ses services. À dix-sept ans, son prix est déjà fixé à 2,5 millions de dollars. Une fortune pour l'époque. Ce qui n'empêche pas le grand Barça de rêver à un transfert en Catalogne du nouveau joyau argentin. Le football mondial n'avait pas vu un tel pied gauche depuis Ferenc Puskas, le légendaire « Major Galopant » hongrois.

4 - Édition française, Calmann-Lévy, 2005.

En 1978, Diego continue de progresser et d'impressionner l'assistance. Il inscrit de plus en plus de buts. C'est un équilibriste capable de gestes aussi spectaculaires qu'efficaces. En trente-cinq matchs, il inscrit vingt-six buts.

Mais Diego aspire à plus. Ses prestations font croire à beaucoup que, malgré son jeune âge, il participera à la Coupe du monde 1978 qui a lieu en Argentine. Menotti leur donne d'abord raison, puisqu'il fait partie des vingt-cinq joueurs convoqués pour préparer l'événement de l'année. Diego y croit fort, il ne doute pas. Mais lorsque Menotti dévoile sa liste des vingt-deux, Maradona n'y figure pas. Diego est effondré. Il est inconsolable. C'est le premier coup dur de sa carrière. Il pense même, en privé, raccrocher ses crampons et arrêter le football. Il vit cet épisode comme une injustice. La raison de cette non-convocation n'est pourtant pas infondée. Elle est d'ordre technico-tactique. Menotti avait déjà plusieurs numéros 10 dans son groupe (Alonso, Kempes, Vila, Valencia et Larrosa), des joueurs plus expérimentés, alors que Maradona, malgré son talent évident, n'est âgé que de dix-sept ans. L'entraîneur s'est longuement demandé si Diego était assez mature pour supporter le poids de la pression d'une Coupe du monde à domicile. Sa réponse est claire : non. Mais le gamin a de la ressource et une totale confiance en lui. Il remonte petit à petit la pente. Il décide donc de se taire, de ne pas lancer de polémiques. Il fait profil bas et préfère répondre à Menotti sur le terrain. L'Argentine adule Diego, mais le pays n'est pas choqué par sa non-convocation. De toute façon, les médias ont l'interdiction formelle des militaires de critiquer la *Selección*. L'histoire donnera raison au choix de Menotti puisque le pays remporte en 1978, et pour la première fois de son histoire, la Coupe du monde. Son nouveau héros s'appelle Mario Kempes. Un buteur élégant. Les militaires sont aux anges pendant que Diego ronge son frein. Il a du mal à avaler la pilule car, lors des entraînements ou des matchs amicaux avec la *Selección,* il s'est rendu compte qu'il n'avait rien à envier à Kempes et aux autres. C'est certainement pour cette raison, que dès 1978, il a des envies d'ailleurs et de partir sur le Vieux Continent monnayer son immense talent.

Un club anglais, Sheffield United, propose 1 million de dollars pour s'attacher ses services. C'est la première offre officielle faite à Argentinos

Junior. Le club et ses dirigeants veulent répondre favorablement aux Anglais. Ils vont même jusqu'à rédiger le contrat, mais la AFA, l'Association argentine de football, refuse le transfert. La AFA est dirigée par Julio Grondona, un homme placé par les militaires en 1976. Le régime ne veut pas entendre parler d'un départ de l'amuseur public public numéro 1. Officiellement, la AFA s'y oppose pour une raison bien simple : quarante joueurs, dont Diego, sont inscrits sur une liste d'intouchables. Ces quarante joueurs, c'est l'ossature de la Sélection argentine pour la Coupe du monde des moins de 20 ans de 1979. Et Menotti a dans l'idée de les réunir chaque semaine pour préparer au mieux cette compétition. Ils sont donc, et Diego le premier, dans l'obligation de rester sur le territoire argentin.

« *Juste après la Coupe du monde, je voulais partir, être transféré*, indique-t-il en 1979. *Mon rêve était de remporter le titre argentin avec Independiente, mon équipe favorite depuis toujours. Si j'avais pu travailler avec Bochini, mon idole, j'aurais accompli cet autre rêve. Ce transfert n'a pu se faire. C'est dommage. Mais il y a une autre option, c'est de partir à l'étranger. Des grands clubs européens se sont intéressés à moi, Naples, Juventus, et surtout le FC Barcelone. Ce sont des offres alléchantes qui représentent des millions de pesos en perspective. Ce n'est pas négligeable car si je signais dans l'un de ces clubs, j'aurais la possibilité d'assurer l'avenir de ma famille, mes parents, mes frères et mes sœurs. Si je partais un jour à l'étranger d'ailleurs, je les emmènerais tous avec moi.* »

Mais Diego ne part pas. Les militaires mettent leur veto. Ils ont trop besoin de lui. En 1979, Maradona réalise une nouvelle saison exceptionnelle. Épris d'un sentiment de revanche, il martyrise et ridiculise les défenseurs du pays. Pour la première fois de sa carrière, il termine même *goleador* du championnat métropolitain et du Championnat national, en inscrivant un but en moyenne par match (vingt-six buts en vingt-six matchs). C'est cette année-là également qu'il remporte la Coupe du monde des moins de 20 ans (voir chapitre 7). Plus rien ni personne ne peut l'arrêter et, pourtant, la célébrité commence à lui peser. « *Devenir pro comme Pelé et faire le tour du monde comme un objet qu'on doit montrer ?* s'interroge-t-il en 1979. *Je ne pense pas que ça m'intéresse de le faire un jour. Je ne suis pas sûr non plus d'avoir envie de jouer au football dans deux ou trois ans.* » Le Diego est las de l'hystérie qui l'entoure. Un autre jour, son vénéré père se fait insulter après un match où il a manqué deux penaltys. Il monte alors au créneau : « *Je ne veux pas avoir à supporter ce genre de comportement. S'il le faut, j'abandonnerai ma carrière dans un an au lieu des cinq ans que je m'étais fixés…* »

Parole, Parole, Parole, aurait chanté Dalida pour répondre à ce coup de sang. Car Diego continue son festival sur les pelouses. En 1980, il fait à nouveau parler la poudre avec ses pieds et dynamite les buts adverses. C'est encore son nom qui est inscrit tout en haut du classement des *goleadores* du championnat métropolitain (vingt-cinq buts en trente-cinq matchs) et national (dix-huit buts en treize matchs). Il entre dans l'histoire par la grande porte puisqu'en 1980, il est le premier et le dernier joueur à terminer cinq fois de suite *goleador* des championnats argentins (Metropolitain 1978, 1979, 1980 et National 1979 et 1980). Sur le terrain, personne n'est vraiment capable de l'arrêter. Mais, en coulisses, les choses s'accélèrent car Diego est de plus en plus pressant. Il veut s'en aller. En 1980, il est tout près de signer au Barça. Le président catalan, Nico Casaus, lui fait du pied car il veut boucler l'affaire le plus rapidement possible. Il déclare alors : « *Diego Maradona est le meilleur joueur que j'aie jamais vu. Je rêve de l'engager car il va être le joueur des années 80. J'en suis persuadé.* » Diego signe un précontrat royal avec Barcelone. Les chiffres, mirobolants, lui font tourner la tête : 6 millions de dollars pour six années de contrat. C'est le plus gros transfert de l'histoire. Mais, au dernier moment, l'affaire ne se fait pas. La AFA et les militaires font une nouvelle fois tout capoter. Et pourtant Diego Maradona avait bien organisé une conférence de presse pour annoncer cette bonne nouvelle. Immédiatement, son enthousiasme est douché par Julio Grondona : « *Diego Maradona ne partira pas du pays avant le Mondial 1982. Il fait partie d'une liste de joueurs intransférables établie par Cesar Luis Menotti. L'entraîneur national a besoin de toutes les forces vives de notre football pour préparer la Coupe du monde. La Sélection reste en Argentine la priorité numéro 1 de notre football.* »

C'est un nouveau coup dur pour Maradona. Il n'a que dix-neuf ans et ce nouvel épisode va le perturber. Ce vrai faux transfert va devenir une véritable *telenovela*. Les médias, pour la très grande majorité, sont aux ordres des militaires. Le débat du départ ou pas de Maradona vers le Vieux Continent fait les choux gras de la presse. Les éditos se suivent et se ressemblent avec un message simple et limpide : « *Diego est argentin, il doit rester au pays.* » Les people, les sportifs, les artistes, tout le monde a son avis sur la question. Mais, en ces temps de dictature militaire, toutes les opinions ne sont pas bonnes à entendre. Ceux qui annoncent publiquement que Diego a le droit de s'en aller en prennent pour leur grade. Ils sont traités de « gauchistes » ou « d'anti-argentins » par les médias. C'est une grave accusation, une menace à peine voilée car les « gauchistes » sont les ennemis déclarés des militaires qui font la guerre à ceux qu'ils appellent alors les « subversifs ». Diego doit donc rester au pays, coûte que coûte et quoi qu'il en coûte. River Plate, l'un des clubs les plus populaires d'Argentine, se risque à faire une offre. Rejetée. Argentinos Juniors a dans l'idée de garder plus longtemps possible son joyau. Le club emprunte de l'argent à la AFA pour pouvoir le payer plus grassement. Il est prévu de lui verser 1,5 million de dollars jusqu'au Mondial 1982. En réalité, ce n'est pas la AFA qui prête de l'argent, mais plutôt le régime militaire. Dans le même temps, les sponsors mettent la main à la poche. Une compagnie aérienne argentine, Air Austral, lui verse 20 000 dollars/mois et Puma 1,2 million de dollars entre 1980 et 1982. Diego est le joueur le mieux payé du pays.

Les polémiques prouvent une chose : Diego est devenu quelqu'un. Il a plusieurs voitures de haut standing, plusieurs propriétés, il côtoie les vedettes locales et commence à sortir dans les lieux les plus branchés de Buenos Aires. Pour Leandro Zanoni, l'auteur de l'excellent livre, *Vivir en los medios, Maradona, off the record*[5], « *la polémique générée par le transfert a transformé la relation de Diego avec les médias. Pour la première fois de sa vie, la presse s'est intéressée sérieusement à sa vie privée. Maradona n'était plus un simple footballeur. Les médias ne le lâcheront plus...* »

Diego n'a que vingt ans, il est au bord de la rupture : « *Je suis saturé. Je me sens asphyxié. Je n'ai plus le temps de voir ma mère, mes frères et sœurs, de vivre avec ceux que j'aime.* » Il a besoin de changer d'air. Il voulait

5 - Op. cit.

découvrir l'Europe, mais c'est finalement chez lui, à Buenos Aires, qu'il continuera sa carrière. En 1981, il signe à Boca Juniors, le club le plus populaire du pays. Une nouvelle histoire d'amour commence pour lui…

« EL BOSTERO »

El Bostero, littéralement le bouseux. Eh non, ce n'est pas une insulte. C'est même un nom, voire un surnom, fièrement porté par des millions d'Argentins. Ce n'est pas qu'il colle à la peau de Diego Maradona, mais presque… En tout cas, lui, en cette année 1981, est fier de devenir un *bostero* et d'intégrer cette famille très nombreuse qui peut compter sur des millions de membres aux quatre coins du pays. Les *bosteros,* c'est le nom donné aux supporters et aux joueurs de Boca Jurniors, le club le plus populaire d'Argentine. Historiquement, ce club, situé dans le quartier portuaire de la Boca à Buenos Aires, est connu pour être celui des pauvres. Ils en sont fiers et l'aiment comme une femme. Tous s'accordent même à dire qu'être de Boca, c'est un sentiment. Boca Juniors, c'est *la mitad mas un uno* du pays (la moitié plus un). Cette phrase, qui tourne en boucle dans la bouche des *bosteros*, rappelle, non sans une pointe d'orgueil, qu'ils sont majoritaires en Argentine. Car des *bosteros*, il y en partout, de la Quiaca au Nord à Ushuaïa au Sud en passant par Cordoba ou Mendoza. Le *bostero* est fier d'être un *bostero*. Il la ramène souvent et adore prendre des airs supérieurs.

Comme tout grand club qui se respecte, Boca Juniors a un ennemi intime, qu'il hait et qu'il veut battre à tout prix. Cet autre club, c'est celui des riches, des *millonarios* (millionnaires) de River Plate. Chaque match entre ces deux mastodontes du football argentin est un *superclasico*. Les jours où Boca et River s'affrontent, le pays se paralyse. Et ça fait des décennies que ça dure. Dans aucun autre pays au monde, un derby suscite autant d'émotions, autant de passions et de ferveur. Et c'est bien souvent pendant ces quatre-vingt-dix minutes que les héros naissent ou meurent. C'est une opposition de style, un duel de classes. Les « pauvres » de Boca aiment les joueurs qui mouillent le maillot, qui se sacrifient pour l'équipe et qu'importe s'ils sont un peu laborieux de temps en temps. L'un des chants préférés des *bosteros* le rappelle aux joueurs : « *Boca, Boca, Boca, Huevo, Huevo, Huevo* ». En clair, il faut avoir des couilles pour porter ce maillot si respectable... Chez les *millonarios* de River Plate, la part belle est faite au beau jeu, à la technique épurée et aux gestes de grande classe à l'image de leur idole historique, Enzo Francescoli, le petit prince de Montevideo et le père spirituel de Zinedine Zidane. La logique aurait donc voulu que Diego Maradona signe à River Plate. Mais l'homme n'est jamais là où on l'attend. Encore que... Avant même de signer à Boca Juniors, Diego a longtemps été en pourparlers avec River Plate. Il avait même tout réglé avec les *millonarios* avant de brusquement changer d'avis. Humilier ce club a, depuis le début, été l'un des leitmotive de Maradona. C'est l'une des raisons pour lesquelles les bouseux l'aiment tant.

Pendant le passage de Diego à Boca Juniors, il a toujours marqué de son empreinte les *superclasicos*, ces matchs si particuliers. Avant même de fouler une pelouse avec le maillot bleu et or sur le dos, il avait déjà mis KO River Plate. Ce club du quartier huppé de Nunez, de l'autre côté de la ville, a été le premier a affirmer haut et fort que c'est à River que Maradona devait venir jouer avant de s'envoler en Europe. Mais ce dernier, d'abord séduit et prêt à négocier, a brusquement changé d'avis. Du jour au lendemain, il fait savoir qu'il veut à tout prix signer à Boca Juniors. Certainement parce que son père, Don Diego, a toujours été un supporter de ce club. On découvre alors un Dieguito manipulateur. Pour la première fois de sa carrière, et pas la dernière, il a su utiliser à merveille les médias pour arriver à ses fins. Le transfert de Diego à Boca a tenu le pays en haleine. Pendant plusieurs semaines, les Argentins ont suivi avec attention tous les épisodes de ce super feuilleton. Un jour sa signature est imminente, l'autre il s'en éloigne. Les négociations sont longues et compliquées car depuis que les militaires et la AFA ont refusé que Diego monnaye ses talents sur le Vieux Continent, beaucoup s'agitent en coulisses pour trouver les fonds nécessaires à son transfert. La situation économique du pays est délicate, Boca Juniors est donc obligé de réaliser un montage financier complexe pour faire signer le génial numéro 10. Le club se fait prêter des millions de pesos par des hommes d'affaires, et il fallait bien ça pour que le 19 février 1981 Diego signe enfin son contrat d'un an avec Boca Juniors, au nez et à la barbe de River Plate. C'est donc une double victoire, à la saveur si particulière, pour les dirigeants *boquense*. Le problème, de taille, c'est qu'ils se sont ruinés pour s'attacher ses services. Diego est très gourmand et il est résolu à faire payer ceux qui lui refusent de partir. Les dirigeants de Boca Juniors mettent « généreusement » la main à la poche. Ils ont d'abord dû payer quelque 4 millions de dollars à Argentinos Juniors pour un prêt d'un an, assorti d'une option d'achat. C'est du jamais vu. Les émoluments de Diego sont énormes : il touche 20% de commission sur les 4 millions de dollars de son transfert, mais aussi 60 000 dollars de salaire sur 14 mois, 75% sur la publicité qu'il réalise sous le maillot de Boca et 20% des recettes des matchs amicaux que le club compte bien organiser pour rentabiliser son achat. Ce transfert ressemble plus à un caprice des dirigeants qu'à autre chose, car le passage de Diego à Boca va vider les caisses d'un club qui a eu la folie des grandeurs. Heureusement pour eux, Diego Maradona, sur le terrain, leur en donne pour leur argent. Dès son premier match sous ses nouvelles couleurs, il flambe. Le 22 février 1981, il fait ses grands débuts dans le mythique stade de la Bombonera. Les gradins sont pleins à craquer, l'ambiance est exceptionnelle. Le stade tremble de bonheur, les tribunes s'enflamment et Diego Maradona touche « *le ciel avec ses mains* », comme il le dira sitôt la rencontre terminée. Et pourtant, le nouveau numéro 10 *boquense* ne jouait que sur une jambe. « *Quelques jours avant ce match*, a-t-il raconté quelques années plus tard, *je me suis blessé à la cuisse, j'avais une élongation. Je ne pouvais pas accélérer comme je voulais. J'ai joué sous infiltration. La veille de ce match, j'ai même pris des somnifères, car je me sentais très nerveux. Je ne voulais pas manquer mes débuts, même si je n'étais pas à 100%.* » Diego serre les dents et les supporters n'y voient que du feu. Il inscrit deux buts et, fidèle à son style et à ses habitudes, il dribble tel un équilibriste et réalise de somptueux gestes techniques. Sa prestation est comme une promesse faite à son nouveau public bouillonnant que cette saison sera particulièrement prolifique en buts et en victoires. Dans l'euphorie du moment, Silvio Marzolini, l'entraîneur, déclare : « *Diego à Boca, c'est comme si le club avait gagné au loto. Si on ne remporte pas le Championnat cette saison, je n'ai plus qu'à changer de métier.* » Le public n'en peut plus d'amour pour son génie. Il le lui crie dès qu'il le voit. Les *bosteros* sont tellement heureux… En 1981, Boca Juniors bat son record d'abonnés (égalé en 2003 seulement). Ils sont 50 000 pour une capacité totale de 60 000 spectateurs. Chaque rencontre à domicile se joue à guichets fermés. Et c'est la même rengaine à l'extérieur. Les Argentins se pressent au stade pour voir de leurs propres yeux, en chair et en os, leur nouveau héros. Le rêve pourtant vire rapidement au cauchemar. Lors de la troisième journée de ce championnat métropolitain, Diego se blesse. C'est sa cuisse qui grince. Les médecins de Boca Juniors craignent que leur talentueux lutin soit obligé de rester plusieurs semaines sur le flanc. Le temps semble si long lorsqu'il n'est pas là, les matchs plus ennuyeux. Diego est absent pendant quatre journées de Championnat, mais Boca gagne toujours, grâce, en particulier à Miguel Brindisi, un attaquant puissant et buteur. Lorsque Diego fait son retour sur les pelouses, il a envie de tout casser, de tout gagner. Il récupère son brassard de capitaine que son entraîneur, Silvio Marzolini, lui a confié depuis la première journée. « *Diego n'avait que vingt ans et il arrivait dans une équipe qui comptait dans ses rangs plusieurs joueurs très expérimentés,* affirme Marzolini. *J'ai pourtant décidé de lui confier le brassard de capitaine pour lui démontrer toute la confiance qu'on avait en lui. C'était une manière de lui ôter un peu de pression et de lui permettre de s'adapter plus rapidement à son nouvel environnement.* » Car Boca Juniors, c'est quand même un niveau au-dessus d'Argentinos Juniors. C'est un *club grande,* comme on dit en Argentine. Ses infrastructures, son palmarès, ses supporters, sa médiatisation, tout est démesuré. La pression est énorme. Diego change de dimension. Toujours plus haut, toujours plus fort. À ses débuts à

Boca, Diego est certes bon, mais pas exceptionnel sur le terrain. Dans l'intimité du vestiaire, il a du mal à s'intégrer, à trouver sa place. Il pensait certainement que le tapis rouge lui serait déroulé dès son arrivée. Ce n'est pas vraiment le cas. Roberto Mouzo, un défenseur emblématique du club, l'un des leaders du vestiaire avoue qu'au début Diego n'a pas été accueilli à bras ouverts : « *Ça n'a pas très bien commencé, c'est vrai. Après les deux premières journées de Championnat, j'ai une grosse discussion avec Diego pendant un entraînement. C'est lui qui est venu me voir et qui m'a pris à part pour me demander* : "*C'est quoi ton problème avec moi ? Pourquoi tu ne me donnes jamais la balle ?*" *Sur le moment j'ai halluciné* : *comment un gamin de vingt ans pouvait me parler comme ça ? Mais je ne me suis pas dégonflé et je lui ai répondu* : "*Diego, comment veux-tu que te donne la balle alors que tu as deux défenseurs sur le dos ?*" *Il m'a alors répondu du tac au tac* : "*Ce n'est pas ton problème ça, c'est le mien. À partir de maintenant, tu me donnes la balle sans te poser de questions, après fais-moi confiance pour régler mes problèmes avec les défenseurs.*" *Il m'a dit ça avec un tel aplomb du haut de ses vingt ans ! Diego a toujours été un gagneur, un extraordinaire compétiteur, et c'est comme ça qu'il s'est fait une place et qu'il est devenu l'idole de Boca.* » Diego, qui veut ouvrir son palmarès national, vierge de titre, sait pertinemment que son passage à Boca Juniors peut lui permettre de devenir champion pour la première fois de sa carrière. Alors, de retour de blessure, il survole les débats et prépare son premier coup. Dans son agenda, il a coché au gros feutre la date du 10 avril 1981 et le match entre Boca Juniors et River Plate. C'est son premier *superclasico*. C'est un événement qu'il veut marquer de son empreinte. Ce derby fratricide a lieu à la Bombonera. L'ambiance est indescriptible. Et pourtant, il pleut à grosses gouttes sur Buenos Aires, le terrain est détrempé, la pelouse ressemble à une immense marre de boue. Mais ce n'est pas ce qui arrêtera Diego. Il en a déjà foulé tellement, des terrains cabossés ou inondés, dans sa Villa Fiorito natale que ce ne sont pas ces seaux d'eau tombés du ciel qui l'empêcheront de jouer son jeu. Ce jour-là, Diego Maradona marche sur l'eau. Il donne le tournis à ses adversaires et inscrit un but d'anthologie. Le premier du match. Il dribble, élimine les défenseurs avec grâce, puis crochète Fillol, le légendaire gardien de but de River Plate, avant de réaliser une dernière feinte sur le dernier défenseur et d'entrer dans le but vide avec le ballon. « *Golazoooooo* », hurlent les commentateurs hystériques. « *Golazoooooooo* », crient les supporters. C'est un but exceptionnel. Qui plus est contre River Plate. Presque trente ans après les faits, ce but passe encore en boucle à la télévision argentine, c'est même, de l'avis de beaucoup, l'un des dix plus beaux buts de la carrière de Diego. Un must. Deux autres buts de Miguel Brindisi offriront une large et mémorable victoire à Boca Juniors (3-0).

Plus rien ne semble en mesure de pouvoir stopper la marche triomphale de Diego et de Boca Juniors. Le numéro 10 *boquense* réussit également à trouver un semblant de tranquillité. Lui, qui avant son arrivée à Boca, s'avouait saturé de toute l'attention qui lui était vouée, retrouve ses esprits et passe plus de temps avec sa famille adorée. Il vit également une histoire d'amour avec Claudia, une ancienne voisine à l'époque d'Argentinos Juniors. Son image change. Ce n'est plus vraiment celle du pauvre gamin sorti de sa villa, mais plutôt celle d'un adulte qui mène une vie exemplaire. Il devient un modèle de vie pieuse. Ce n'est un secret pour personne, c'est un homme qui la foi, un grand croyant qui ne manque que très rarement la messe. Il porte autour de son coup une croix et une médaille de la Vierge. Les médias se délectent également des petites choses de la vie quotidienne de Diego. Ils le photographient lorsqu'il va chercher ses petits frères, Raúl et Hugo, à l'école. Ils le suivent lorsqu'il va arbitrer un match du même Hugo. En public, il embrasse chastement Claudia, qui, paraît-il, dort tous les soirs chez ses parents puisque les deux tourtereaux ne sont pas encore mariés. Le mythe s'ancre profondément dans la société argentine. À vingt ans, Diego est une valeur morale. Un exemple à suivre. Sur le terrain, Boca survole le championnat métropolitain. Mais l'équipe doit quand même attendre la dernière journée pour être sacrée championne. Sans surprise, Diego termine meilleur buteur de son équipe avec un total de dix-sept buts en vingt-huit matchs. Son entente avec Miguel Brindisi (seize buts) a été la clé du succès *boquense*. Boca Juniors est champion pour la première fois depuis cinq ans sur le plan national.

Autant dire, une éternité pour les *bosteros*. C'est aussi le premier et le seul titre national de Diego Maradona. Il est heureux comme un gosse qui vient de recevoir son premier ballon. « *Je savais que j'avais eu raison de signer à Boca,* assure-t-il. *Car ici, le football se vit intensément, il y a beaucoup de passion et d'amour et j'ai besoin de ça, car je suis quelqu'un de très affectif. J'ai donc tout donné pour remporter ce titre.* »

Il a tout et beaucoup donné, le Diego, et il a raison de le souligner. Car cette année 1981 est une saison chargée pour lui et ses coéquipiers. En octobre 1981, lors d'une énième tournée, cette fois-ci en Afrique, Maradona craque. Il en a marre d'être traité comme un objet. Il n'a presque plus de contrôle sur sa vie. Il annonce alors qu'il veut prendre sa retraite. Que tout est fini. Il est déprimé. Son agent, les dirigeants de Boca et la pression populaire le font changer d'avis. Mais quelque chose s'est cassé en lui. Son sourire a disparu. Il n'a pas le temps de souffler ni de se ressourcer que le Championnat national doit débuter. Boca est loin de son meilleur niveau. Diego n'est que l'ombre de lui-même, mais il est tellement au-dessus du lot qu'il inscrit quand même onze buts en douze matchs. Boca n'est plus cette machine qui détruit tout sur son passage. Les performances sont en dents de scie. Les supporters s'impatientent. La 12, le groupe ultra le plus connu du club, qui est à la limite du crime organisé, va même jusqu'à faire une petite visite pas très cordiale aux joueurs. C'est Diego qui leur fait face. Qui leur demande de les laisser faire leur travail en paix. « *En 1981, je n'avais que vingt ans,* affirme Diego, *et ça ne m'a pas empêché de faire face à tous ces caïds. J'ai touché deux mots à leur chef et je peux vous assurer que ce jour-là, je me suis gagné le respect de tous. Mes coéquipiers me connaissaient mal finalement, car ils ne voyaient en moi qu'un footballeur, mais je leur ai démontré que je pouvais aussi les défendre en dehors du terrain.* »

Diego s'est fait respecter. Il en est fier. Mais ses jambes ne répondent plus, son démarrage et son coup de rein, qui lui permettent de faire la différence, ne sont plus aussi efficaces. Son corps grince. Sa tête aussi. Ce tournoi national est un échec total. Boca est éliminé en quarts de finale contre Velez Sarsfield. Lors du match aller, Diego Maradona se fait expulser. Il est ulcéré par le traitement que lui inflige Abel Rolando

Moralejo, un spécialiste du marquage à la culotte. « *C'était une bataille terrible,* se souvient Moralejo. *On s'insultait, on se frottait et lorsque le ballon était loin de nous, on se mettait des coups avec Diego. Moi, j'étais ultra motivé. C'était un challenge extraordinaire. Je ne l'ai pas laissé respirer. À la fin du match (75e min), Diego a vu rouge. Alors que je voulais aider un joueur de Boca à se relever, Maradona est arrivé comme une furie sur moi. Il m'a mis les doigts dans les yeux, juste sous le nez de l'arbitre. Ce dernier a décidé de nous expulser tous les deux, car il avait peur de la réaction du stade s'il avait expulsé seulement Diego.* » Maradona sort donc de la Bombonera la tête basse. Son expulsion lui interdira de jouer le match retour. Boca perd, Boca est éliminé. Diego Maradona ne jouera plus, officiellement, sous le maillot or et bleu avant son retour en 1995. C'est une triste dernière. Avant de tirer sa révérence, Diego doit encore participer à une série de lucratifs matchs amicaux. C'est une tournée mondiale qui voit les joueurs aller aux USA, en Malaisie, au Japon, à Mexico ou au Guatemala. Boca et Diego jouent huit matchs en vingt et un jours. Maradona, qui a toujours autant besoin de sa famille, décide de louer un jet privé pour que son père, sa mère, ses frères et ses sœurs l'accompagnent un peu dans ce voyage à but lucratif. Qu'importe s'il gagne moins d'argent, car la famille, c'est ce qui compte avant tout. Dans chaque aéroport, devant chaque hôtel où il séjourne, une foule de supporters l'attend. Il signe tellement d'autographes qu'il est victime de crampes à la main gauche. Sa renommée a traversé les frontières. C'est déjà une star mondiale. Lors de son passage au Guatemala, un groupe de guérilla d'extrême gauche, l'EGP (l'Armée des pauvres) menace de l'enlever. Dès son arrivée à Guatemala City, une cohorte de gardes du corps l'entoure et ne le lâche pas d'une semelle. Cette tournée rapporte beaucoup d'argent au club. Mais elle use les joueurs. Diego est saturé mentalement et physiquement.

Les dirigeants de Boca Juniors savent qu'ils vont devoir se débarrasser de Maradona qu'ils ne peuvent plus payer. L'Argentine traverse, en effet, une terrible crise économique et financière. La valeur de la monnaie locale, le peso, plonge et subit une dévaluation de 500%. Boca est pris à la gorge et n'est plus en mesure de payer les échéances. Le club tente de s'en sortir, invoque la théorie économique de l'imprévision. La justice tranche. Un an après son départ, Diego appartient de nouveau à Argentinos Juniors. Maradona sait que son départ vers un grand club étranger est inéluctable. Mais avant de faire ses bagages, un immense défi s'offre à lui : la Coupe du monde 1982.

1982

1982 est une année clé dans la vie de Diego Maradona. Et c'est également une année clé dans l'histoire de l'Argentine.

En 1982, le pays de Diego est en guerre contre l'Angleterre. Et au même moment a lieu, en Espagne, la 12e Coupe du monde de l'histoire. Une compétition dans laquelle l'Argentine est l'une des grandes favorites à sa propre succession. Les Argentins ont même décidé de mettre tous les moyens de leur côté pour conserver leur titre de champion du monde. Car la concurrence est rude et sans pitié. Pour la première fois de son histoire, la Coupe du monde accueille vingt-quatre équipes au lieu de seize. Preuve en est que le football est un spectacle qui se vend de mieux en mieux et qui, lui aussi, entre dans une nouvelle ère.

En ce début d'année 1982, Diego Maradona est sur les rotules, essoré. Après ses multiples tournées qui lui ont fait faire le tour de la planète, il doit prendre part à plusieurs matchs amicaux avec Boca Juniors. Son agenda surchargé en matchs, un agenda de ministre du football, lui interdit de prendre quelques jours de vacances. Et pourtant il en a bien besoin. Son nouveau statut de star incontestée du football argentin est lourd à porter. Ses performances, même lors de simples matchs amicaux, sont décortiquées. Les médias ne lui pardonnent rien. Il doit toujours montrer son meilleur visage, mais la vérité, c'est qu'il n'en peut plus. Les critiques dont il fait l'objet le touchent. Il répète à qui veut bien l'entendre que Maradona est un être humain. Il ne demande pas grand-chose finalement, juste un peu de repos, il voudrait s'aérer la tête. Mais il ne peut pas. L'année 1982 est trop importante pour la galvauder. Alors, une fois encore, il se plie aux ordres certainement dictés par les militaires. Et en tout début d'année 1982, il rejoint, sans bougonner, le lieu de concentration de la Sélection argentine. Cette année, Cesar Luis Menotti a vu les choses en grand. Il a décidé de rassembler ses joueurs pendant quatre longs mois. Une éternité. Jamais un stage de préparation n'a été aussi long. Mais le rendez-vous espagnol est trop important pour un pays et un régime qui va de plus en plus mal. Tous les moyens doivent donc être mis en œuvre pour que la *Selección* se couvre de gloire en Espagne. Une fois encore, football et politique font bon ménage. Au début du mois de février, Leopoldo Galtieri, le militaire qui a remplacé Videla à la tête du pays au mois de décembre 1981, rend visite à ses ouailles. Il débarque en hélicoptère dans le camp d'entraînement de la *Selección*, situé non loin de Mar del Plata, sur le littoral argentin. Des dizaines de caméramans et de photographes sont là pour immortaliser l'événement. Leopoldo Galtieri, tout sourires, pose en compagnie de Cesar Luis Menotti et Diego Maradona. C'est un nouveau coup de pub, une nouvelle campagne de communication du régime militaire. Il en a bien besoin, car le mécontentement gronde dans les rues. La population souffre. La vie est devenue trop chère, la monnaie ne cesse de se dévaluer et les prix d'augmenter. Les joueurs n'en ont pas vraiment conscience. Ils sont enfermés dans leur camp d'entraînement où ils s'entraînent deux fois par jour, mais le temps leur paraît bien long. Un jour par semaine, le dimanche, ils retrouvent leur liberté. C'est une bouffée d'oxygène trop fugace, trop rapidement consommée, un goût de trop peu. L'ennui finit par polluer l'atmosphère. Les joueurs sont las. Des dissensions commencent à voir le jour, le groupe se divise. Mais rien ne filtre, officiellement, tout se passe bien, l'ambiance est bonne et les joueurs travaillent merveilleusement bien. Après deux mois de service footballistique, les membres de la Sélection ont enfin le droit à une permission. Chacun s'en va couler quelques jours de liberté. Diego choisit d'aller se ressourcer à Esquina, dans la province de Corrientes. C'est une ville qu'il connaît bien puisque ses parents y ont vécu avant de descendre à la capitale. Il se repose, il pêche, passe du temps avec cette famille qui lui manque tant. Il en profite également pour faire une petite mise au point dans une interview. Il parle à la troisième personne, comme s'il ne s'appartenait déjà plus complètement : « *Maradona n'est pas une machine à donner du bonheur,* clame-t-il. *Maradona n'est pas une machine à faire des bisous et à faire des sourires. Les gens ont vraiment la mémoire courte. On me traite de gros quand je ne joue pas bien et le jour où j'inscris un but où que je réalise un bon match, on dit de moi que je suis maigre. C'est vraiment n'importe quoi…* » La tension est palpable. Il faut dire que la série de matchs amicaux que réalise la Sélection est pathétique. Les joueurs sont sifflés, hués, conspués. Mais ces réactions s'expliquent, car jamais les Argentins ne se sont montrés patients avec leur équipe nationale. Plus que jamais, il est question d'honneur national et de patriotisme.

Car l'Argentine est un pays en guerre. Le 2 avril 1982, les troupes argentines envahissent les Malouines, des îles situées à un peu moins de 500 kilomètres des côtes argentines. Le problème, qui s'avérera insurmontable, c'est qu'elles appartiennent aux Anglais. Les quelques militaires anglais présents aux Malouines sont purement et simplement chassés. L'incident est plus que diplomatique.

Le lendemain de cette déclaration de guerre, la place de Mai où se trouve la Casa Rosada, le palais présidentiel, est envahie par la foule. C'est une démonstration de ferveur patriotique. Selon les historiens, les militaires auraient envahi les Malouines dans le seul but de détourner l'attention et la colère d'une population prise à la gorge. Un fort sentiment anti-anglais naît alors en Argentine. Les soldats argentins envoyés aux Malouines n'imaginent pas une seule seconde la réaction de l'armée anglaise, persuadés que ces îles sont trop loin, trop petites pour qu'éclate un conflit armé. Et pourtant, Margaret Thatcher réagit immédiatement et fermement et demande, via l'ONU, le retrait des troupes argentines.

Les militaires n'y prêtent guère plus d'attention. Ils exhortent une population qui est prête à se battre jusqu'à sa dernière goutte de sang contre les Anglais. Les médias argentins, tous à la solde du pouvoir en place, véhiculent sans vergogne les idées des militaires. Le climat devient insupportable. À la télévision, des programmes de "solidarité" sont organisés pour collecter des fonds pour l'effort de guerre. Diego, par l'intermédiaire de son agent, participe lui aussi à cet effort et reverse une forte somme d'argent. Les footballeurs ne sont pas en reste, ils doivent, eux aussi, se montrer solidaires et donner l'exemple. La recette de certains matchs amicaux de la Sélection est alors directement reversée dans les caisse du Fonds patriotique des Malouines. Dans les stades, les supporters chantent : « *Qui ne saute pas est un Anglais, qui ne saute pas est un Anglais.* »

Les Anglais tentent de résoudre ce conflit par voie diplomatique. Mais il n'y a rien à faire, le régime militaire argentin campe sur ses positions. Alors, contre toute attente, Margaret Thatcher décide de réagir. Elle envoie des milliers de soldats récupérer les Malouines. Le 1er mai, la Royal Air Force réalise ses premiers raids aériens sur l'île. vingt jours plus tard, le 21 mai, les Anglais débarquent aux Malouines. C'est une guerre éclair. L'armée argentine est rapidement ridiculisée. Le 28 mai, la Sélection argentine décolle vers l'Espagne. Elle a un Mondial à jouer. Elle s'installe à Alicante, où le camp de base des Argentins est fermé à double tour. Presque tous les entraînements ont lieu à huis clos. Lors des quelques conférences de presse organisées, le staff et les joueurs précisent bien qu'ils parleront exclusivement de football. Alors que l'armée est proche de la débâcle, les joueurs se demandent, en privé, s'ils doivent ou non participer à la Coupe du monde. Quelques jours avant leur premier match, prévu le 13 juin contre les Belges, Diego Maradona prend la parole : « *On a beaucoup discuté avec mes partenaires pour savoir si oui ou non on devait participer à la Coupe du monde. On a fini par se dire que le mieux que l'on pouvait faire c'est de jouer, et le mieux possible, pour essayer de donner un peu de joie à nos soldats.* »

Ils en auront bien besoin. Puisque le 14 juin, le lendemain de l'entrée en lice des hommes de Menotti à la Coupe du monde, les Argentins signent leur reddition. Cette cuisante défaite marque la fin du régime militaire. Quelques semaines plus tard, ils n'auront pas d'autre choix que de quitter le pouvoir.

Le 13 juin 1981, la veille donc de la reddition, l'Argentine débute son Mondial sur la pointe des crampons. Elle n'est que l'ombre d'elle-même. Pas d'envie, pas de mouvement, pas de jeu. Les joueurs passent complètement au travers de leur match. À la surprise générale, la Belgique l'emporte sur la plus petite des marges (1-0). Diego Maradona n'a rien pu faire sur cette pelouse du Cam Nou de Barcelone. Son seul coup d'éclat se limite à un coup franc catapulté sur la barre transversale. C'est trop peu pour un joueur de sa trempe. Il est déçu lui aussi car il imaginait une autre entrée en matière pour son premier match en Coupe du monde, qui plus est sur la pelouse de son futur club. Mais Diego qui est annoncé comme l'une des grandes stars de ce Mondial n'a pas été vraiment libre de ses mouvements. Tout au long du match, il a été surveillé comme le lait sur le feu par les défenseurs belges. Cesar Luis Menotti fait grise mine, mais il prétend ne pas être touché par cette défaite et se contente de dire : « *C'était juste une mauvaise soirée.* »

L'Argentine déçoit, elle qui est considérée comme l'une des grandes favorites de la compétition. Il faut dire qu'elle possède l'un des plus beaux effectifs du Mondial. Dans ce groupe équilibré de vingt-deux joueurs, il y a neuf champions du monde 1978 et trois jeunes joueurs de la génération dorée qui a remporté la Coupe du monde des moins de 20 ans en 1979 (Maradona, Diaz et Barbas). Diego, comme beaucoup de ses coéquipiers, croyait donc fort en leur chance avant le début des hostilités : « *On a un super effectif. Il y a beaucoup de qualités dans notre groupe. On est capables de gagner cette Coupe du monde. Moi, je rêve de jouer la finale contre le Brésil, et de la gagner…* » Il en est encore loin. Surtout si les Argentins se montrent encore sous un mauvais jour et si peu concernés par leur sujet. En interne règne un véritable *quilombo* (c'est le bordel). Les joueurs cohabitent avec leurs proches, leur famille et leur femme. La majorité d'entre eux a beaucoup de mal à se motiver. Même Menotti a l'air absent. Certains prétendent qu'il vit une aventure torride avec une jeune femme de la région et que donc son esprit vagabonde ailleurs, bien loin de cette compétition.

Certains joueurs sont plus concentrés sur leur futur transfert à l'étranger que sur leur Coupe du monde. Ils sont sept sur vingt-deux, un peu plus d'un quart de l'effectif, à négocier leur avenir. Si Diego a déjà signé à Barcelone (voir chapitre 10), les autres n'ont pas encore bouclé leur transfert. Daniel Passarella doit aller à la Fiorentina, le Pato Hernandez au Torino, Mario Kempes prépare son retour à Valence après un an passé à River Plate, Ramon Diaz est sur le point d'être transféré à Naples, Juan Barbas à Saragosse et enfin Osvlado Ardiles doit quitter Tottenham pour le Paris Saint-Germain. Ces joueurs n'ont plus faim, comme si leur titre en 1978 les avait rassasiés pour de bon. Pour leur second match de la compétition, les champions se ressaisissent. Ils le remportent largement face à des Hongrois complètement dépassés. Cette large victoire (4-1) redonne un semblant d'espoir au peuple argentin. Surtout que Diego Maradona a enfin montré de quoi il était capable. Il a même réalisé un sacré festival sur la pelouse du stade Jose Rico Pérez d'Alicante. Dans tous les bons coups, il aurait pu inscrire quatre ou cinq buts si Ferenc Meszaros, le gardien hongrois, n'avait pas été aussi bon. Au final, il a tout de même marqué deux buts, ses deux premiers en Coupe du monde. À la 28e, d'une tête plongeante, il pousse le ballon au fond du filet après un mauvais renvoi de Meszaros. L'Argentine mène 1-0. À la 57e, une belle frappe de l'extérieur du pied gauche donne aux *Albiceleste* une avance confortable au tableau d'affichage (3-0). Les observateurs pensent alors que la machine argentine est en marche. Mais lors du troisième match, les hommes de Menotti retombent dans leurs travers et, malgré leur courte victoire 2-1 contre El Salvador, ils sont loin d'être rassurants. L'essentiel est cependant préservé, l'Argentine est qualifiée pour le second tour, mais elle va devoir se retrousser les manches. Douze équipes sont encore en lice. Il y a quatre poules de trois équipes, et seule la première de chaque poule se qualifie pour les demi-finales. L'Argentine n'est pas gâtée puisque ses prochains adversaires sont de très sérieux clients : l'Italie et le Brésil. Le 29 juin, les Argentins sont opposés à l'Italie de Paolo Rossi et de Claudio Gentile. Ce défenseur de la Juventus est un spécialiste reconnu du marquage individuel. Il a une philosophie particulière du jeu : « *Mon rôle, c'est de neutraliser la star d'en face. C'est vrai que je suis dur sur l'homme, mais pour moi, le principal, c'est de ne pas faire de grosses fautes.* » Le ton est donné, surtout qu'il se fait une joie de s'occuper du cas Maradona. Pendant quatre-vingt-dix minutes, Diego va être suivi, harcelé de coups par ce numéro 6 moustachu au regard noir. Il le tacle, il le freine par tous les moyens, le tape dans le dos de l'arbitre, mais à la surprise générale, il ne reçoit qu'un carton jaune alors qu'il aurait certainement mérité plus. Les chiffres sont éloquents : sur les vingt-deux fautes italiennes pendant le match, dix sont de Gentile et toutes sur Maradona. Diego se sent victime d'une injustice, il ne comprend pas pourquoi les arbitres ne le protègent pas. « *Ceux qui ne jouent que dans le seul but de m'empêcher de jouer sont bien limités. Je m'attends à subir ce genre de traitement jusqu'à la fin de ma carrière. Mais, pour moi, la faute ne revient pas aux défenseurs mais plutôt aux arbitres. Gentile n'a eu qu'un carton jaune. Il faudra que quelqu'un m'explique pourquoi.* » Diego n'est pas maître de ses mouvements, et lorsqu'il toussote sur la pelouse, c'est toute son équipe qui semble être grippée. C'est donc en toute logique que l'Italie s'impose sur le score de deux buts à un. Les Argentins sont au bord du précipice. Sauf miracle, ils ne se qualifieront pas pour les demi-finales. Trois jours plus tard, le 2 juillet, ils affrontent leur ennemi intime, le Brésil de Zico, Falcao et Socrates. Les Argentins ne sont pas dans leur assiette et les Brésiliens prennent rapidement le jeu à leur compte. Dès la 11e minute, Zico donne l'avantage aux siens. Le Brésil contrôle le match et domine de la tête et des épaules. En toute logique, le Brésil alourdit la marque à la 66e min par l'intermédiaire de Serginho avant d'enfoncer le clou et de clore les débats à la 75e (Junior). Diego Maradona est dans tous ses états. Il est frustré de devoir quitter si tôt la compétition. Il est amer du traitement que lui ont infligé ses adversaires tout au long de cette Coupe du monde. Il voit rouge et à la 85e min de jeu, il est l'auteur d'une très vilaine semelle sur Batista. L'arbitre de la rencontre, Mario Rubio Vasquez, n'hésite pas une seule seconde. Il sort son carton rouge. Diego Maradona est expulsé. Alors que ses coéquipiers protestent et tentent de faire changer l'arbitre de décision, Diego quitte la pelouse, tête basse et le regard perdu. Sa Coupe du monde se termine mal, comme dans un cauchemar. L'Espagne devait adouber le petit prince argentin. Le monde se faisait une joie à l'idée de voir Maradona le magicien à l'œuvre. Il n'aura finalement été que l'ombre de lui-même, à part contre la Hongrie. C'est finalement Paolo Rossi qui lui vole la vedette. L'Italie est sacrée championne du monde et son attaquant, Paolo Rossi, le meilleur buteur de la compétition (six buts), mais il est aussi élu meilleur joueur du tournoi.

En Argentine, la révolte gronde. Les critiques sont virulentes et violentes. Diego en prend une nouvelle fois pour son grade. Même Pelé le critique. Tout le monde attendait beaucoup plus de lui. Mais il assume. Ce n'est pas le cas de Cesar Luis Menotti et Daniel Passarella (le capitaine). Ces deux-là préfèrent rester sur le Vieux Continent après l'élimination. Ils n'ont pas vraiment envie d'affronter la vindicte populaire. Diego, lui, ne se démonte pas et retourne à Buenos Aires. À l'aéroport, il prend même le temps de répondre à la meute de journalistes venus le cueillir à sa descente d'avion. « *Je suis ici à Buenos Aires, car je n'avais pas envie de me cacher après ce triste Mondial. Cette Coupe du monde est à oublier. Je rêvais de gagner une Coupe du monde, alors, comme vous pouvez vous l'imaginer, je suis profondément déçu. C'est même la plus grande déception de ma carrière…* »

Pendant presque trois ans, Diego ne remettra plus les pieds en *Selección*. Cette année 1982 est donc celle de l'échec de l'Argentine à la Coupe du monde, celle du départ de Cesar Luis Menotti et de l'arrivée de Carlos Bilardo, celle de la fin du régime militaire et enfin celle du grand départ de Diego Maradona. Après cinq saisons en Argentine, il a enfin le droit de traverser l'Atlantique. Il n'a que vingt et un ans lorsqu'il arrive dans l'un des plus grands clubs du monde : le FC Barcelone.

BARCELONA

C'est dans une pièce enfumée, dans une ambiance longtemps électrique que les négociateurs, imbibés de litres de café, ont fini par s'entendre. Mais que les négociations ont été dures ! Faire venir Diego Maradona à Barcelone n'a pas été une mince affaire. Le feuilleton du « *transfert du siècle* » a été long et éprouvant pour toutes les parties. Car Josep Lluís Nuñez, le président de Barcelone, est un homme têtu, Jorge Cyszterpiler un agent très gourmand et les présidents de Boca Juniors et d'Argentinos Juniors des dirigeants qui veulent profiter au maximum de leur poule aux œufs d'or. Sans compter la guerre interne qui se livrent Argentinos Juniors et Boca Juniors sur la propriété du numéro 10 argentin. Car Diego appartient en majorité à son club formateur et un petit peu aussi à Boca Juniors. Bref, la partie n'a jamais été facile. Le Barça attend son messie depuis le mois de mai 1980, date à laquelle il a réalisé sa première offre. Mais cette année-là, les militaires avaient opposé leur veto à tout départ de leur joyau. Il leur a donc fallu attendre le 4 juin 1982, plus de deux ans, pour que Maradona devienne officiellement un joueur du Barça. Le transfert est historique. Jamais un club n'a dépensé autant d'argent. Le Barça a déboursé un peu moins de 10 millions de dollars pour faire signer un contrat long de six ans au *pibe de oro* (c'est le nom que lui donne les Espagnols). Sur ses 10 millions de dollars, 6 vont dans les caisses d'Argentinos Juniors, 2 dans celle de Boca Juniors et 1,5 million dans la poche de Diego. C'est sa prime promise à ce transfert. Elle est énorme pour l'époque, mais elle compense la baisse de salaire à laquelle a bien voulu consentir Diego. À Boca Juniors, il gagnait la bagatelle de 720 000 dollars par an. Sachant que Bernd Schuster, le joueur le mieux payé du Barça, en touchait 420 000, il était difficile au Barça de s'aligner sur son salaire argentin. Finalement, Maradona gagnera 500 000 dollars par mois pendant six ans sans compter les primes de match. En Espagne, qui traverse une grave crise économique, ces chiffres font tourner les têtes et créent une véritable polémique. Les médias, le ministre des Finances, des économistes reconnus, des intellectuels et même l'opinion publique s'offusquent qu'un footballeur puisse gagner autant d'argent. À peine arrivé, Diego est déjà une cible privilégiée des médias espagnols. Et ces derniers s'en donnent à cœur joie. Il n'a pas encore foulé la pelouse du Camp Nou que les critiques fusent. C'est le joueur le plus cher de la planète et pourtant il a réalisé un piètre Mondial (voir chapitre précédent). Le Barça s'est-il fait arnaquer ? Diego Maradona est-il le joueur le plus doué de sa génération ? Mais Diego n'a pas envie de se prendre la tête. Ce n'est pas son style. Surtout qu'il a une confiance absolue en ses moyens.

Il n'a pas encore vingt-deux ans lorsqu'il atterrit à Barcelone. Il est accompagné par son agent et sa fiancée, Claudia Villafañe. C'est un moment particulier pour lui car il quitte Buenos Aires. C'est son premier grand déménagement, qui plus est pour le Vieux Continent. Ce n'est pas la même ambiance, la même culture. Barcelone est une grande ville, fermée, très à cheval sur sa tradition et très différente de Buenos Aires. C'est le grand saut pour Diego. Le challenge est immense car le Barça est un des plus grands clubs du monde. Maradona le sait, s'il s'impose à Barcelone, il deviendra certainement le meilleur joueur du monde. C'est son ambition. Pour cela, il doit s'adapter rapidement à son nouvel environnement. Il a quelques atouts dans sa manche pour réussir ce nouveau pari : déjà, il parle espagnol, ensuite il a un jeu spectaculaire qui devrait soulever les foules, enfin, c'est un joueur assoiffé de victoires, un gagneur né. Mais il doit rester sur ses gardes car Barcelone est une ville spéciale, très conservatrice et, il faut bien l'avouer, un brin raciste. Surtout à l'encontre des *sudacas*, ces Sud-Américains immigrés qui se sont installés dans la capitale catalane avec l'espoir de se construire une vie meilleure. Inutile de dire que le terme est péjoratif et raciste. Et que dire de la presse locale, beaucoup plus virulente, polémique et sensationnaliste qu'en Argentine ? À son arrivée, Diego n'est pas encore un *sudaca* comme les autres. Il est même attendu comme le messie par un club qui n'a plus été champion depuis la saison 1973/1974. Comme tout footballeur qui débarque dans une nouvelle ville, il passe les quatre premiers mois dans un des hôtels les plus luxueux de Barcelone : l'Avenida Palace. Et déjà, il est entouré par un groupe d'excités, des amis argentins qui sont là pour faire la fête et pour profiter des largesses de leur ami.

Diego, lui, est là pour jouer et pour démontrer que son échec au Mondial n'était qu'un accident de parcours. Alors, pour son premier match officiel devant son nouveau public, il enfile son habit de lumière. Le 11 septembre 1982, pour le compte la deuxième journée de la Liga, le Barça domine largement Valladolid (3-0). Diego inscrit un but (sur penalty) et offre deux passes décisives. La Camp Nou et ses 100 000 spectateurs sont persuadés que, grâce à Diego, le Barça sera à nouveau champion cette saison. Dès ses premières semaines en Catalogne, Maradona fait étalage de son talent et de son caractère bien trempé. Il n'est pas facile à manœuvrer sur et en dehors des terrains. Lui, l'affectif, ne se sent pas vraiment aimé par les Barcelonais. Alors il se renferme sur lui-même. Il commence à sortir, beaucoup sortir. Lorsque les dirigeants lui demandent d'essayer d'avoir une vie saine et de se reposer, il se braque. À ceux qui ne sont pas contents, il rétorque : « *Ma vie privée ne vous regarde pas. Je suis footballeur, et sur le terrain, je donne tout ce que j'ai.* » Ses performances lui donnent raison. Il est flamboyant. Il inscrit but sur but et gratifie le public espagnol de ses plus beaux gestes, de ses plus belles chevauchées balle au pied. Et pourtant, c'est un secret de polichinelle, il ne s'entend pas du tout avec son entraîneur, l'Allemand Udo Lattek. Les deux hommes ne parlent pas la même langue et ne sentent pas le football de la même manière. Lors des entraînements matinaux, Diego est fantomatique. Son entraîneur sent, et ça l'énerve, que son meilleur joueur ne dort pas assez la nuit. La presse s'en mêle. Il est critiqué. Il est trop bling-bling pour les Barcelonais ; pour eux, gagner autant d'argent lui donne également des obligations. Les Barcelonais n'aiment pas ce côté flambeur et nouveau riche de Diego. Et encore moins ce qu'il a fait de son authentique mas catalan de Pedralbes. Les trois étages et les dix chambres sont trop ostentatoires et que dire de la piscine dans laquelle il a fait mettre le blason du FC Barcelona ? La tension est palpable et la situation finit par exploser. Le clash arrive au mois de novembre 1982. Le Barça doit jouer un match amical contre le Paris Saint-Germain, au Parc des Princes. Diego refuse de s'y rendre. Ses dirigeants l'obligent à participer à cette rencontre. Ils n'hésitent pas à lui tenir tête. Maradona n'aime pas ça, mais il se résout à partir à Paris avec ses coéquipiers. Il joue, mais il fait la tête. À la fin du match, il refuse de parler à la presse. Les médias français, *L'Équipe* en particulier, se plaignent d'un tel traitement, surtout que Maradona avait donné sa parole au quotidien sportif. Tout ceci a le don de mettre Josep Lluís Nuñez en colère. Devant les médias, il fustige Maradona : « *Un joueur a des obligations également en dehors du terrain. Maradona doit faire attention à l'image qu'il donne. Il doit mieux s'intégrer, se faire des amis et s'adapter à la ligne de conduite qu'on exige en Europe s'il veut rester au Barça. S'il ne comprend pas ça, la porte est ouverte.* » Maradona, qui déteste ses détracteurs et ceux qui lui font la morale, riposte : « *On me paie pour jouer au football et c'est ce que je fais.* » Le torchon brûle. Les médias sont excités. Diego se sent rejeté. Il déprime. Cela se ressent sur la pelouse. Il n'a plus de jus. C'est un cercle vicieux. Avant cette polémique, c'était son mode de vie qui était remis en question, aujourd'hui c'est son niveau de jeu. La roue a vite tourné. C'est dans ce contexte explosif que, lors d'une banale visite médicale, les médecins lui trouvent une hépatite. *El pibe de oro* n'a alors joué que treize matchs de Championnat et quatre de Coupe des coupes. Malgré tout le mal que Barcelone dit de lui, il a quand même inscrit sept buts en Championnat et cinq en Coupe des coupes. Pas si mal pour un soi-disant « fantôme ». Le 5 décembre 1982, il joue son dernier match contre la Real Sociedad. Le Barça gagne 1-0. C'est lui qui marque. Puis il disparaît pendant trois longs mois. Les médecins de Barcelone veulent le garder près d'eux pour suivre quotidiennement l'évolution de sa maladie. Il lui est interdit d'aller à Buenos Aires. Sa mère, Doña Tota, une femme religieuse, ne s'imagine pas laisser son fils seul le jour de Noël. Elle voyage pour les fêtes de fin d'année et lui tient la main pendant quelques jours. Diego vit reclus dans son mas catalan dans le très chic quartier de Pedralbes. Sa déprime est si profonde qu'il refuse de regarder ne serait-ce qu'une minute du football à la télévision. Claudia, sa fiancée, est inquiète : « *Diego ne va pas bien du tout. Il se morfond car il ne peut pas jouer. Jamais je l'ai vu aussi mal.* » Et lorsque son état s'améliore, lorsque les médecins l'autorisent à reprendre le football, Diego reprend aussi sa vie dissolue. Il ne sort de chez lui que pour les entraînements, les matchs et ses expéditions nocturnes. Le 12 mars 1983, il fait son grand retour sous le maillot *blaugrana*. Son retour coïncide avec l'arrivée de Cesar Luis Menotti sur le banc barcelonais. Pendant son absence, les choses ont bien changé puisqu'il a réussi à avoir la peau d'Udo Lattek. Le technicien allemand a été remplacé par Cesar Luis Menotti, un entraîneur qu'il connaît bien puisque c'est lui qui l'a convoqué la première fois sous le maillot argentin et c'est avec lui qu'il a remporté la Coupe du monde des moins de 20 ans en 1979 et participé à son triste Mondial 1982. Udo Lattek est furieux. Et aujourd'hui encore, il en veut à Maradona : « *Le Barça est un club compliqué, entre le pouvoir politique, l'administration et la pression qui vient de toute part. Mais s'il y a un responsable à mon éviction, c'est bien Maradona. Il a été mon unique problème. Il n'était pas habitué à travailler durement aux entraînements. Il n'aimait pas ça. Son attitude en énervait plus d'un. Je me souviens d'une fois, il n'est pas arrivé à l'heure pour partir avec l'équipe. J'avais deux possibilités : l'attendre et perdre toute autorité sur lui et sur le groupe ou partir. J'ai décidé de partir. Tous les joueurs m'ont applaudi. Mais Maradona s'est plaint auprès de Nuñez et lui a dit qu'il ne pouvait pas travailler avec Lattek. Finalement, Maradona a réussi à avoir ce qu'il demandait depuis longtemps. J'ai été viré.* » Dire que Diego s'est senti libéré par le départ de Lattek est un doux euphémisme. Il retrouve le sourire. Surtout que Menotti est un ami et que lui aussi est un oiseau de nuit. Dès son arrivée, Menotti décide d'ailleurs qu'il n'y aura plus d'entraînements le matin et qu'ils seront déplacés en fin de journée. Les deux hommes sont sur la même longueur d'onde. Désormais, Diego pourra dormir jusqu'à midi. Et il en a bien besoin. Après plus de trois mois d'absence, Diego a des fourmis plein les jambes. Il a envie de tout casser et de tout gagner. Sa seconde partie de saison est éblouissante. Il inscrit six buts en sept matchs de Championnat, deux en cinq matchs en Coupe du Roi et trois en six matchs en Coupe de la Ligue. Soit un total de onze buts en dix-huit matchs. Il est en forme et grâce à lui, le Barça, qui est distancé en Championnat, finit la saison avec deux trophées. Une Coupe du roi et une Coupe de la Ligue. Et à chaque fois, le Barça a battu le Real Madrid, son plus grand ennemi. Et à chaque fois, Maradona a marqué et fait des misères aux défenseurs *merengue*. D'ailleurs, en finale aller de la Coupe de la Ligue, dans le stade Bernabeu, à Madrid, le public madrilène a tenu à rendre hommage, en toute fin de match, au génie argentin. Pendant de longues minutes, les spectateurs ont agité leur mouchoir blanc, comme pour célébrer ce torero si particulier. Cette Coupe de la Ligue était la première du nom. Elle regroupait les huit meilleures équipes du Championnat dans un système de tournoi avec match aller et retour. Cette compétition avait été créée sous l'impulsion de Josep Lluís Nuñez dans le but de générer de nouveaux revenus. Inutile de préciser que la venue de Maradona au Barça est l'une des principales raisons de la naissance de cette Coupe, assez anecdotique, puisque après quatre éditions les clubs décidèrent de l'enterrer. Cette saison 1982-1983 va pourtant se terminer sur un énième scandale maradonien. Diego est en effet invité au jubilé de Paul Breitner, un emblématique défenseur allemand des années soixante-dix. Maradona accepte avec joie cette invitation. Le seul hic, c'est que ce jubilé a lieu presque en même temps que la finale de la Coupe du Roi. Josep Lluís Nuñez estime donc que ce n'est pas la meilleure manière de préparer cette finale, surtout que Schuster, l'autre star de l'équipe, est également invité. Le bras de fer commence entre Diego et les dirigeants. Cette rencontre est importante pour le Barça et pour la Catalogne toute entière. Il y est question de l'honneur catalan. Ou lorsque la politique empiète sur le terrain footballistique. Même Jordi

Pujol, le président de la Catalogne, y met du sien : « *Toute la Catalogne attend votre victoire, je compte sur vous* », leur déclare-t-il. Mais Diego a une idée derrière la tête, alors il fait le forcing pour participer à ce jubilé. Pour l'empêcher de faire une bêtise, les dirigeants lui confisquent son passeport. Maradona est fou furieux. La haine qu'il voue à Josep Lluís Nuñez est à son paroxysme. Il lui répondra avec son pied gauche, sur le terrain, lors de la finale, en étant l'un des protagonistes (une passe décisive) de la victoire catalane. La saison se termine sur une victoire. Elle efface d'un seul coup les polémiques, la maladie et les gestes fous d'un Diego toujours aussi insaisissable.

Le bilan comptable est loin d'être ridicule. Mais pour le Barça, deux trophées dans l'année, c'est beaucoup et c'est trop peu. Car le club avait investi beaucoup d'argent avant le début de la saison avec, comme principal objectif, de remporter la Liga. Ce n'est que partie remise, se disent-ils. La confiance règne. Beaucoup ont pourtant remarqué que, tout au long de sa première saison, Diego Maradona n'a pas été épargné par les défenseurs adverses. C'est une cible privilégiée. Il prend beaucoup de coups. À plusieurs reprises, les Barcelonais ont protesté et demandé que leur numéro 10 soit un peu mieux protégé par les arbitres. Ils ne pouvaient pas si bien dire. Car dès le début de la saison 1983-1984, les défenseurs se déchaînent. Cela n'empêche pas Diego d'être dans la forme de sa vie. Il survole les débats. Il commence la saison pied au plancher. Mais elle s'arrête, brusquement, violemment, le 24 septembre 1983, lors de la quatrième journée de Championnat. Le Barça affronte le pire de ses ennemis, le champion sortant : l'Atletic Bilbao. Ce n'est pas une équipe de tendres. La base de son jeu, c'est l'engagement, le don de soi… Alors que le Barça mène trois buts à zéro, Diego Maradona est victime d'un véritable attentat. Le terroriste du jour s'appelle Andoni Goikoetxea, alias « le boucher de Bilbao ». Sur un ballon anodin, au milieu de terrain, Diego pousse la sphère alors que Goitkoetxea arrive comme une fusée, les deux pieds en avant. Il atteint son but : la cheville gauche de Maradona. Ce dernier se tord de douleur et ses mains entourent sa cheville meurtrie. Sur l'action, il a entendu un « crac », ses os sont brisés. Il quitte ses coéquipiers sur une civière. Un peu plus tard, à l'hôpital, il apprend qu'il souffre d'une fracture de la malléole et que ses ligaments sont arrachés. Ses larmes coulent. Il est détruit physiquement et moralement. Pour la première fois de sa vie, il passe sur un billard, entre les mains expertes d'un chirurgien. L'opération dure deux heures. Il est fauché en plein vol car, de l'avis de tous, son début de saison était extraordinaire. Diego vit cet épisode comme une énorme injustice. Surtout que Goikoetxea est un coutumier du fait. C'est déjà l'un de ses tacles assassins qui avait laissé Berndt Schuster de longs mois sur le flanc. C'est un briseur de talent. À son retour à Bilbao, le boucher est célébré comme un héros. Diego, lui, est sur la touche. Selon les médecins, il pourrait être éloigné des terrains pendant six mois. Maradona fait alors appel à Ruben Olivera, un médecin qu'il connaît bien, puisque c'est celui de la *Séleccion*. Il est installé en Italie. Il a des méthodes assez révolutionnaires. C'est lui qui avait demandé d'attendre un peu avant l'opération. Mais les médecins du Barça ne l'avaient pas écouté et avaient préféré opérer Diego le soir même de l'agression. Lorsque Olivera n'est pas là, Diego travaille avec Fernando Signorini, un jeune préparateur physique argentin qu'il a rencontré à Barcelone. Les deux hommes ont tout de suite sympathisé. Leur collaboration durera un peu moins de dix ans. Maradona se remet rapidement au travail. Il part faire sa rééducation à Buenos Aires, près des siens et loin de cette Espagne qui ne le respecte pas assez. Il n'y a qu'à voir le sort qui a été réservé à Goikoetxea. Le Basque a d'abord été suspendu dix-huit matchs avant de voir sa peine réduite à dix matchs en appel. Et dire que sur le terrain il n'avait écopé que d'un carton jaune ! C'est une injustice, ne cesse de se répéter Diego. Il met les bouchées doubles lors de sa rééducation, car il veut revenir le plus vite possible sur un terrain. Une nouvelle fois, son corps et sa tête font des miracles. Il ne lui faut que cent six jours, trois mois et demi au lieu des six prévus, pour se remettre sur pied. Diego rejoue finalement le 8 janvier 1984. Et ce jour-là, contre Séville, il survole les débats et inscrit deux buts lors de la victoire du Barça (3-1). À quelques minutes de la fin du match, il quitte la pelouse sur une ovation du public. Des « *Maradooo, Maradooo* » accompagnent sa sortie. Maradona en a la chair de poule. « *Jamais une ovation ne m'a autant touché*, a-t-il déclaré quelques année plus tard. *Après tout ce que j'avais vécu, tous les efforts que j'avais réalisés pour revenir, je ne pouvais pas rêver d'un aussi beau retour.* » Tous les rêves sont alors permis. Avec Diego, le Barça fait figure d'épouvantail dans la Liga et devient le principal favori dans la course au titre. Mais finalement, les hommes de Menotti s'essoufflent. La machine se grippe. Le titre s'envole. Le Barça termine troisième. Depuis son retour sur les terrains, ce n'est plus le même Diego. Son jeu a changé : « *Il ne gardait plus autant le ballon*, affirme Menotti. *Il n'était plus aussi provocateur balle au pied. Cette blessure l'a marqué à vie, car sa cheville n'a plus jamais été aussi souple qu'avant. Quel dommage car avant cet attentat, jamais je ne l'avais vu aussi fort. Il faisait ce qu'il voulait. Mais malgré cela, ce petit changement, il était toujours un ton au-dessus de tout le monde.* » Peut-être parce que Diego est un joueur et un homme qui compte beaucoup sur son instinct. C'est en tout cas la théorie de Fernando Signorini : « *Après cette blessure, la cheville de Diego ne fonctionnait plus comme avant. Elle n'avait plus cette souplesse extraordinaire. Nous avons beaucoup travaillé pour qu'il retrouve toutes ses facultés et Diego a su composer, grâce à son instinct. Il a changé les mouvements de son corps pour pouvoir caresser le ballon comme avant. Si vous regardez avant et après, sa cheville et son corps ne bougent pas de la même manière, et pourtant il n'a pas perdu son toucher ni son efficacité. Il a réussi à s'adapter à cette nouvelle situation.* »

Et si le « boucher de Bilbao » n'était pas passé par là ? Et si Diego n'avait pas été fauché en plein envol ? Peut-être que le Barça aurait été champion, peut-être que Maradona aurait été encore plus fort, et peut-être que Diego ne serait pas tombé si bas à Barcelone. Il a été blessé, rejeté par une ville et, à seulement vingt-deux ans, il a été éloigné de sa famille. Livré à lui-même. Il ne l'a pas supporté. « *Même si nous venions souvent le voir en Espagne*, affirme son petit frère Lalo, *mon frère a perdu peu à peu le contact avec la famille. Après les matchs, nous n'étions plus là pour l'entourer. D'autres personnes sont apparues.* » Des mauvaises fréquentations qui ont fini par avoir raison de lui. Puisque c'est à Barcelone qu'il a sniffé, pour la première fois, de la cocaïne. « *Diego a pris de la drogue pour anesthésier ses souffrances et s'évader car il n'était pas heureux,* tente d'analyser Lalo. *Ni ses parents, ni sa femme, ni ses vrais amis n'ont su le convaincre d'arrêter tout de suite.* » Au final, tout est allé vite, beaucoup trop vite pour lui. C'est en tout cas l'avis du docteur William Lowenstein, un spécialiste de l'addiction chez le sportif du haut niveau : « *Diego Maradona n'a pas connu une adolescence normale, mais plutôt celle d'un sportif de haut niveau hors du commun. En principe, l'adolescent sollicite davantage les régions émotionnelles de son cerveau que les régions rationnelles. Il est beaucoup plus dans le plaisir du moment, dans la création épidermique, dans l'inconscience, dans l'ignorance du futur… Cette évolution sur plusieurs années est nécessaire dans le processus du passage à l'âge adulte. Lui, il a été une vedette du foot très jeune, et un chef de famille à seize ans. Maradona n'a donc pas pu vivre ce stade crucial car il était accaparé par les efforts et les souffrances propres aux sportifs de haut niveau. Son cerveau n'a pas complété son évolution vers le stade adulte, donc il n'est pas devenu adulte dans ses émotions. Il n'a pas intégré l'acceptation de la frustration et l'apprentissage de la patience. Ses émotions adolescentes (amitié, découverte de l'amour, doute de son âge) ont été écrasées par d'autres liées à la starisation (applaudissements, médiatisation, argent, etc.) au point de modifier sa relation à l'autre. Pour reconstituer ces émotions intimes écrasées, il lui aurait fallu un contexte affectif sûr ou un vécu familial du phénomène. Ce n'était pas le cas. Faute d'un développement émotionnel personnel normal, l'Argentin a vécu sur une longue période dans une trahison totale des sentiments. Quelques années plus tard, la prise de cocaïne lui a permis de surmonter cette confusion en le faisant entrer dans un monde mégalomaniaque. À Barcelone, alors qu'il était dans une grande ville et dans un grand club, Marado a ressenti une forte impression d'abandon. Le noyau familial n'existait plus, une distance s'est créée avec sa mère qu'il ne voulait pas décevoir, mais il ne parvenait pas à identifier cette effroyable solitude et à mesurer ses manques car il était toujours entouré de partenaires ou de pseudo amis. Son passage à la cocaïne a fait taire les souffrances de l'éloignement et de l'isolement. Par son action chimique sur le cerveau, dans une zone précise, la cocaïne anesthésie les souffrances. C'est bien sûr une illusion. Cette drogue rétrécit également le champ de la pensée, ce qui convenait sans doute à Maradona qui vivait un Barnum mental épuisant après son départ d'Argentine.* »

C'est donc à Barcelone que la vie de Diego Maradona bascule. Et jamais plus, il ne pourra retrouver un semblant de tranquillité et de sérénité. D'ailleurs, la fin de son histoire avec le Barça est une terrible fin. Son dernier match, il le jouera contre l'Atletic Bilbao d'Andoni Goikoetxea, lors de la finale de la Coupe du Roi 1984. Le roi Juan Carlos est dans les tribunes. C'est une finale qui sent la poudre. La semaine précédant ce match, les Basques et les Catalans se sont insultés dans les médias. Les propos sont violents, racistes et n'ont absolument rien à voir avec le ballon rond. C'est donc dans un climat tendu que les deux équipes entrent sur le terrain. Dès le début, le ton est donné : les Basques commettent des fautes, gagnent du temps et ne cessent de provoquer leurs adversaires. Les Barcelonais sont plus qu'irrités par l'attitude des joueurs de Bilbao. Sur son banc, Menotti ordonne à ses joueurs de répondre à la violence. À la toute fin du match, alors que Bilbao mène un but à zéro, Maradona est victime d'une cravate à la gorge. Il répond avec ses poings et ses pieds. Les deux clubs n'attendaient que ça. Une bagarre générale commence. La violence s'invite sur la pelouse. Le roi est offusqué, les médias aussi. Deux joueurs basques sont hospitalisés. Diego se défend : « *C'était un guet-apens. Ils nous ont cherchés tout au long du match et lorsqu'on m'a mis une cravate, j'étais bien obligé de me défendre. C'est une honte. Mais nous ne pouvons pas toujours rester les bras croisés face à tant de provocation. Je présente mes excuses au roi.* »

Quelques jours plus tard, Diego Maradona est suspendu trois mois par la Fédération espagnole. Qu'importe, *el pibe de oro* avait déjà décidé de s'en aller et d'aller monnayer ses talents ailleurs. Josep Lluís Nuñez ne le retiendra pas. Il est persuadé qu'il a fait une erreur de casting en faisant venir Maradona en Catalogne.

Un an plus tard, le Barça était enfin champion. Et Diego devenait l'idole d'un club sans histoire : le SSC Napoli.

NAPOLI – ACTE 1

C'est une belle journée d'été, le ciel est totalement dégagé et la mer Méditerranée est si calme, si plate, qu'elle ressemble à un immense miroir bleu. Et pourtant, l'ambiance est électrique dans les rues de la ville. Naples est dans tous ses états. Les Napolitains ne tiennent pas en place. Ils parlent plus fort que d'habitude. Ils sont excités, angoissés et impatients à la fois. Cette fois-ci, ce n'est pas le Vésuve qui fait des siennes, le volcan qui surplombe la cité n'a d'ailleurs pas l'intention de cracher ses cendres et sa lave sur la ville. Ce n'est pas non plus la Terre qui menace de trembler comme en 1980. Non, cette fois-ci, en ce 5 juillet 1984, toute la ville attend l'arrivée du divin enfant, Diego Armando Maradona. Les drapeaux, les maillots et les statuettes à l'effigie du *pibe de oro* sont de sortie sur les balcons et dans les rues de Napoli. Car ce petit homme venu de Buenos Aires est déjà vénéré comme un saint dans cette cité méditerranéenne du Sud de l'Italie. Tout le monde veut le voir, tout le monde veut le toucher, tout le monde veut l'écouter.

Mais il n'est pas encore là. Les rumeurs filent bon train dans la ville. Le messie devrait arriver par les airs, en hélicoptère, et se poser sur la pelouse du Stade San Paolo. Alors, dès qu'un bruit traverse le ciel, les Napolitains lèvent instinctivement la tête pour voir si c'est leur Diego qui arrive enfin. Mais il n'est toujours pas là. Selon d'autres rumeurs, Maradona est déjà à Naples, il y serait arrivé la veille et se préparerait dans le plus grand secret à sa rencontre avec son nouveau public. La vérité, c'est que Maradona est arrivé la veille à Rome. Loin des photographes et des caméramans, il a été reçu comme un chef d'État. Tout lui a été facilité. À sa descente d'avion, il était attendu par quelques employés de l'aéroport et de la police. Puis, sans passer par la case douane, il s'est éclipsé par une porte dérobée. Il est alors monté dans une voiture blindée pour rejoindre le Sud de l'Italie avant de passer sa soirée et sa nuit à Capri, dans la baie de Naples. Si cette arrivée est entourée de mystère, c'est que la passion pour Maradona dévore déjà les Napolitains. Diego est déjà le fruit de leurs entrailles.

Alors, lorsqu'il apparaît sur la pelouse du stade San Paolo, les tifosi se déchaînent comme s'ils étaient atteints d'une grave crise d'hystérie collective, les tribunes s'enflamment, les supporters hurlent leur amour et déjà, ils lui demandent de décrocher la lune pour eux : « *Dieguito, Rend-nous grands !* », « *Dieguito, fais-nous gagner !* », « *Dieguito, on t'aime !* ». Le joueur reste sans voix. Des larmes coulent sur ses joues. Il n'imaginait certainement pas que la ferveur était si grande dans ce coin oublié de l'Italie. Il est ému et il sait déjà que cette ville marquera à jamais sa vie. Car les 75 000 spectateurs qui garnissent les tribunes lui ressemblent tellement : ils ont la peau foncée et les cheveux noirs comme du charbon. Ils sont pauvres pour la plupart et rejetés par les riches Italiens du Nord. Alors, après avoir réalisé un rapide tour d'honneur, il se dirige au milieu de la pelouse et décide de prendre le micro. Ses premiers mots sont en italien : *«Buonasera napoletani. Io sono molto felice di essere con voi. Forza Napoli.»* (Bonjour Napolitains, je suis très heureux d'être avec vous. Vive Naples !) Il est ovationné. On lui envoie alors un ballon, il le contrôle et réalise quelques jongles. La foule en est désormais persuadée, elle ne rêve plus, Diego est napolitain. En chœur, elle scande: « *C'est lui, c'est bien lui.* » La présentation n'a duré que vingt-cinq minutes, mais elle a été intense, très intense. La folie s'est emparée de la ville. Quelques minutes plus tard, Diego tient sa première conférence de presse dans une salle du stade devant les quelque 200 journalistes accrédités. « *J'aime déjà cette ville, cette ambiance,* assure-t-il. *Je suis là pour gagner un Championnat, une Coupe et une Coupe d'Europe. Mais il va falloir être patient. Je veux devenir l'idole des enfants pauvres de la ville, parce qu'ils me ressemblent. Les Napolitains ont tout fait pour que je vienne ici, ils ont cru en moi alors que plus personne n'y croyait. Je ne l'oublierai pas.* » Diego n'a pas tort. Il est conscient que les dirigeants napolitains, en premier desquels le président Corrado Ferlaino, ont dû longuement batailler pour s'attacher ses services. Une fois encore, le transfert de Diego vers Naples est un véritable feuilleton qui a tenu en haleine la cité méditerranéenne pendant de longues semaines. Une fois encore, rien n'a été facile et les négociations compliquées. Les dirigeants barcelonais ont joué avec les nerfs des Napolitains. Ils veulent faire payer à Maradona de ne pas avoir réussi à remporter de Championnat. Ils veulent lui faire payer son attitude, ses polémiques et son franc-parler. Une fois encore il est question de gros sous. Le dossier est donc difficile à ficeler. Car Naples n'a pas ou trop peu d'argent, et le Barça est prêt à discuter mais seulement lorsque les Italiens donneront des garanties bancaires. Comme d'habitude, Maradona suit toutes les tractations de loin, mais, par la voix de son agent, il fait bien comprendre aux uns et aux autres que c'est à Naples qu'il veut signer, et nulle part ailleurs. Les Barcelonais savent que le temps joue en leur faveur. Car en Italie, les clubs ont jusqu'au 30 juin, 20h, pour faire signer les joueurs qui évoluent à l'étranger. Alors, si les Napolitains se sont lancés dans un contre-la-montre angoissant, les Barcelonais, eux, attendent patiemment et n'hésitent pas, au dernier moment, à faire monter les enchères. Le fatidique 30 juin, Ferlaino a le moral dans les chaussettes, il est persuadé que Diego ne viendra jamais à Naples. Mais lors du voyage de la dernière chance, les choses, à la surprise générale, finissent par se décanter. Et Diego est enfin napolitain. Les dirigeants, la ville, Maradona, tout le monde souffle. Tout le monde est heureux. La transaction aura coûté 7,5 millions de dollars. Diego, lui, touchera un peu plus de 300 000 dollars par mois. C'est donc beaucoup moins qu'au Barça. Et plus surprenant encore, Maradona, pour accélérer les ultimes négociations, accepte de faire une croix sur la commission qu'il devait toucher. Maradona n'est pas moins gourmand qu'avant, mais il est tout simplement aux abois financièrement. Lui, le footballeur le plus payé au monde, n'a plus un peso, une peseta ou un dollar en banque. Il a tout dilapidé. Il est donc dans l'obligation de se refaire une santé financière pour payer ses dettes et satisfaire tous ses caprices. Mais comment Diego Maradona, le millionnaire, a-t-il pu tomber si bas financièrement ?

Parce qu'il dépense sans compter mais aussi et surtout parce que son agent, Jorge Cyterszpiler, est un piètre homme d'affaires. C'est même lui qui aurait dilapidé une bonne partie de la fortune du numéro 10 argentin dans des opérations financières assez farfelues.

Deux exemples. Un jour, poussé par une bonne connaissance, Cyterszpiler décide d'investir dans le pétrole. Il n'y connaît rien. En pleine baisse des cours, les deux hommes se retrouvent avec des barils de brut sur les bras. Ils n'avaient pas imaginer qu'il fallait le raffiner… Un autre jour, Cyterszpiler décide, là encore sur les conseils d'un ami, d'investir dans des nouvelles salles de bingo au Paraguay. Mais au dernier moment, la junte militaire paraguayenne interdit l'ouverture des salles de bingo. Et c'est encore beaucoup d'argent perdu, jeté par les fenêtres. Lorsque Diego arrive à Naples, il est donc ruiné. Mais en cette année 1984, ce qui retient d'abord l'attention, c'est que l'une des villes les plus pauvres de l'Italie s'offre le joueur le plus cher du monde. C'est l'occasion pour Diego de repartir à zéro et de laisser loin derrière lui ses tourments catalans. Il rêve de jouer un Championnat en entier, sans maladie, sans blessures et sans polémiques, mais aussi d'atterrir dans un club comme Naples où il sera traité comme une star et une idole. Tout au long du feuilleton de son transfert, la fièvre maradonienne s'est d'ailleurs propagée dans les rues napolitaines. Avant même son arrivée, les registres de l'état civil de la ville ont déjà enregistré la naissance de cent dix Armando-Diego. Les buralistes se rendent également compte que le 10 (comme le numéro de Diego) et le 13 (comme 13 milliards de lires, le prix de Maradona) sont les numéros les plus joués. *El pibe de oro* est déjà partout, même dans les bacs, puisque des disques du *Tango de Maradona* se vendent déjà comme des petits pains. L'excitation est donc à son apogée lorsque Diego Armando Maradona arrive enfin à Naples.

Naples est une ville condamnée à l'échec et au mépris. C'est une ville pauvre et complexée. Le club de football se bat, chaque saison, pour ne pas être relégué. Le Nord de l'Italie se moque de cette ville de bouseux, de misérables. Dans les stades que visitent le Napoli, les supporters chantent : « *Ça sent tellement mauvais/Que même les chiens s'enfuient/Lorsque les Napolitains arrivent/Naples, merde. Naples, choléra/Tu es ma honte de toute l'Italie…* » Le message est on ne peut plus clair. Diego est donc attendu comme le sauveur, l'homme qui redonnera un semblant de fierté à une ville traumatisée. C'est le nouveau San Gennaro (saint Janvier, le saint de la ville). Alors, rapidement, les murs de la ville ont été recouverts de dessins de la nouvelle idole, aussi bien dans les quartiers populaires de Forcella et Vicaria que dans ceux, plus aristocratiques, de Posillipo. Des autels sont érigés à son intention à côté de ceux de la Vierge locale. Rarement une ville a reçu avec autant de passion un footballeur. Peut-être parce que le ballon rond est la seule arme que Naples possède pour gagner sa guerre contre le Nord. Peut-être aussi parce que Diego ressemble aux Napolitains car, comme eux, il est doué d'un formidable sens de l'improvisation. Les espoirs placés en lui son énormes, démesurés. La concurrence est rude dans le Calcio, le Championnat italien. Le plateau est très relevé en ce début de saison 1984-1985. Les stars de la planète football se sont donné rendez-vous en Italie. Platini, le tout récent vainqueur de l'Euro, est à la Juventus de Turin, Karl-Heinz Rummenigge est à l'Inter de Milan, Michael Laudrup est à la Lazio de Rome, Zico à l'Udinese, Socrates et Passarella à la Fiorentina, Falcao et Toninho Cerezo à la Roma, Preben Elkjær Larsen et Hans-Peter Briegel à l'Hellas Vérone. Dans ce contexte, le Napoli de Maradona est loin d'être un favori dans la course au titre. L'effectif est un peu juste et il manque cruellement de talents et d'expérience.

Les choses commencent bien mal. Le Napoli est à l'agonie. Diego Maradona ne peut pas tout faire tout seul. Il a du mal à s'adapter à ce nouveau Championnat et à sa nouvelle vie. Après quelques journées, le Napoli est à la traîne. Il a bien du mal à engranger des points. Lors de son tout premier match à San Paolo, devant 80 000 spectateurs transis d'amour, Diego inscrit pourtant un but lors du match nul contre la Sampdoria (1-1). Les Napolitains doivent même attendre la quatrième journée pour enfin connaître le goût de la victoire (3-0 contre Côme avec un but de Maradona). À ce moment-là, Diego Maradona vit toujours à l'hôtel Royal. Et déjà, il étouffe, il suffoque : « *Pour l'instant, pour moi, Naples se limite à une chambre d'hôtel, à un hall d'hôtel et à une voiture de police qui m'accompagne à chaque entraînement et qui me ramène ensuite chez moi, où je suis enfermé entre quatre murs. Je ne peux pas sortir acheter des cigarettes pour mon père ou une paire de chaussures. Car, quand je sors, je suis tout de suite entouré par une centaine de personnes. On m'a dit que Naples était une ville magnifique, j'espère que je pourrai la découvrir…* » Diego n'arrive pas à trouver sa place dans ce nouveau Championnat et il n'arrive pas non plus à trouver une maison digne de son standing. Il veut et il aura ses quinze pièces, sa piscine et sa vue sur la Méditerranée.

Lorsqu'arrive la trêve hivernale, le Napoli se morfond dans le bas du classement, avec neuf malheureux petits points. Mais il y a du mieux, l'équipe progresse. Maradona, peu à peu, trouve ses marques. La seconde partie du Championnat est bien meilleure. Elle redonne de l'espoir aux tifosi. Diego inscrit but sur but, il est dans tous les bons coups. Le Napoli gagne et remonte au classement. En seize matchs, le club prend vingt-quatre points, Diego inscrit onze buts et s'en va mourir, à deux malheureux points d'une place en Coupe de l'UEFA. Le Napoli termine 8e au classement. Diego Armando Maradona, avec quatorze buts, termine 3e du classement de *capocannonieri* derrière Platini (dix-huit buts) et Altobelli (dix-sept buts). Les Napolitains retrouvent un brin de fierté et sont persuadés d'une chose : « *Au Nord, ils ont tout, sauf Maradona…* » Ils lui font une confiance aveugle.

Au mois de mai 1985, Diego Armando Maradona retrouve le maillot *albiceleste* de la Sélection argentine. Carlos Bilardo, l'entraîneur qui a remplacé Menotti, lui a en effet demandé d'être le nouveau capitaine de l'Argentine. Et justement, la Sélection doit participer aux éliminatoires de la Coupe du monde 1986. Alors Diego commence à prendre l'avion et à traverser l'Atlantique comme d'autres prennent le métro. À deux journées de la fin du Championnat, il commence ses séjours prolongés dans le ciel. Le 10 mai, il participe à un match amical contre le Paraguay, à Buenos Aires. Il est l'auteur du seul but argentin (1-1). Le 12 mai, il est à Udine, pour la 29e journée du Calcio. Il inscrit les deux buts de son équipe (2-2). Le 14 mai, il est à nouveau à Buenos Aires pour un second match amical, cette fois-ci contre le Chili, et là encore il inscrit un but dans la victoire de l'Argentine (2-0). Et enfin, le 19 mai, il est à Naples pour le dernier match de Championnat de l'année contre la Fiorentina (victoire 1-0, but de Caffarelli). En dix jours, il a fait deux allers-retours Naples-Buenos Aires, parcouru quelque 50 000 kilomètres dans les airs, jonglé avec les fuseaux horaires, joué quatre matchs et inscrit quatre buts. Et à peine son match contre la Fiorentina terminé, il s'en est retourné à Buenos Aires pour rejoindre la *Selección* en pleine préparation pour les éliminatoires de la Coupe du monde 1986. L'Argentine se qualifie sans problèmes. Et termine en tête de sa poule de six, grâce à quatre victoires, un match nul, une défaite et quatre buts de Diego Maradona. Le tout en un peu moins d'un mois. Diego est donc sur les rotules, mais il est tellement heureux d'avoir retrouvé son maillot *albiceleste*. Début juillet, il peut enfin prendre quelques jours de congés bien mérités, se reposer, pêcher, voir sa famille et s'éloigner un peu de la folie napolitaine. La saison a été longue, éprouvante et pleine de changements.

À son retour de vacances, il est motivé comme jamais et décide de mettre un peu d'ordre dans sa vie. Après avoir viré Jorge Cyterszpiler, il fait appel, en octobre 1985, au très polémique Guillermo Coppola (octobre 1985). C'est son nouvel agent (voir le chapitre Guillote). Il va vite devenir son meilleur ami. Ensemble, ils vont faire les quatre cents coups : sniffer des kilos de cocaïne, flirter avec des centaines de prostituées et des membres de la mafia et flamber des centaines de millions de lires. Car Diego Maradona est de nouveau un homme riche et adulé. Mais en ce début de saison 1985-1986, il n'est pas encore l'homme surexcité qu'il va devenir. Cette année, il est encore concentré presque exclusivement sur le ballon rond. Il sort un peu, mais seulement très tard dans la nuit pour éviter la foule. Il est toujours entouré d'une bande d'amis qui ne lui veulent pas que du bien. Sa vie n'est pas la plus saine du monde, mais Diego ne s'est pas encore complètement laissé aller dans ses excentricités. Car cette nouvelle saison est pleine de promesses. Il veut tout remporter sur son passage. Le Championnat, la Coupe d'Italie mais aussi, et surtout, la Coupe du monde 1986 qui se tient au Mexique. Alors Diego se prépare comme jamais. Pour une fois, il ne rechigne pas à une grosse préparation physique. En une saison, il s'est déjà fait une place confortable dans le Calcio et dans la vie médiatique italienne. D'ailleurs, lui, le très croyant, a été reçu avec toute sa famille en audience privée par le pape. Au Campo Paradisio, le terrain d'entraînement du Napoli, il y a chaque jour des milliers de tifosi qui viennent pour le regarder jongler, dribbler et rigoler. Ce club, hier oublié par la presse, est aujourd'hui suivi quotidiennement par une trentaine de journalistes qui n'ont d'yeux que pour Diego. La pression monte. L'ambition grandit. Diego en veut toujours plus. Il veut marquer de son empreinte cette seconde saison italienne. Si le Napoli veut progresser et tutoyer les sommets, le club doit investir. Diego le fait savoir à Corrado Ferlaino. Mais ce dernier n'a pas besoin de trop se faire prier pour mettre la main à la poche. La première de ses décisions, c'est de virer son entraîneur, le trop limité Rino Marchesi. Il le remplace par Ottavio Bianchi, un homme à la main de fer à qui il est expressément demandé de régler au plus vite les problèmes défensifs de l'équipe et de donner un plus de liberté offensive à Maradona. Plusieurs joueurs rejoignent la cité méditerranéenne : Renica, Filardi, Pecci, Giordano et Claudio Garella, le gardien titulaire de l'Hella Vérone, champion 1984-1985. Le début de saison est des plus prometteurs. Le club monte en puissance. En un mois, Naples bat, coup sur coup, la Juventus de Turin et le Milan AC, les mastodontes du Nord, dirigés par Giovanni Agnelli, le surpuissant patron de la FIAT, et Silvio Berlusconi, le richissime homme d'affaires. Les Napolitains sont aux anges, ils tiennent leur revanche. Ils commencent à compter dans la péninsule, Diego et sa bande leur redonnent un peu de fierté. À la fin des matchs aller, Naples occupe la seconde place du classement à six points de la Juventus de Michel Platini. Diego est à nouveau heureux. Son séjour barcelonais semble bien loin désormais. Il affirme que « *la différence essentielle, c'est que je suis au top physiquement. Je me suis remis de tous mes pépins physiques. Je n'ai plus mal. Je suis à 100%. Et puis, j'ai gagné en maturité. Avant, je fonçais, tête baissée. Maintenant, je réfléchis plus. Je ne suis pas le meilleur homme du monde mais encore moins le plus mauvais, comme certains se sont employés à le faire croire.* » Son seul problème finalement, c'est qu'il ne peut toujours pas sortir de chez lui. Il vit dans une prison dorée. Ce n'est plus une voiture de police qui l'accompagne à l'entraînement, mais quatre motards. Deux devant et deux derrière son véhicule. Diego n'est pas non plus sur la même onde que son entraîneur, Ottavio Bianchi, trop rigide. Il base beaucoup de ses entraînements sur le physique. Pour lui, le football n'est pas un jeu. Les deux hommes ne partagent donc pas la même philosophie. Mais chacun y met du sien pour éviter que la situation dérape.

Cette saison 1985-1986 est un miracle puisque le Napoli termine à la troisième place du Championnat, à six points de la Juventus et deux de la Roma, et se qualifie ainsi pour la Coupe UEFA. C'est une belle saison qui promet de beaux lendemains. Encore une fois, Diego Armando Maradona est le meilleur buteur du club (onze buts), mais il n'a pas réalisé une grande seconde partie de saison. Certains restent un peu sur leur faim car, ils en sont persuadés, si Maradona avait frisé l'excellence, le Napoli aurait été champion. Mais c'est vrai que Diego avait, de temps en temps, l'air d'être un peu absent, l'esprit vagabond et la tête ailleurs. Elle était certainement déjà tournée vers le Mexique, vers la Coupe du monde…

« GUILLOTE »

Guillote, c'est le surnom donné par Diego Maradona à Guillermo Coppola. L'exubérant, le séducteur, le polémique, ex-meilleur ami de Diego devenu aujourd'hui son meilleur ennemi. En espagnol made in Argentine, Guillote se prononce « Guichoté ». Il est le prototype même du *Porteño* bling-bling des années Menem. Un frimeur, une grande gueule, un flambeur, un magouilleur de haut niveau qui adore se faire passer pour un ange. À entendre cet homme, qui n'est responsable de rien, et à voir ce qu'il a fait, à peu près tout, on est en droit de se demander s'il n'est pas un brin schizophrène. Il a longtemps été le binôme de Maradona. Ensemble, ils ont tout fait et, en premier lieu, de l'argent et même beaucoup d'argent, mais ils ont aussi partagé des nuits d'excès, des repas de famille, des voyages… Bref, pendant une quinzaine d'années, ils ont formé le couple le plus médiatique et le plus glamour d'Argentine. Un brin provocateurs, Guillote et Diegote n'ont jamais eu froid aux yeux, n'ont jamais hésité à porter des manteaux en fourrure blanche ou à s'embrasser langoureusement sur la bouche devant les photographes pour montrer à quel point ils étaient unis. « *On a tout fait ensemble,* jure-t-il, *tout partagé, on a même couché dans le même lit. La seule chose qu'on n'a pas fait ensemble, c'est l'amour !* » Comme dans toute relation fusionnelle et passionnelle, un beau jour, tout a basculé. Les deux hommes, hier inséparables, se sont brouillés, pour des raisons de sous, bien évidemment.

Guillermo Coppola est un sacré personnage aussi lisse et bon enfant en public que manipulateur et sans pitié dans le privé. C'est un homme qui a du flair, du caractère et une bonne dose de mégalomanie. Et pourtant, rien n'indiquait à sa naissance qu'il deviendrait ce qu'il est devenu. Guillote, né le 12 octobre 1948, est issu d'une famille modeste de Buenos Aires. De petit travail en petit boulot, il finit, grâce à son bagout et un certain savoir-faire, par entrer dans une banque de la capitale (Banco Italiano). En bon élève il y apprend les rudiments du métier. Il est loin d'être maladroit avec les chiffres et a déjà du nez pour faire fructifier les pesos de ses clients et de la banque. C'est donc en toute logique qu'il grimpe dans la hiérarchie et commence à gagner plus qu'honorablement sa vie. L'argent, les femmes et le ballon rond sont déjà ses grandes passions. Depuis sa plus tendre enfance, c'est un supporter déclaré de Boca Juniors, alors il accompagne chaque fin de semaine ses patrons à la Bombonera, le légendaire stade *boquense*. C'est un bon moyen pour gagner leur confiance. Il se met en quatre pour les asseoir aux meilleures places ou leur faire rencontrer des dirigeants ou des joueurs car, mine de rien, il a déjà ses entrées au club.

En 1975, comme il le relate dans son autobiographie, *Guillote, acà esta, esta es mi vida*[6], il prend conscience que « *les jeunes joueurs de Boca avaient besoin d'être conseillés sur les questions d'argent. Ils ne connaissaient pas le mot banque. Ils gardaient leurs économies chez eux. Je leur ai donc expliqué qu'ils pouvaient déposer leur argent en banque, sur un compte d'épargne, etc. C'est comme ça que je suis devenu l'un des tout premiers agents de joueurs du pays.* » C'est comme ça, oui, mais il ne faudrait pas croire non plus que Guillote est un bon Samaritain. Un homme qui ne veut que le bien dans le meilleur des mondes, un homme seulement guidé par de preux sentiments. Car cet homme au charisme certain a les dents longues. Il agit souvent par intérêt, et toujours avec une idée derrière la tête. En quelques mois, le nouveau business de Coppola est florissant. Il exerce ses deux activités en même temps. La journée, il est banquier, et le soir et les week-ends, il est agent de joueurs. Il est si efficace et si persuasif qu'il réussit rapidement à convaincre de nombreux footballeurs de le

6 - Édition Planeta (version espagnole).

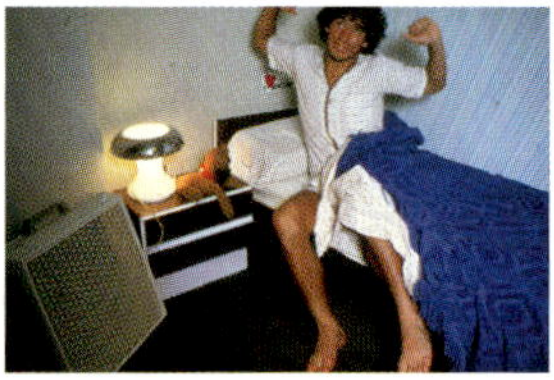

Coca-Cola
PUMA

Diego Armando Maradona, dès le plus jeune âge, arpente les terrains de football. Il quitte très tôt le cocon familial qu'il ne délaisse pas pour autant, sa carrière débutant à 15 ans, en 1976, à Argentinos Junior. Sous le maillot blanc et rouge, Diego se fait un nom, au point que Menotti (en haut, à dr.), alors sélectionneur de l'Argentine, lui offre sa première sélection en 1977. Son ascension lui permet de signer à Boca Juniors, club emblématique du pays, en 1981.

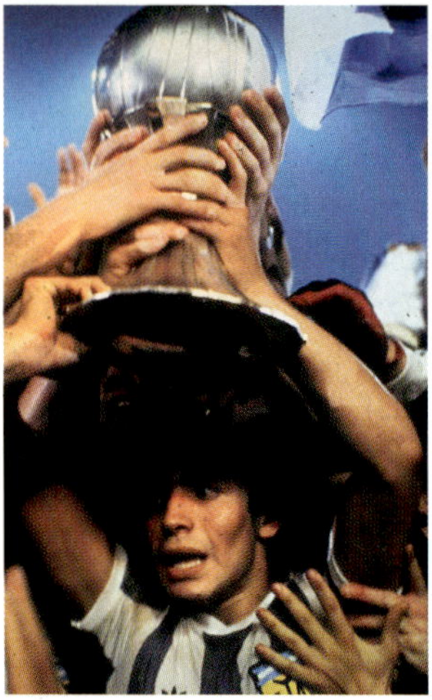

BC-7968

San Miguel
San Miguel

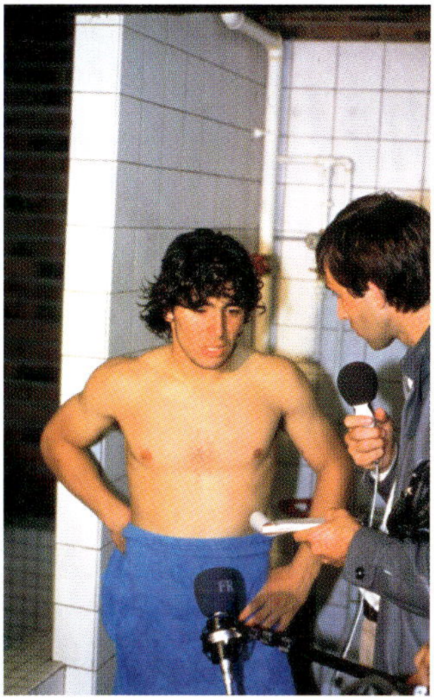

Victorieux de la Coupe du monde des – 20 ans en 1979, Maradona attire toutes les convoitises. Barcelone le recrute en 1982. Il découvre le haut niveau et affronte des équipes du standing de Manchester United. Véritable icône, au même titre que Pelé, qu'il rencontre, mais victime des défenseurs adverses et d'un mal-être à Barcelone, Maradona rejoint Naples en 1984. Il y est accueilli en héros et y restera jusqu'en 1991, décrochant une Coupe de l'UEFA en 1989 et deux titres de champion d'Italie (1987 et 1990), une première pour Naples.

OPEL

Gillette

RENAULT

De 1977 à 1994, Maradona a été sélectionné plus de 90 fois en équipe d'Argentine. Il participe à quatre Mondiaux (1982, 1986, 1990 et 1994), remportant celui de 1986 (sacré meilleur joueur de la compétition) au cours duquel il marque deux buts d'anthologie contre l'Angleterre en quart de finale, dont la célèbre Main de Dieu. En bas à gauche, on le voit avec Carlos Menem, président d'Argentine.
Il dispute lors du Mondial 1994 son dernier match contre le Nigéria avec l'Argentine, à la fin duquel une infirmière vient étrangement le chercher. Quelques heures plus tard, il sera contrôlé positif.

Accro à la cocaïne, Maradona part en cure de désintoxication à Cuba où il rencontre Fidel Castro. Toujours accompagné par Guillermo Coppola (en haut à g.), il rebondit, après une période d'obésité, en animant un show télévisé. Grâce au soutien de sa femme Claudia et de ses filles Dalma et Gianina, maman d'un petit garçon, il est nommé sélectionneur de l'Argentine où il dirige son présumé successeur Lionel Messi. Fin 2009, il qualifie la Seleccion pour le Mondial en Afrique du Sud.

rejoindre. Lorsque son business devient rentable, il largue les amarres, démissionne de la banque et se met à son propre compte. Et devient rapidement incontournable dans le monde du football argentin. Sa petite entreprise grandit. Guillote voit grand, toujours plus grand. L'un des premiers joueurs qu'il a représenté se nomme Alberto Tarantini. Un rugueux défenseur central, champion du monde en 1978 et bonne vieille connaissance du Championnat de France puisqu'il a évolué à Bastia (1985-1988) et à Toulouse (1988-1989). Les deux hommes resteront longuement unis jusqu'au milieu des années quatre-vingt-dix et une affaire retentissante de consommation et de trafic de stupéfiants qui les verra aller tous deux sous les verrous.

Avant de rencontrer Diego Maradona, Guillote est déjà le roi du marché, il se vante d'avoir sous contrat quelque cent quatre-vingt-trois joueurs. Parmi eux, des stars du football local comme Carlos Bianchi, Mario Kempes, Hugo Gatti ou Oscar Ruggeri… Il est à la tête d'une écurie qui lui rapporte beaucoup d'argent. « *Mais je n'étais pas seulement agent de joueurs,* rappelle-t-il aujourd'hui. *J'étais un vrai manager. C'est moi qui, le premier, ai proposé à un club, Boca Juniors, d'avoir un sponsor sur son maillot. J'ai toujours eu beaucoup d'idées novatrices.* » À en croire Guillermo et Diego, deux hommes aux ego disproportionnés, leur collaboration était d'une logique implacable. En effet, comment éviter l'inévitable, comment éviter que le meilleur agent argentin et peut-être même du monde et le meilleur joueur de la planète unissent enfin leur savoir-faire ? Il leur a quand même fallu quelque temps avant de se dire oui. Guillote est longtemps resté à l'affût, il a dû pour une fois se montrer patient, ce qui n'est pas l'une de ses qualités premières, avant de toucher le jackpot. Car, pendant de longues années, Diego Maradona n'avait d'yeux et de confiance que pour Jorge Cyterszpiler, l'agent/ami qu'il avait rencontré à Argentinos Juniors quand il n'était encore qu'un adolescent inconnu. Mais la mauvaise gestion et les placements désastreux de Cyterszpiler avaient fini par briser cette longue relation. Et c'est alors que Guillote s'est engouffré dans la brèche. Bien sûr, selon Coppola, c'est Diego qui l'aurait presque supplié de travailler avec lui : « *À l'automne 1985, alors que Diego évoluait à Naples, il a demandé à* *me voir. Je suis donc allé à Ezeiza (*le Clairfontaine argentin*) un jour où la* Selección *était regroupée avant un match international. C'était au tout début des éliminatoires de la Coupe du monde 1986. On s'est réunis tous les deux et il m'a d'abord dit qu'il voulait changer d'agent, car il voulait quelqu'un de plus moderne... Il m'a donc demandé de le représenter mais avec une condition : que je m'occupe exclusivement de lui.* » En clair, Diego, qui n'aime pas forcément partager son business, lui demande de lâcher ses autres joueurs. Coppola ne dit pas s'il a longuement réfléchi, s'il a hésité avant de s'engager, mais il est fort probable que les deux hommes se soient serrés la main ce jour-là.

Les deux font immédiatement la paire. Diego a besoin de se refaire une santé financière car ses caisses sont presque vides. Il a besoin d'un homme de confiance, prêt à tout partager, car il dépense beaucoup d'argent et n'a aucune idée de comment administrer ses biens. Diegote et Guillote sont deux grands affectifs qui ont besoin de sentir l'amour de l'autre pour s'épanouir dans leur relation. Pour être plus près de sa nouvelle poule aux œufs d'or, Guillermo Coppola décide alors de prendre ses cliques et ses claques, de déménager et de s'en aller vivre à Naples, dans le Sud de l'Italie. À l'époque, Diego est déjà incontrôlable. Il sort, il sniffe, dépense sans compter et n'en fait qu'à sa tête. Mais ses prestations sur les pelouses, son efficacité et son sens du spectacle effacent tous ses égarements extra-sportifs. Coppola comprend rapidement qu'il est impossible de le contrôler. Au lieu de jouer au père Fouettard, il décide de jouer le jeu de Diego et d'assouvir tous ses besoins, tous ses désirs... Lui, fait croire aujourd'hui qu'il n'avait pas le choix. « *Diego a toujours fait ce qu'il a voulu. Je ne l'ai entraîné dans rien. Avec lui c'était marche ou crève et ce n'était pas quelqu'un d'influençable.* »

De 1985 à 1991, les deux hommes vivent une vie trépidante. Tout est possible et ils s'en donnent à cœur joie. Naples est leur terrain de jeu préféré. Grâce à Guillermo Coppola, Diego redevient un homme riche. Et grâce à Diego, Guillote est enfin reconnu médiatiquement. Ils peuvent faire tout et n'importe quoi car ils sont protégés. Grâce à leur relation avec quelques membres de la Camorra, il ne peut rien leur arriver à Naples. Et en Argentine, les deux hommes sont très proches du président Carlos Menem, l'un des présidents les plus corrompus de l'histoire du pays. Guillote et Diegote sont d'inséparables oiseaux de nuit. Ils sortent, baisent et se droguent ensemble. Ils ont une relation quasi fraternelle. Mais Guillermo n'est pas footballeur, il n'a pas à se lever pour s'entraîner ou pour jouer un match du Calcio. Et il ne vit pas sous la menace d'un contrôle anti-dopage. Selon des rumeurs persistantes, c'est à ce moment-là que Guillermo Coppola, qui rencontre beaucoup de monde à Naples lié à la mafia, flirte dangereusement avec la consommation et le trafic de cocaïne. Mais, pendant bien longtemps, les deux hommes sont protégés par les parrains locaux. Car Diego Maradona est trop important à Naples, c'est lui qui a permis à la ville de se retrouver un semblant de fierté. Diego représente le Naples qui gagne et cette image est trop belle pour être écornée.

Ce passage tumultueux à Naples a changé la vie de Coppola. En quelques mois, il ressemble, pour beaucoup, à un mafieux véreux, un homme dangereux. Il est agent de joueurs, mais pas seulement. Grâce à ses connexions, il devient, dans l'ombre, un véritable mafioso. Il a toujours su bien s'entourer. En Argentine, il est très proche de Ramon Hernandez, le secrétaire privé de Carlos Menem, le président. *El negro* Hernandez est un homme obscur, un ancien policier de la province de La Rioja (la même que Carlos Menem), devenu l'un des personnages clés de la présidence. Avec lui, tout est possible. Grâce à lui, Coppola sait qu'il ne peut rien lui arriver. Il est protégé, il ne peut donc pas tomber, mais seulement s'il joue le jeu d'Hernandez. De consommateur avéré de cocaïne, il devient un narcotrafiquant fiché par la DEA (agence anti-drogue américaine). La justice n'a jamais réussi à lui mettre la main dessus, mais plusieurs témoignages ont sérieusement assombri cette image de petit ange qu'il aime tellement se donner. La faute à Pietro Pugliese par exemple, le premier à avoir osé parler. Ce Napolitain, un homme de main de la mafia devenu l'un des membres du clan Maradona, a témoigné contre lui le 5 mars 1991. Selon Pugliese, Coppola était un trafiquant de drogue qui profitait du passeport diplomatique de Diego Maradona pour transporter de la poudre entre l'Argentine et l'Italie. « *Un jour*, témoigne-t-il, *Coppola a demandé à ma petite amie argentine de voyager avec un paquet qui, selon lui et Diego, ne contenait que des journaux et des magazines. Ce paquet devait peser deux kilos. Elle devait prendre l'avion à Buenos Aires, en même temps que la Sélection à destination de l'Italie.* » Pour ce service, toujours selon Pugliese, Coppola lui aurait versé, via les comptes de la DIARMA, la société de Diego Maradona, la coquette somme de 25 millions de lires italiennes (13 000 euros). Devant la justice italienne, qui s'est intéressée de très près aux activités de Coppola, ce dernier a fini par avouer que oui, il avait bien reçu ce paquet, mais que non, il ne contenait pas de cocaïne. Des écoutes téléphoniques ont prouvé que Guillote avait demandé à Pugliese de transporter ce fameux paquet. D'autres témoignages, souvent de jeunes filles à peine majeures, ont également incriminé Coppola. Guillote, qui est un consommateur frénétique de chair très fraîche, a souvent demandé à ses jeunes maîtresses ou à leurs amies des petits services, toujours rémunérés. À savoir, transporter des paquets de Buenos Aires à Ibiza, ou ailleurs. Personne ne doute vraiment de la participation de Coppola à un trafic de drogue. Selon la DEA, Guilermo Coppola a été un narcotrafiquant, mais pas forcément un dealer de grande ampleur. Ce n'était pas un gros bonnet et c'est certainement ce qu'il l'a sauvé. Ce premier épisode avec la justice a, en tout cas, refroidi les ardeurs du pas toujours vaillant Coppola.

De toute façon, en 1991, il n'était déjà plus avec son Diegote. Il avait compris, avant Maradona, que Naples n'était plus une ville pour lui. Car les excès de Diego et ses brouilles répétées avec le président Ferlaino (du Napoli) faisaient de lui un homme de plus en plus isolé et de moins en moins protégé. Alors, au lieu d'affronter le problème, Guillermo s'en est allé, comme ça, du jour au lendemain, et sans même prévenir son « frère », Diego Maradona. En octobre 1990, il décide de prendre la poudre d'escampette et de retourner vivre à Buenos Aires. Et ce n'est qu'en arrivant dans sa ville natale qu'il annonce à Diego leur séparation. Ce n'est quelques années plus tard qu'il avouera les raisons de cette rupture : « *Ce n'était plus possible. Il se passait trop de choses à Naples. Et la drogue est l'une des raisons de notre séparation…* »

À son retour à Buenos Aires, Guillermo le play-boy n'a pas du tout envie de couler des jours paisibles ni de se reposer. Il s'impose rapidement comme l'un des membres les plus actifs de la jet-set argentine et de la nuit *porteña*. Il fait le beau dans ses costards de grands couturiers, sort beaucoup, s'entoure toujours de belles créatures qui pourraient être ses filles et jure que Diego et lui sont des amis pour la vie. Il aime le strass et les paillettes et sait manipuler à merveille les médias. En partant de Naples, il a cru qu'il serait sorti d'affaire. Il se trompait. Lourdement. La justice, la vilaine, ne l'a jamais oublié. Il faut dire que Coppola a la fâcheuse manie de se mettre dans de sales draps. Chaque fois que la justice s'intéresse un peu à lui, les médias accourent, attirés qu'ils sont par l'odeur des polémiques qui entourent Guillote. En 1994, la justice argentine est persuadée qu'elle le tient. Il n'est plus question de cocaïne mais bel et bien de meurtre. L'accusation est grave mais ô combien fondée.

Le 20 avril 1994, Leopoldo Armentano, dit « Poli » Armentano, est assassiné au petit matin. Poli, c'est un homme très connu à Buenos Aires, un *famoso*. C'est le roi de la nuit, le propriétaire des deux discothèques les plus fashion de la ville. Selon les premières constatations, c'est un crime réalisé par un professionnel. Poli est mort d'une balle dans la tête, tirée à bout portant. Rapidement, les enquêteurs s'intéressent à Guillermo Coppola. C'est la dernière personne à l'avoir vu. Avant d'être assassiné à la porte de son domicile, Poli avait passé une bonne partie de la nuit avec Guillote. Les deux hommes avaient dîné ensemble, en compagnie également de Ramon Hernandez. Selon l'un des serveurs du restaurant, le ton est rapidement monté entre ces fortes têtes. Selon un autre témoin, un habitant de l'immeuble où vivait Poli Armentano, Guillermo en personne serait allé chez la victime quelques heures après le crime, a priori pour récupérer quelques documents. Le juge en charge de ce dossier, Francisco Trovato, est d'abord persuadé que Coppola est le commanditaire de ce crime. Mais rapidement, il se ravise. Que s'est-il passé ? Guillote a graissé la patte du juge Trovato pour éviter tout problème. Plus tard, la justice aura même la preuve que l'ex-futur manager de Maradona avait versé sur le compte de Trovato un demi-million de dollars. Mais l'affaire n'est jamais allée plus loin. Peut-être parce que Ramon Hernandez aurait également été soupçonné et, par un effet dominos, Carlos Menem également. D'ailleurs, ce soir-là, Carlos Menem devait dîner avec ses comparses, mais lorsqu'il est entré au restaurant, il a immédiatement fait demi-tour, prétextant qu'il y avait trop de monde. Mais pourquoi Coppola aurait-il commandité cet assassinat ? Selon plusieurs témoins, interrogés par la justice, Poli Armentao était un indic de la DEA. Il avait également pas mal de dettes, dont une, assez importante, auprès de Guillermo. D'ailleurs, quelques semaines à peine après le décès de son ami, à l'heure de la liquidation des comptes et de l'héritage, Coppola a réclamé à la justice la rondelette somme de 175 000 dollars. Soit les 125 000 dollars qu'il lui devait, plus des intérêts difficiles à cerner. Coppola ne parle jamais de cette affaire. Sa dernière déclaration sur cette affaire est assez éloquente : « Poli était mon ami et, par respect à sa famille, je ne veux pas en parler. » Dans le langage sportif, on appelle ça botter en touche.

Coppola, qui a été capable de corrompre un juge, s'en est brillamment sorti. Car Trovato a fini par être démasqué. Et lorsque l'affaire lui a été retirée, le gouvernement argentin a pris une drôle de décision : que la cause change de juge tous les deux mois… C'est du jamais vu. Résultat : en 2006, il y a eu prescription, le meurtrier de Poli Armentano court toujours.

Bien sûr, toutes ces affaires nuisent à l'image de Maradona. Car si, à cette époque-là, les deux hommes ne travaillaient plus ensemble, le nom de Coppola a toujours été lié à celui de Diego. Pire encore pour Guillote, les Argentins ont toujours été persuadés que Coppola était l'homme qui aidait Diego à se droguer. Son image est déplorable, mais lui continue de balayer de la main toutes les accusations et de prêcher l'amour, l'élégance, la galanterie et les bons sentiments. Même lorsqu'il est pris la main dans le sac. En 1995, Guillote se réconcilie avec son Diegote. « *On s'était revus à un enterrement. On a repris contact et on s'est remis à travailler ensemble.* » Lorsque les deux hommes unissent à nouveau leur destin, Diego Maradona purge sa seconde suspension pour dopage. Il va de plus en plus mal. Il grossit, il est de plus en plus paranoïaque et ne cesse d'alimenter les polémiques en tout genre. Les deux hommes sont toujours les rois de la nuit. Ils continuent de sniffer, de sortir et de baiser ensemble. À Buenos Aires, ils sont chez eux. Ils sont toujours persuadés qu'ils sont intouchables car Carlos Menem est toujours président et il veille sur eux. Mais ces scandales à répétition n'en finissent pas de ternir l'image de play-boy au grand cœur de Coppola. Si les Argentins sont prêts à pardonner beaucoup de choses à Maradona, pour ses heures de gloire passées, Coppola, lui, en est presque à devenir un ennemi public. L'opinion le hait. Heureusement pour lui, la grande famille du football le soutient toujours.

Pendant quelques années, Guillote va donc tenter de moins faire parler de lui. Lorsque Diego prend sa retraite définitive en 1997, Guillote décide de continuer à travailler avec lui. Il s'imagine un après-football très, très rémunérateur. Il a des idées, plein d'idées pour Diego : émissions de télévision, marque de vêtements de sport, conférences, entraînements, salles de sport… Mais Diego n'est plus aussi fringant. Car vingt ans de drogue, ça commence à se voir, ça commence à user. Diego grossit, Diego est de plus en plus incontrôlable. Ils foncent à pleine vitesse vers un mur, vers la mort. Le jour de l'an 2000, par exemple, aurait pu être fatal à Diegote. En vacances à Punta del Este, la station chic uruguayenne, Maradona est victime d'une overdose. Une fois encore, Coppola s'amuse avec la justice et, encore une fois, il ment, mais cette fois-ci il est pris en flagrant délit. L'hôpital où est interné Diego est cerné par les journalistes. Alors Coppola décide de les calmer en organisant une conférence de presse improvisée. Il assure que « *Diego ne se drogue pas. Que son malaise n'est pas dû à la drogue.* » Quelques heures plus tard, les analyses prouveront le contraire : Diego avait bel et bien fait une overdose. Coppola avait voulu calmer les journalistes, il les a rendus hystériques. Son image, déjà bien écornée, s'assombrit encore un peu plus.

Diego ne joue plus et se bat avec ses addictions. Commence pour lui une longue traversée du désert. Un combat tragique contre ses addictions. En novembre 2003, Diego se sépare définitivement de Guillote. Depuis, les deux hommes s'évitent soigneusement.

Maradona reproche à Coppola de lui avoir volé de l'argent à la suite de l'organisation de son jubilé en 2001. Il chiffre le montant du vol à un million de dollars. Les deux hommes devraient réussir à trouver un terrain d'accord. De toute façon, ils ont scellé un pacte tous les deux : l'un et l'autre ne s'attaqueront pas publiquement. Ils ont partagé trop de choses ensemble, ils connaissent trop d'anecdotes inavouables pour se lancer dans une bagarre de mots. C'est certainement pour cette raison que Guillote continue de louer son Diegote, de lui clamer son amour, sa fidélité et sa loyauté.

Après sa douloureuse séparation d'avec sa poule aux œufs d'or, Guillermo s'est éloigné des flashs. Il avait besoin de prendre un peu d'air et beaucoup de recul, mais aussi et surtout de se faire tout petit, quasi invisible. Et apprendre à vivre sans Diego, car Guillote le sait, sans son bouclier Maradona devant lui, il n'en est que plus fragile. Depuis quelques mois, il revient pourtant petit à petit sur le devant de la scène. Il assure qu'il ne se drogue plus, qu'il ne sort presque plus, qu'à plus de soixante ans il s'est calmé et qu'il a enfin pris le bon chemin. Guillote n'a qu'une seule chose en tête : redorer son blason. Alors il a publié, courant 2009, une autobiographie[7] dans laquelle il oublie volontairement de parler des plus gros scandales qui l'ont entouré. Et ça marche, puisque les médias argentins ont décidé de ne pas l'embêter et de ne pas lui parler des choses qui fâchent. Il continue de travailler dans le monde du football, toujours dans la peau d'un agent, d'un manager, mais cette fois-ci il a décidé de rester et d'agir dans l'ombre.

Une chose est certaine : Guillote ne travaillera certainement plus jamais avec son Diegote. Ces deux-là se sont bien amusés ensemble. Mais c'est aussi lorsqu'ils étaient inséparables que Diego a passé les pires années de sa vie personnelle. Loin des siens, de sa femme et de ses filles. Si Diego à maintes fois répété qu'à cette époque il était un « *gros con* », Coppola, lui, ne regrette rien. Preuve en est que les deux hommes ne sont plus vraiment sur la même longueur d'onde.

---

7 - *Guillote, Acá esta. Esta es mi vida,* Édition Planta, 2009.

1986

Il la cajole, la caresse, la serre fort contre lui, l'embrasse et la lève bien haut, vers le ciel. Cette Coupe du monde, c'est son bébé. Il n'a pas trop envie de la partager. Car elle est à lui. Un essaim de journalistes, ses coéquipiers et le staff le suivent et l'entourent. Les 114 000 spectateurs du stade Azteca de Mexico l'acclament. Il a grimpé sur les épaules d'un compatriote pour que tout le monde le voie. En ce 29 juin 1986, son jour de gloire est enfin arrivé. « *C'était un rêve de gagner cette Coupe du monde. C'est le plus beau jour de ma vie* », répète-t-il à tous ceux qui l'approchent. Diego Maradona est dans un état second, il jubile. Une fois encore, il a déjoué tous les pronostics et, jouissance des jouissances pour lui, il a fermé le clapet à tous ceux qui ne croyaient pas en cette Argentine made in Diego Maradona. Et ils étaient nombreux, avant le début de la compétition, à douter de cette équipe. Il tient là la plus belle de ses revanches. Lui, le gamin venu de Villa Fiorito, est sur le toit du monde. En un mois et sept matchs, il a démontré que Diego Armando Maradona était bel et bien le meilleur joueur de la planète. Et ce n'était pas gagné d'avance. Et c'est peut-être grâce à cela que les Argentins sont devenus champions du monde. Car Diego Maradona et son équipe ont puisé leur force dans l'adversité. Retour en arrière.

En 1982, Diego Maradona n'est que l'ombre de lui-même lors de la Coupe du monde espagnole. Fatigué, saturé, maltraité par les défenseurs adverses, il n'est pas ce héros que toute l'Argentine attendait. Il déçoit et, comble des combles, il se fait même expulser pour jeu dangereux lors de la défaite des Argentins contre le Brésil. Sitôt la compétition terminée, il quitte Boca Juniors pour Barcelone. Il quitte l'Argentine pour la Catalogne. Il change de vie et s'éloigne de son cocon et de ceux qui ne lui veulent que du bien. Pendant trois longues années, une éternité pour lui, il ne revêt pas le maillot *albiceleste*. La faute à son hépatite, à sa grave blessure à sa cheville gauche et à un calendrier mal fagoté. Il est aux abonnés absents lors de la médiocre campagne de la Sélection argentine à la Copa America 1983. Cette équipe n'est que l'ombre d'elle-même. À cette époque, personne n'aurait misé un peso sur son glorieux parcours mexicain. Et pourtant, Diego, même s'il ne joue pas, continue de s'accrocher à ce rêve de remporter un jour la Coupe du monde.

Après trois ans d'absence, Maradona fait son grand retour en *Séleccion* au mois de mai 1985. Il revient par la grande porte puisque Carlos Salvador Bilardo, le nouvel entraîneur argentin qui a remplacé Cesar Luis Menotti après la Coupe du monde 1982, a fait de Diego Maradona son nouveau capitaine.

Bilardo est un homme très spécial mais aussi un entraîneur méticuleux. *El narigon* (le gros nez) est une grande gueule qui ne pense qu'à la gagne. Peu importe le style de jeu, peu importe la manière car, il en est certain, seule la victoire est belle. C'est un motivateur hors pair. Lorsqu'il prend les rênes de la sélection, il n'a qu'une idée en tête, confier le capitanat à Maradona. Il estime qu'à vingt-cinq ans Diego est dans la force de l'âge et que seul un grand Maradona peut leur permettre d'être champions du monde. Dès 1983, il sillonne l'Europe à la rencontre des nombreux joueurs argentins qui se sont exilés sur le Vieux Continent. Car, depuis le retour à la démocratie, en cette même année 1983, plus rien ni personne ne peut empêcher les Argentins de monnayer leur immense talent en Europe. Au cours de ses voyages, *El narigon* présente son projet, se rapproche des joueurs et n'hésite pas, par exemple, à s'inviter à dormir chez eux. Il ne veut rien laisser au hasard et tout connaître de la vie de ses joueurs. Lors de l'une de ses fameuses tournées, Bilardo va à la rencontre de Diego Maradona. Ce dernier ne va pas bien, il se remet doucettement de son hépatite. En compagnie de Claudia, sa femme, et de son préparateur physique, Fernando Signorini, Diego se soigne et reprend l'entraînement sur la côte catalane. C'est le moment que choisit Bilardo pour aller le voir. « *Je n'étais pas au top,* se souvient Diego Maradona dans son autobiographie. *J'étais sur la plage, je m'apprêtais à aller courir lorsque Carlos a fait son apparition. Il me fait la bise et me demande s'il peut courir avec moi. La première chose qui m'est venue à l'esprit c'est : ce mec est un fou, il ne va pas bien dans sa tête. Mais bon, je n'allais pas lui dire non, alors on est partis courir tous les deux. Ce n'est qu'après le footing qu'il m'a demandé :*

"Je suis venu pour prendre de tes nouvelles mais aussi pour te commenter mes plans pour la Selección, *si, bien sûr, ça t'intéresse d'être de la partie...*

– Pardon ? Mais bien sûr que je veux faire partie de la Selección. *Quelle question ! Mon contrat stipule bien que le club doit me libérer pour les matchs éliminatoires...*

– C'est bien ce que je pensais, c'est bien, c'est bien. Autre chose : je voudrais savoir si tu as des exigences économiques...

– Des exigences économiques pour jouer avec la Selección ? Mais ça va pas, Carlos...

– C'est bien, c'est bien, super. Je voulais te dire également que si tu étais d'accord, ça serait toi mon capitaine..."

Je me suis mis à pleurer. Capitaine de la Selección. *J'en avais toujours rêvé...* »

Diego est aux anges. Il se sent investi d'une responsabilité et d'une mission qu'il veut mener à bien. Il en fait même une question d'orgueil personnel. Le seul problème, de taille, c'est que le brassard de capitaine appartenait jusque-là à Daniel Passarella. Au pays, il est surnommé *El Gran Capitan*, le grand capitaine, depuis qu'il a été champion du monde en 1978. Pour beaucoup, le Kaiser argentin est indéboulonnable, intouchable. Alors, lorsque la presse apprend la nouvelle, une énorme polémique secoue le monde du ballon rond argentin. Comment Bilardo ose-t-il retirer le brassard à une légende vivante ? Surtout pour le confier à un joueur, certes exceptionnel, mais qui n'a encore rien démontré, rien gagné et qui donne l'image d'une personne capricieuse et égoïste. La polémique va durer bien longtemps, puisqu'elle ne s'arrêtera qu'à la veille de la Coupe du monde. Daniel Passarella a bien du mal à digérer ce qu'il considère comme un manque total de respect, un terrible affront. Sur le terrain, l'Argentine est à la peine. Elle joue mal, très mal. Elle a beau se qualifier pour la Coupe du monde lors des éliminatoires de la zone Amérique du Sud (juin, juillet 2005), ses performances sont médiocres. L'Argentine de Bilardo et de Maradona est violemment critiquée. Et les quelques matchs amicaux de l'année 1986 ne rassurent personne. Une campagne de presse demande même la tête de Bilardo. Mais, à chaque fois, Diego Maradona défend bec et ongles son sélectionneur et son équipe. Le pays se divise entre les pro et les anti Bilardo. L'équipe, elle aussi, se divise entre les pro Maradona et les pro Passarella. Les tensions sont palpables. Le climat est si lourd qu'un avis de tempête est annoncé pendant la Coupe du monde. Le jour du départ de la délégation argentine vers le Mexique il n'y a personne à l'aéroport pour les encourager et leur souhaiter bonne chance. Personne en Argentine ne croit en cette équipe. Carlos Bilardo annonce alors à ses joueurs : « *Il y a deux choses que vous devez mettre dans votre valise* : *un costume et une serviette de bain. Le costume, nous l'utiliserons quand on descendra de l'avion avec la Coupe, et la serviette de bain on en aura bien besoin si on perd car il ne nous restera pas d'autre choix que d'aller vivre en Arabie Saoudite.* » Bilardo a de la répartie, c'est même l'une de ses marques de fabrique. Alors, lorsque son équipe débarque au Mexique, avant tout le monde, un mois avant le début de la compétition, il prophétise à ses joueurs : « *Nous sommes les premiers à arriver et nous serons les derniers à partir.* »

Pendant un mois, la délégation argentine prend ses quartiers dans le complexe du club America, à Mexico DF. La concentration est fermée à double tour. Les joueurs se recroquevillent sur eux-mêmes. Après un énième match amical désastreux, à Barranquilla en Colombie, Diego Maradona décide de mettre les pieds dans le plat et de crever l'abcès. Il regroupe tout le monde dans une pièce au retour à Mexico. Les joueurs parlent, s'insultent, se disent leurs quatre vérités, lui et Daniel Passarella sont à deux doigts d'en venir aux poings. C'est une catharsis.

Le groupe en avait bien besoin. Tous ensemble, ils se promettent de remporter la Coupe du monde. Ils ne seront qu'un, un groupe uni et solidaire. C'est un commando, une petite armée prête à en découdre. Diego a gagné la bataille des ego contre Daniel Passarella. L'ambiance se détend. Une équipe est née. Les joueurs sont logés dans des bungalows, deux par chambre, toujours ouvertes aux quatre vents, ce qui permet une communication permanente entre les membres de cette Sélection. Diego est motivé comme jamais. « *Dix jours avant le départ pour Mexico, on s'était dit que c'était l'endroit idéal pour lui,* se souvient Fernando Signorini, son fidèle préparateur physique. *Car l'altitude et les conditions climatiques étaient idéales pour ses qualités physiques. Mais si Diego était au top physiquement, il fallait également que je m'assure qu'il soit mentalement prêt. Avant le début de la compétition, les médias prévoyaient que ce serait le Mondial de Platini, Zico, Rummeinigge ou Maradona. De temps en temps, Diego avait besoin de messages extérieurs pour hypertrophier sa confiance. Alors, un soir, comme tous les soirs, je passe le voir dans sa chambre. Diego avait le nez plongé dans un magazine et Pasculli (avec qui il partageait sa chambre) regardait la télé. En entrant, je fais un clin d'œil à Pasculli. Le dialogue commence :*

Signorini : J'ai passé un super journée aujourd'hui !

Pasculi : Pourquoi ?

– Parce qu'aujourd'hui, j'ai découvert que toutes les stars du mondial n'avaient pas de courage, qu'ils étaient des lâches.

– Pourquoi ?

– Tu n'as pas lu les journaux? Rummenigge préfère le succès de son équipe au sien. Zico et Platini aussi. Et lui, qu'est-ce qu'il te dit (en montrant Maradona, toujours le nez dans son magazine) ? Pareil, non ?

Diego baisse son magazine et lance un regard nerveux avant de grogner : "De toute façon, pour toi, tout est facile..."

– C'est ça, ouais. Donne-moi tes jambes et moi, avec le mental que j'ai, je les bouffe tous. On ne travaille pas depuis trois mois, on ne se dit pas que c'est l'endroit et le moment idéal pour que tu ne sois pas là, Diego. Quand est-ce que tu vas en être convaincu ? Tu m'as compris, sale traître ? »

Signorini tourne alors les talons et s'en va. Diego grogne et l'insulte. Le lendemain de cette discussion, le capitaine argentin se présente en conférence de presse. Et ce n'est que le surlendemain que Fernando Signorini apprend la teneur des propos de Maradona : « *Ce jour-là, je me suis réveillé tôt et comme d'habitude je me suis retrouvé au petit déjeuner avec Valdano, qui lui aussi se réveillait tôt pour lire les journaux. Je prends un journal et je vois en une une photo de Diego. Avec comme titre : "Je serai la star de ce Mondial." Là, j'en étais persuadé, je savais qu'il allait réaliser un énorme Mondial. Il s'était compromis, il était déterminé : il allait donc être incontrôlable. En 1986, Diego a travaillé dur pour donner le meilleur de lui-même. C'est la seule fois dans sa carrière. Parce qu'en 1986, il y avait un doute en lui. Après, ce doute a disparu. Être le meilleur du monde était plus facile pour lui que d'être le meilleur Maradona possible. Il a donc rarement donné le maximum de son potentiel, à part en 1986.* »

Cette motivation, extrême, déteint sur tout le groupe. Diego harangue ses partenaires et leur répète à tue-tête : « *Être champion du monde, être champion du monde.* » Il faut même le freiner, car c'est devenu un vrai cheval fougueux. Il veut toujours s'entraîner, demande à Bilardo d'ajouter des séances au programme. Ricardo Giusti, qui connaît son Diego depuis qu'ils ont joué ensemble à Argentinos Junior, n'en croit pas ses yeux. Ce n'est plus le même homme. À Argentinos Junior (voir chapitre « *El Bicho* ») Maradona n'en faisait qu'à sa tête, il était capricieux et ne se mélangeait que très rarement au groupe. Il ne mangeait, par exemple, que dans sa chambre et à l'heure qu'il voulait. Au Mexique, le décor a bien changé. Diego semble enfin mûr pour enfiler le costume de leader incontesté et incontestable : « *Il mangeait tous les jours avec nous, il buvait même le maté avec nous. Il a fait venir des pâtes d'Italie et de la viande d'Argentine, car il voulait que tout soit parfait. Il nous motivait sans cesse. Il n'avait pas un discours élaboré, mais ses mots nous touchaient car ils venaient du cœur. Quand il parlait à un plus jeune qui allait affronter une pointure internationale, il savait le transcender. Cette Coupe du monde, c'était l'objectif de sa vie. Il voulait montrer au monde entier qu'il était le numéro 1. Même en Italie, il ne faisait pas l'unanimité car il jouait à Naples.* » Jorge Burruchaga, un autre de ses coéquipiers, a lui aussi tout de suite compris que Maradona serait leur locomotive tout au long de la compétition : « *Avant la Coupe du monde, si on avait réalisé un sondage, moins de 10% des Argentins auraient imaginé notre victoire. Ce pessimisme nous a motivés et Diego Maradona encore plus. Il avait accumulé des tonnes d'injustice et de rancœur qui l'ont gonflé à bloc : son carton rouge en 1982, la campagne de presse en 86 et la polémique avec Passarella pour le brassard de capitaine lui ont donné envie d'être le numéro 1 mondial. Il était plus fort que l'adversité, et ça, c'est dans sa nature profonde. En 1986, il savait qu'il était le meilleur, et de loin, mais il s'appuyait sur le collectif. Il me disait : "N'hésite pas à jouer pour toi, à tenter des choses, à prendre l'équipe en main quand tu le sens." Quand tu entends ces mots de la bouche de Maradona, ça te transcende.* » Diego transcende ses troupes, et tout le monde est prêt à laisser sa vie sur le terrain. Surtout que Carlos Bilardo y met du sien pour créer une mystique. C'est un homme superstitieux. Alors, après la première victoire des Argentins contre les Sud-Coréens (3-1) lors de la première journée, il instaure des rituels immuables. Les joueurs doivent prendre le maté tous les jours à la même heure, aller chaque veille de match faire du shopping dans le même centre commercial, dîner chaque mercredi dans le même restaurant ou s'installer aux mêmes places dans le bus. À trois blocs du stade, l'ordre est donné de lancer la musique de *Rocky 1* pour motiver les troupes et enfin, une fois arrivés au stade, Ricardo Giusti doit aller enterrer un bonbon au milieu du terrain. Les footballeurs argentins ont toujours été très superstitieux. Et Bilardo sait bien que c'est avec des détails comme ceux-là que son équipe va se sentir forte, voire imbattable. Car la mystique d'un groupe est un élément essentiel dans le football argentin.

Tactiquement, Bilardo opte pour un schéma révolutionnaire : le 3-5-2. Soit trois défenseurs, cinq milieux de terrain et deux attaquants. Bilardo décide également de confier un nouveau rôle à Maradona. Il demande à Burruchaga d'être le meneur de jeu pour que sa star puisse être un peu plus libre et un peu plus avancée sur le terrain. Les médias argentins trouvent tout cela très risqué, voire trop culotté. *El Narigon*, hors de lui, leur répond alors : « *Je préfère être compris par mes vingt-deux joueurs plutôt que par trente millions d'habitants. Alors si vous ne comprenez rien à mes choix ou à mes schémas tactiques, ce n'est pas mon problème. Il va falloir vous y faire.* » L'Argentine, grâce à un très bon Diego Maradona, passe sans peur ni tremblements le premier tour. La *Selección* prend la première place de sa poule devant l'Italie (1-1), la Bulgarie (2-0) et la Corée du Sud (3-1). Les Argentins sont qualifiés pour les huitièmes de finale. Les médias se détendent. Pas Bilardo qui déclare, plein d'ironie : « *Je dédie cette qualification à tous ceux qui ont cru en nous depuis le début. C'est-à-dire à toi, maman…* »

En huitièmes de finale, les Argentins viennent à bout d'une très coriace équipe uruguayenne grâce à un but de Pasculli à la 42e minute de jeu. C'était un match piège. Ils avaient particulièrement à cœur de sortir leurs voisins uruguayens, question de suprématie régionale. Ils salivent d'avance à l'idée d'affronter l'Angleterre de Gary Lineker en quarts de finale. Et là, il n'est plus question de suprématie régionale mais bel et bien d'orgueil national. Quoi qu'ils en disent, les Argentins ont encore au fond de la gorge l'amer goût de la guerre des Malouines. Et pour la première fois depuis cette humiliante défaite militaire, grâce à leur armée de footballeurs et leur capitaine au pied gauche, ils ont enfin l'occasion de se venger de ces maudits Anglais. Personne n'a oublié la guerre et ses morts. C'est un match explosif. Les médias s'emballent. La défaite est interdite. En Argentine, un groupe de députés émet l'idée que la *Selección* entre sur le terrain avec une carte des Malouines dessinée sur son maillot. D'autres, encore plus conservateurs, demandent purement et simplement le boycott du match. Les tabloïds anglais ne sont pas en reste. Et ce sont finalement les footballeurs, Diego Maradona en tête, qui dédramatisent la situation : « *Nous, nous jouons au football,* assure le numéro 10 argentin. *La seule chose qui nous intéresse, c'est le ballon rond. Je n'ai pas envie de parler de politique. Moi, ce qui me motive, c'est de bien jouer et de gagner, que ce soit contre les Anglais ou une autre Sélection.* » Ce 22 juin 1986, Diego choisit ce match pour démontrer les multiples facettes de son jeu et de sa personnalité, mi-ange mi-démon. Le match est tendu, et les 114 000 spectateurs du stade Azteca de Mexico ne sont pas vraiment gâtés par le spectacle. Parce qu'il n'y en a pas, ou trop peu. Il faut attendre le début de seconde mi-temps pour que la rencontre devienne folle. À la 51e min, sur une passe en retrait dévissée par Steven Hodge, Diego s'élève et dépasse les gants de Peter Shilton, guère aérien dans sa sortie, pour ouvrir le score. Immédiatement, le gardien anglais proteste et montre la main à l'arbitre de la rencontre. Le but est validé. C'est la fameuse main de Dieu. « *Sur le coup, alors que nous étions sur le terrain, nous étions certains que Diego l'avait mis de la tête. C'est après coup, à la fin du match, dans les vestiaires, qu'il nous a avoué qu'il s'était aidé de la main. Il avait réussi à tromper tout son monde, même nous* », assure Jorge Burruchaga.

Les Anglais sont révoltés. Diego jubile. Grâce à lui, l'Argentine toute entière tient sa revanche. « *C'est un geste qui est sorti du fond de moi-même, comme si j'étais à Fiorito,* a-t-il affirmé bien plus tard. *Parce que je savais que je n'avais aucune chance d'inscrire le but de la tête face à Shilton. Je me suis aidé du poing gauche. Tout de suite après, j'ai regardé le juge de touche. J'ai fait signe à mes coéquipiers de me suivre pour fêter le but, pour mettre la pression sur l'arbitre. Même vingt ans après, je ne regrette pas ce geste car il nous a permis d'ouvrir le score.* » Mais le récital du lutin argentin ne s'arrête pas là et le cauchemar ne fait que commencer pour les Anglais. Trois minutes plus tard, Diego Maradona inscrit le but du siècle. En à peine plus de 10 secondes, il parcourt 53 mètres, efface six joueurs anglais dans une farandole époustouflante de dribbles. « *D'un point de vue athlétique, ce n'est pas génial,* en rigole Signorini. *Parcourir cinquante mètres en dix secondes, bof, bof. Mais cette action montre une des natures de Diego, car sur un terrain, il se disait toujours : comment je vais les avoir ? Sa force principale, ça a toujours été* el engano, *la tromperie, la feinte. Ses feintes étaient tellement efficaces qu'il pouvait jouer en marchant. Son jeu était fait d'évitements. Il avait cette capacité de bouger son corps dans l'espace avec une telle rapidité. Il bougeait son corps plus comme un animal que comme un être humain. Et là encore, pour moi, ce but vient tout droit de Fiorito.* » Sur le terrain, c'est l'euphorie. Les spectateurs sont debout, ivres de bonheur.

Perchés en haut des tribunes, les commentateurs argentins crient à s'en casser les voix des « *gooooooooool, gooooool, gooooool* ». Au milieu de cette hystérie, Victor Hugo Morales s'emporte pour ce qui va devenir, en Argentine, le commentaire du siècle : « *Gooooooooooool ! J'ai envie de pleurer ! Mon Dieu ! Vive le football ! Quel but ! Diegoooooooo ! Maradona ! Je vais pleurer, excusez-moi... Maradona ! Quel but après une course mémorable, c'est la plus grande, la plus belle action de tous les temps. Diego, tu es un cerf-volant cosmique. Mais de quelle planète viens-tu ?* » L'émotion est à son comble. Un « *gooooooooool* » et d'autres cris de joie résonnent aux quatre coins de l'Argentine. Les *Porteños* sortent sur leur balcon pour chanter à la gloire du nouveau héros de la nation. C'est un moment mémorable en Argentine. Un jour historique. Vingt-cinq ans après les faits, chaque Argentin se souvient d'où il était et avec qui il regardait le match ce jour-là. Aujourd'hui encore, ces deux buts repassent souvent à la télévision argentine. Si les deux buts de Diego sont gravés dans la mémoire collective argentine, personne ne se rappelle vraiment que l'issue du match sera incertaine jusqu'au bout. Mais comme le dit si bien Bilardo, « *seule la victoire est belle* », et l'Argentine finit par venir à bout de ces robustes Anglais sur le score de deux buts à un. Sitôt le match terminé, des milliers de *Porteños* rejoignent l'Obélisque, au milieu de l'avenue du 9 de Julio. C'est un endroit symbolique où toutes les grandes victoires se fêtent. Tous ensemble, ils chantent, en chœur : « *La Thatcher dondé esta, la Thatcher dondé esta, la busca Maradona para cogersela* » (Où est la Thatcher, où est la Thatcher, parce que Maradona la cherche pour la baiser) Au Mexique, les reporters se ruent sur Diego Maradona qui est sans conteste l'homme de ce quart de finale. Loin de son discours pacificateur d'avant-match, il n'hésite pas à en rajouter une couche : « *Nous avons gagné un peu plus qu'un match de football. Car nous avions dans la peau, dans nos cœurs et dans nos têtes l'image de tous ces Argentins morts sur le front. Nous pouvons être fiers de cette victoire.* »

Et l'aventure continue. La machine est en route. Diego est sur son petit nuage. En demi-finale, la sélection *albiceleste* affronte une très surprenante équipe belge. Mais les joueurs ne se relâchent pas. Diego ne cesse de leur répéter : « *Être champion du monde, être champion du monde* ». Il ne baisse pas sa garde. Il est toujours en alerte car il sait qu'il est proche du but. Carlos Bilardo est sur la même longueur d'onde que son capitaine. *El Narigon* garde ses ouailles sous pression. Les Argentins n'ont que trois jours pour se remettre de leurs émotions. Bilardo est clair avec ses joueurs, lors de son discours d'avant-match : « *Les gars, ne déconnez surtout pas, et vous devez mourir sur le terrain s'il le faut parce que moi, s'il y a une chose que je déteste, c'est regarder une finale à la télévision.* » Il promet même 2000 dollars à Ruggeri, son défenseur central préposé au marquage de l'attaquant belge Nico Claesen, si ce dernier reste muet et ne pousse pas le ballon au fond des buts argentins. Une nouvelle fois, Diego Maradona est décisif. C'est lui qui, de son pied gauche, inscrit les deux buts de la rencontre. Le premier, à la 51e minute, de l'extérieur du pied gauche, précis et subtile. Le second, à la 63e minute, après un raid très maradonien durant lequel il efface quatre joueurs avant de crucifier de son pied gauche Jean-Marie Pfaff, le gardien belge. Le talent de l'ingénieux numéro 10 argentin ouvre en grand les portes de la finale de la Coupe du monde. La *Selección* n'a pas tremblé. Mais elle a maintenant rendez-vous avec l'histoire. Au grand dam du numéro 10 argentin, cette finale de la Coupe du monde ne se jouera pas contre la France de Michel Platini qui s'est fait éliminer en demi-finale par l'Allemagne. Dommage, car Diego Maradona rêvait en secret de démontrer au monde entier, et aux Italiens en particulier, qu'il était plus fort que Michel Platini, la star de la Juventus de Turin et du Nord de la péninsule. La finale de cette XIIIIe Coupe du monde oppose l'Argentine et l'Allemagne de Karl-Heinz Rummenigge. Les Argentins sont sûrs d'eux et de leur victoire. Ils se sentent imbattables. La défaite ? Ils n'y pensent pas une seule seconde. Jorge Valdano, l'attaquant de la *Selección*, se souvient très bien de l'état d'esprit qui régnait dans le vestiaire quelques minutes avant le début de la rencontre : « *Tout au long de ce Mondial, le groupe s'est construit, s'est renforcé au fil des victoires pour devenir une grande équipe. Avant le premier match contre la Corée, nous doutions de nous, nous n'étions pas persuadés que nous pouvions battre cette équipe alors qu'avant la finale contre l'Allemagne, nous n'avions plus aucun doute de notre victoire. Jamais dans ma carrière, je n'ai vu une telle transformation au sein d'un groupe. Cela s'explique par deux facteurs : le premier, c'est l'équipe elle-même et le second, c'est Maradona, car il nous a permis d'élever notre niveau de jeu et de nous transporter dans une autre dimension. Quand nous étions sur le terrain avec Diego, il y avait vingt et un joueurs qui ne jouaient pas. Les onze adversaires étaient paralysés car ils ne comprenaient pas qu'un tel génie puisse exister. Et ses dix partenaires attendaient tout de lui.* » En finale, l'Argentine s'impose trois buts à deux. Diego Maradona n'a pas autant pesé sur le match que d'habitude car il était surveillé comme le lait sur le feu par un excellent Lothar Mathaus. Mais les seconds couteaux, ses lieutenants, ont su prendre le relais et leurs responsabilités quand il le fallait. Car les Argentins ont eu chaud. C'est bien eux qui menaient deux buts à zéro à la 55e minute grâce à des buts de Jose Luis Brown, de la tête (17e min), et au pied droit de Jorge Valdano (55e). Mais les Allemands, sur deux coups de pied arrêtés, recollent au score et égalisent à la 80e minute de jeu. Sur son banc, Bilardo est dans tous ses états. Sur le terrain, Diego, en bon capitaine, remobilise ses troupes. « *Lorsque les Allemands ont égalisé, Diego nous a simplement dit* : "*On va gagner, on va gagner*", se souvient Jorge Burruchaga. *Trois minutes plus tard, à la 83e minute, Diego me lance, je file au but simplement en pensant à aller le plus vite possible et à m'appliquer. Je n'ai pas eu peur, je n'ai pas douté et j'ai marqué ce but… libérateur.* » Burruchaga offre le titre à l'Argentine. Sept minutes plus tard, l'arbitre siffle la fin de la rencontre. Bilardo, furibard, rentre au vestiaire. Il n'a pas supporté que ses joueurs encaissent deux buts sur coup de pied arrêté. Les joueurs ne s'en aperçoivent pas car ils sont bien trop occupés à fêter leur victoire. Après la cérémonie, et après avoir baladé la coupe aux quatre coins du stade, ils fuient à l'abri des regards. Ils veulent se retrouver seuls, en petit comité. Ils se l'étaient promis. Tous ensemble, ils réalisent un tour d'honneur sur leur terrain d'entraînement. Seuls. C'est un bonheur simple, un bonheur collectif. Et Diego Maradona s'en souvient encore avec des trémolos dans la voix :« *J'ai rarement été aussi heureux que durant le mois de la Coupe du monde et quand la victoire est arrivée, elle m'a paru presque naturelle. Et puis, certaines personnes avaient tellement critiqué les choix de Bilardo que les cicatrices n'étaient pas encore vraiment refermées. En 1978, beaucoup de gens avaient dit que nous devions notre victoire au régime militaire. Là, personne ne pouvait rien dire. Nous étions les plus forts, les plus complets et, de plus, nous ne jouions pas à domicile. Avant cette Coupe du monde, c'était un Maradona sans palmarès. Après, c'était un Maradona champion du monde. Ce n'est pas la même chose. En football, il n'y a pas de juste milieu entre la critique et l'adoration.* » Dans l'avion qui les ramène au pays, la fiesta continue et la coupe n'est jamais bien loin de Maradona, qui, décidément, n'a vraiment pas envie de la prêter. Grâce à ses cinq buts, à ses actions de génie et à son charisme, Diego est logiquement élu meilleur joueur de cette Coupe du monde.

Mais pas seulement… Pour le sociologue argentin, Pablo Alabarces, cette victoire va propulser Diego sur le devant de la scène internationale : « *En 1986, Maradona est devenu le symbole de la nation triomphante et le dernier symbole de l'Argentine de l'âge d'or. Après cette victoire, Diego Maradona devient alors l'idole sportive numéro 1 mais aussi un symbole national, global (1/3 monde, les révoltés) et régional (Naples). Personne dans le monde artistique, sportif voire même politique, n'a eu et n'a encore une telle charge sur les épaules.* » Mais Diego n'en a pas encore vraiment conscience. Car il n'a la tête qu'à la fête et aux célébrations de ce titre.

Avant même d'atterrir à Buenos Aires, le pilote de l'avion dans lequel voyage la délégation argentine survole l'aéroport à plusieurs reprises pour que Diego et sa bande puissent voir la marée humaine qui les attend. Les médias parlent d'un, de deux millions de supporters qui ont rejoint l'aéroport d'Ezeiza pour célébrer leurs héros. Il y a tant de monde, tant d'hystérie, que les joueurs mettent presque six heures pour rejoindre la place de Mai et le palais présidentiel. Cette fois-ci, ce ne sont pas les militaires qui vont surfer sur cette victoire. Car ils ne sont plus là. Et d'ailleurs, il n'y a jamais eu autant de monde dans les rues depuis le retour à la démocratie en 1983. Les riches, la classe moyenne, les pauvres, les jeunes, les vieux, tout le monde est là. C'est un pays tout entier qui retrouve cette fierté qui avait disparu depuis trop longtemps. Diego Maradona est, bien évidemment, le plus acclamé de tous. Car il y a quelque chose de tellement argentin en lui. C'est en tout cas ce que pense Eduardo Archetti : « *Longtemps, Diego a profité de la bienveillance accordée aux enfants sur le thème : "C'est un gosse, seulement un gosse, laissons-le être un enfant." Comme s'il était libéré de toute responsabilité et de toute autorité. Il a, en plus, toujours été spontané, frais, agissant dans l'instant, et c'est ce qu'on attend d'un grand joueur. Le sommet de cet état de* pibe, *c'est en 1986 qu'on l'a vu : son but de la main contre les Anglais, c'était comme une farce suprême ou une espièglerie parfaite. Donc, simultanément, il a été le gamin espiègle et le roi du football. Les Argentins avaient là, devant eux, un pur produit de leur histoire et de leur culture.* »

Le Mondial 1986 a donc permis au football argentin de devenir adulte, mais il a également converti Diego Armando Maradona en une divinité laïque.

LA CLAUDIA

C'est son seul amour. Celui de sa vie. La Claudia a toujours été là, à ses côtés, dans les bons et les mauvais moments. Elle a avalé des milliers de couleuvres jusqu'au jour où elle a dit stop et a demandé le divorce. Fin d'une longue histoire.

Elle a commencé il y a bien longtemps, lorsque Diego n'était encore qu'un apprenti footballeur. Maradona répète souvent qu'il doit tout au ballon rond. Il lui doit même sa rencontre avec la Claudia. À l'époque, Claudia est une jeune fille timide et discrète. Elle est issue d'une famille humble de la classe moyenne argentine. Son père, pour rapporter quelques pesos à la maison, conduit un bus toute la journée. Sa mère est femme au foyer. La famille Villafañe vit dans le quartier de la Paternal, à quelques blocs du terrain d'Argentinos Juniors. Elle est voisine d'une famille nombreuse tout droit sortie d'un bidonville. Ce sont les Maradona. Diego n'a que quinze ans, et elle deux de moins, lorsque leurs regards se croisent pour la première fois. Les deux tourtereaux se tournent autour, s'espionnent, mais cet amour naissant n'est pas facile à assumer ni pour l'un ni pour l'autre. Lorsque Diego sort de chez lui, elle le regarde avec insistance, du haut de sa fenêtre, passer devant elle. Un soir du mois de juin 1977, une fête est organisée dans un club de quartier, *el Club Social y Deportivo Parque*. Ce genre d'endroit, typiquement argentin, est un lieu de rencontre associatif est intergénérationnel. Le Club Parque est une institution à Buenos

Aires, c'est une usine à champions qui a formé et qui forme encore une ribambelle de grands joueurs. Fernando Redondo, Juan Roman Riquelme ou Carlos Tevez sont les plus illustres de ses élèves. Pendant des heures, ils y ont répété leurs gammes sur l'un des deux terrains couverts de baby-football. (C'est la première étape de la formation en Argentine, elle se réalise sur des petits terrains où les équipes s'affrontent à cinq contre cinq.) Cet endroit respire le football et le tango, deux des grandes passions de Diego. Et c'est ici même, sur l'un des deux terrains transformé en piste de danse, que *Pelusa* et Claudia se sont rapprochés. L'horloge a à peine sonné les deux coups de deux heures du matin que Diego invite Claudia à danser un slow. Elle accepte. Elle est toute émoustillée. La romance peut commencer. Au début de leur relation, Claudia a dû essuyer quelques réflexions de Don Diego, le père de son futur époux. Il ne pense qu'à la carrière de son fils et le voir s'amouracher d'une jeune fille l'angoisse car il a peur que Dieguito ait la tête ailleurs et qu'il en oublie son football. Claudia est docile. Elle est aussi discrète que Diego est extraverti.

Pendant de très longues années, elle est restée dans l'ombre de son mari. La Claudia est pudique et réservée. C'est en tout cas l'image qu'elle a longtemps bien voulu donner d'elle. Elle, elle n'a jamais aimé les médias. Elle a toujours tenté, tant bien que mal, de préserver un peu de son intimité. Lorsque Diego s'est envolé vers le Vieux Continent, elle a fait ses bagages, a rassemblé ses affaires et s'en est allée avec lui. À Barcelone, à Naples, à Séville, elle a toujours été là, près de lui. Elle a bien essayé de l'éloigner de ses mauvaises fréquentations, mais Diego ne l'a jamais vraiment écoutée. C'est une vraie tête de mule. Elle le connaît comme si elle l'avait fait.

Claudia et Diego se sont dit oui pour la vie, douze ans après leur premier baiser. Il lui jure fidélité, elle collectionnera ses infidélités. Leur mariage a fait la une des journaux et des magazines argentins qui n'hésitent pas à parler du « *mariage du siècle* », du « *mariage de la décennie* » ou du « *mariage de l'année* ». Les Maradona ont dépensé sans compter pour que la fête soit inoubliable. Ils ont réservé le Luna Park, une salle des sports légendaire de Buenos Aires, une sorte de Paris-Bercy. Ils ont invité plus de mille personnes qui ont dîné sur l'une des quatre-vingt-quatre tables dressées pour l'occasion. Ils ont même loué un avion pour faire venir leurs invités européens et réservé plus de trois cents chambres d'hôtel pour les loger. Personne n'a été oublié, ils sont tous là, famille, amis, hommes d'affaires, dirigeants de club, coéquipiers des différentes étapes de la carrière de Diego (même les *Cebollitas* sont là), et quelques célébrités locales, chanteurs et acteurs. Ils ont pensé à tout, même à une salle de presse où le champagne coule à volonté. La fête est inoubliable. Et comme tout se monnaie au prix fort, Diego Maradona a même vendu les droits télévisés de son mariage à la Rai italienne en échange de quatre millions de dollars. Mais cette folie des grandeurs interpelle. De nombreuses voix s'élèvent pour critiquer les dépenses pharaoniques des Maradona en ces temps de crise en Argentine. Ces mots, ces attaques blessent profondément Claudia. Alors c'est Diego qui va au front pour défendre sa famille et répondre à ses détracteurs : « *C'est plus facile de tuer un footballeur et de laisser en liberté les vrais coupables de cette crise. Moi et ma famille sommes-nous responsables de la crise en Argentine ? Non. Je n'ai jamais volé d'argent à personne. Je ne suis pas corrompu. Et nous avons le droit de nous marier comme nous le voulons, que ça vous plaise ou non.* » Claudia sait que, quoi qu'il se passe, quoi qu'ils fassent, sa vie sera toujours commentée et médiatisée, alors avec le temps, elle réussit à prendre du recul. Elle reste muette lorsque les aventures extra-conjugales de son mari sont relayées par les médias. Elle avoue en partie la naïveté dont elle faisait preuve au début des soucis de Diego. « *La drogue, je ne l'ai d'abord pas vue. J'ai pris conscience qu'elle existait dans notre entourage le jour où Diego est parti à Naples. Lors de la fête que nous avions organisée à Barcelone avant de partir, il y avait beaucoup de monde jusqu'au petit matin. Personne n'avait l'air fatigué et, ce jour-là, j'ai compris pourquoi.* »

À Naples, les choses n'ont jamais été faciles pour elle. Elle prenait donc le temps de retourner à Buenos Aires pour se ressourcer et pour donner naissance à ses deux filles, Dalma et Giannina. La Claudia a toujours été une bonne mère, très proche de ses filles. Elle les a accompagnées chaque matin à l'école, a participé à toutes les réunions parents-professeurs et a toujours été attentive et attentionnée. Lorsque les petites n'étaient encore que des bébés, elle suppliait souvent Diego de rester avec elles et de s'en occuper. Mais Maradona disparaissait dans la nuit napolitaine, sévillane ou *porteña*. Alors, sa patience a eu des limites. Au fil des années, elle a pris confiance en elle et mis de plus en plus son nez dans les affaires de Maradona. Elle n'a jamais apprécié Guillermo Coppola. Elle s'en est toujours méfiée et elle avait bien raison. Après une longue période de retrait, la Claudia est revenue auprès de son astre de mari, encore plus forte et déterminée. Leur séparation a pris corps lorsque Diego est parti suivre, à Cuba, une longue cure de désintoxication. Lorsqu'il est parti dans la patrie de Fidel Castro, en 2000, elle a décidé de ne pas l'accompagner et de rester vivre sa vie à Buenos Aires. En 2003, elle a officiellement demandé le divorce et la garde de leur deux petites princesses. Diego a accepté, sans broncher, car il n'était que trop conscient de tout ce qu'elle avait fait depuis tant d'années. Cette séparation a été une renaissance pour Claudia. Ce n'est qu'en 2003 qu'elle a enfin pu voler de ses propres ailes et profiter de son nom et de la célébrité de son mari. Elle a repris les choses en main. Lorsque Diego s'est définitivement séparé de Guillermo Coppola, c'est elle qui s'est occupée d'une partie de ses affaires. Elle se contente de dire, du bout des lèvres : « *Si je peux l'aider, je vais l'aider. Mais je ne serai jamais son manager.* » Avec elle, l'argent de Maradona est entre de bonnes mains. Diego lui fait une confiance aveugle car il sait que Claudia veut faire fructifier l'image Maradona pour mettre définitivement ses filles à l'abri. Il est sur la même longueur d'ondes qu'elle. Elle sait se montrer intransigeante. Lorsque Diego a côtoyé la mort en 2004, c'est elle qui l'a obligé à se faire soigner une bonne fois pour toutes. Claudia, cette fois-ci, ne lui a même pas donné le choix.

Avec le temps, elle s'est transformée en une véritable femme d'affaires. Elle gère une grande partie du business Maradona. L'émission de Diego, « *La noche del diez* » ? C'est elle qui a tout négocié et tout organisé. La négociation du contrat de Diego pour qu'il devienne le sélectionneur de l'équipe nationale argentine ? C'est encore elle. Elle est toujours aussi discrète et d'une redoutable efficacité. « *Tant que je pourrai l'aider, je serai toujours là*, a-t-elle annoncé lors d'une de ses rares interviewes. *Je continuerai de le voir, de prendre de ses nouvelles et d'entretenir une belle complicité avec lui, mais cela ne veut pas dire que je suis encore amoureuse de lui et que je voudrais, un jour, me remettre avec lui.* » Claudia Villafañe a retrouvé une certaine forme d'indépendance. Elle ne veut pas la perdre. Aujourd'hui, c'est une parfaite *Porteña* des beaux quartiers : elle vit dans un triplex, elle est blonde, toujours au régime comme beaucoup d'Argentines, elle fait du sport quotidiennement et s'est fait refaire les seins et le nez. Elle gagne beaucoup d'argent et elle n'hésite pas à le réinvestir dans l'art et dans de nouveaux business. Elle s'est séparée de son célèbre époux, mais la famille reste le socle de sa vie. Rien n'est plus important pour elle que ses filles et ses petits-enfants. Claudia a elle aussi bien changé depuis les années Argentinos Juniors, mais malgré l'hystérie qui a toujours entouré Diego Maradona, elle a toujours su garder le cap. Aujourd'hui, tout le monde l'appelle Claudia Villafañe. C'est un hommage. Et Diego de conclure : « *Claudia vit sa vie aujourd'hui. Elle mérite tout le bien qui lui arrive. Moi, j'ai du mal à mettre un point final à notre relation. Elle a eu raison de la terminer. Je crois que mon unique amour, c'est Claudia.* »

NAPOLI - ACTE II

En un mois, les choses ont bien changé pour Diego et pour Naples. Lorsqu'il a quitté la péninsule italienne, il n'était qu'un prince ambitieux qui caressait le rêve de s'asseoir sur le trône et de devenir le roi du ballon rond. Avant son départ pour le Mondial, Diego était déjà l'idole des Napolitains, mais le reste de l'Italie le méprisait et la planète n'était pas encore convaincue de son génie. En un mois, donc, Diego est devenu une star planétaire. Désormais, il est le porte-drapeau de son pays, l'Argentine, il est l'idole des Napolitains mais aussi le héros du tiers-monde et des pauvres. Les enquêtes et les sondages le prouvent et le répètent, c'est bien lui l'homme le plus célèbre de la planète. C'est une aubaine pour Naples, une ville jusqu'à ce jour principalement connue pour être le berceau de la pizza et de la Camorra. Méprisée et oubliée hier, beaucoup la jalousent aujourd'hui. La roue tourne aussi vite qu'un ballon rond. Naples est sous les feux de la rampe, car c'est ici, au bord de la Méditerranée, dans le Sud de l'Italie, que joue et vit Diego Armando Maradona. Quel honneur…

Après son glorieux été mexicain, Diego s'en est allé couler quelques doux jours de vacances à Bora Bora en Polynésie avec Claudia. Il le lui avait promis. Il était persuadé que là-bas, aux antipodes, il pourrait enfin être tranquille et se reposer loin des regards et de l'hystérie napolitaine. Il s'est lourdement trompé. Car Diego est aujourd'hui connu et reconnu dans tous les recoins de la planète. Alors, même en Polynésie, les gamins le suivent et le harcèlent, en quête d'un autographe, d'une photo ou d'un souvenir. Heureusement, Diego est sur son petit nuage. Il est champion du monde. Il prend tout cela avec légèreté. Lorsqu'il remet les pieds à Naples, la ville fête son héros. Ils sont de plus en plus nombreux à faire le pied de grue devant son domicile. Il suffit qu'il sorte dans la rue ou qu'il apparaisse dans un endroit public pour qu'il bloque le trafic et qu'il paralyse la ville. Alors, lorsqu'il doit partir s'entraîner, il se cache, bien souvent dans le coffre de sa voiture, pour éviter la foule. Le Championnat n'a pas encore débuté, mais Diego est toujours assoiffé de victoires et de reconnaissance. Après avoir offert le titre suprême à son pays, il veut maintenant gâter de victoires son club et cette ville qui le vénère tant. « *Moi, j'ai encore envie de gagner, alors cette saison, je pars pour tout gagner : le Championnat et la Coupe UEFA. Nous ne faisons pas encore partie des meilleurs clubs européens. On se doit donc de gagner quelque chose cette année. C'est une obligation, pour nos supporters qui ont été jusque-là très patients avec nous. Moi, j'ai fini de me regarder tous les matins dans une glace en me disant : je suis champion du monde. Je suis motivé comme jamais. Cette saison sera la nôtre.* » Les Napolitains bénissent chacune de ses paroles. D'ailleurs, ils sont nombreux à orthographier son nom avec deux n, « Maradonna », comme s'il était une nouvelle Vierge. Lui se sent pousser des ailes, il se croit intouchable. Pendant l'intersaison, il demande à son président, Corrado Ferlaino, d'engager son petit frère Hugo, un bon joueur et un bon manieur de ballon. Mais le président refuse. Il estime, à juste titre, qu'il n'a pas le niveau.

Le 14 septembre, le championnat de série A débute par une victoire des Napolitains sur le terrain de Brescia. Les nouveaux venus, De Napoli, Carnevale et Volpecina, sont sur la pelouse et Ottavio Bianchi, le nouvel entraîneur, a pris place sur le banc. Naples gagne 1-0 sur un but de Diego Maradona. La saison s'annonce belle. Diego n'est pas encore retombé de son nuage, il se sent invincible. Et pourtant, quelques jours plus tard, le 20 septembre, le ciel lui tombe sur la tête. Le choc est rude. Il a du mal à l'encaisser.

Dans la chambre 509, au cinquième étage de la clinique « Sanatrix », une jeune Napolitaine de 22 ans, Cristiana Sinagra, annonce devant les caméras des journalistes de Rai Tre : « *Je viens de donner naissance à un petit garçon. Mon fils est celui de Diego Maradona. C'est le fruit de notre amour. J'ai décidé de l'appeler Diego Armando Junior.* » L'enfant a vu le jour le 11 septembre. Immédiatement, la presse transalpine s'empare de cette affaire, de ce fils né de l'adultère. Diego est ébranlé. Diego est révolté. Dans un communiqué, il dément la version de Sinagra. « *Tout ceci n'est que pur mensonge* », assène-t-il. Pourtant, après des années de procédure, la justice italienne confirmera que Diego Armando Junior est bien l'enfant de Diego Armando Maradona. La justice exigera qu'il verse, chaque mois, une pension alimentaire à Sinagra.

Cette affaire marque Diego. Il est même sévèrement touché, comme le remarque le fidèle Fernando Signorini : « *Cette naissance a changé quelque chose chez Diego. Cet épisode l'a traumatisé. Je suis persuadé que c'est l'une des raisons qui l'ont poussé à s'évader encore plus. Avant cette naissance, on voulait lui faire croire qu'il était omnipotent, voire intouchable. Diego Junior lui a prouvé que c'était faux. Il a alors perdu sa spontanéité et sa joie. Il est devenu plus introspectif, plus tourmenté. Il s'est réfugié dans le jeu, dans le football. Le terrain restait son monde, sa bulle d'oxygène dans laquelle il sentait son pouvoir.* » La situation est bien difficile à gérer pour Maradona car sa fiancée, Claudia Villafañe, attend elle aussi un heureux événement. L'orage gronde. C'est même un tremblement de terre. Claudia a bien du mal à pardonner l'impardonnable. Mais elle est enceinte et Diego implore son pardon car ce bébé-là est bien le fruit de leur amour. Rien à voir avec ce Diego Junior. Pourtant cet épisode ne calme pas les ardeurs de Diego. Il est incontrôlable. Il sort de plus en plus. Ses nuits deviennent blanches comme de la poudre. Car ce n'est que la nuit, quand le marchand de sable est passé sur la ville, que Diego peut mettre le nez dehors. Dans la journée, pour s'isoler, il n'a pas d'autre choix que de naviguer loin, dans la baie de Naples.

Son seul salut passe par le terrain, par le ballon rond. Alors, en cette saison 1986-1987, il joue comme jamais. Enchaîne les performances de très, très haut niveau. Ses gestes, son envie de gagner et de tout casser sont le fruit de sa colère. Car la pelouse, finalement, est bien le seul endroit où il peut s'exprimer. Le ballon rond est le seul objet qui lui permette de se sentir libre. Le Napoli joue les premiers rôles en Championnat et se qualifie sans problème pour les huitièmes de finale de la Coupe d'Italie. En ce début de saison, la seule fausse note des hommes de Bianchi, c'est de s'être fait éliminer par le Toulouse Gerald Passi au premier tour de la Coupe de l'UEFA. Qu'importe, car à la trêve le Napoli est en tête du Championnat, avec deux points d'avance sur l'Inter et quatre sur la Juventus. Toute une ville retient son souffle et n'ose imaginer l'inimaginable : remporter le Championnat d'Italie pour la première fois de son histoire. Diego profite de la trêve et de ses quelques jours de vacances pour partir se ressourcer en Argentine. Il en a bien besoin car les six derniers mois de sa vie ont été intenses, très intenses. Le premier match de l'année 1987 est à oublier. Car, pour la première fois de cette saison 1986-1987, Naples connaît la défaite en Championnat contre la Fiorentina. C'est une piqûre de rappel pour les Napolitains. Un avertissement. Mais ce n'est qu'un accident de parcours car le Napoli reprend immédiatement sa marche triomphale. À la mi-février, Claudia, qui va bientôt accoucher, décide de partir en Argentine car c'est là-bas, au pays, qu'elle veut vivre les dernières semaines de sa grossesse. Quand le chat Claudia n'est pas là, la souris Diego danse. Maradona n'a plus de garde-fou. En compagnie de Guillermo Coppola, il écume, chaque nuit, les bordels, les chambres d'hôtel et mène une vie destructrice. Personne ne l'arrête. Personne ne lui dit non. En ville, tout le monde sait que Diego Maradona ne dort plus la nuit, mais personne ne pipe mot, car sur le terrain il est toujours aussi phénoménal. Et c'est bien là le principal. Tous ses excès sont permis tant qu'il sait se sublimer sur une pelouse et tant que le Napoli gagne.

Le 2 avril, à 9 heures du matin, c'est-à-dire l'aube pour lui, Diego reçoit un coup de téléphone de son père. Il lui annonce que Claudia vient d'accoucher d'une petite fille, Dalma Nerea Maradona. Le capitaine napolitain est un homme heureux, il est enfin officiellement papa, à 26 ans. L'appel de sa fille est trop fort, alors pour pouvoir prendre dans ses bras sa progéniture, il saute dans un avion et fait un rapide aller-retour Naples/Buenos Aires. Le trajet est long, le voyage éreintant, mais Diego est frais comme un gardon. Le voyage est risqué et critiqué en interne par les dirigeants qui craignent pour la santé de leur star. Surtout que le Napoli est toujours au coude à coude en Championnat. À quelques journées de la fin, seul l'Inter peut encore briser le rêve des Napolitains. Mais lors de l'avant-dernière journée, le club de Milan est défait à Bergame, contre l'Atalanta (1-0). Le Napoli évolue lui aussi, à l'extérieur, mais quelque 20 000 tifosi napolitains ont fait le voyage à Florence pour être là, si jamais... Et le Napoli arrache le point du match nul (1-1). Le club est champion d'Italie 1986-1987. C'est le premier Scudetto du club en 61 ans d'existence. Personne ne discute son titre. Car Naples a dominé de la tête et des épaules cette saison. C'est elle qui a engrangé le plus de victoires (quinze) et qui a le moins connu la défaite (trois). Diego Maradona est une nouvelle fois le meilleur buteur du club (dix buts). Naples est en liesse, Naples est folle de bonheur. Les Napolitains chantent encore et encore ces quelques paroles en hommage à leur « Maradonna » : « *O mama, mama, mama sais-tu pourquoi j'ai le cœur qui bat ? J'ai vu Maradona, j'ai vu Maradona, et j'en suis tombé amoureux.* » À la nuit tombée, des feux d'artifice viennent éclairer le ciel pur de la baie de Naples. C'est la fête. Elle est grandiose et dure jusqu'à l'aube. Le lendemain matin, l'absentéisme au travail frise les 15%. La ville a du mal à se réveiller. Elle voudrait que ce rêve dure, qu'il ne se termine jamais. Un mois plus tard, le Napoli enlève la Coupe d'Italie. Le club réalise donc le doublé Coupe/Championnat. C'est une saison mémorable, une saison inoubliable. Aucun club italien n'avait réalisé un tel doublé depuis quinze ans. Naples tient sa revanche, les péquenots du Sud ont battu les aristocrates du Nord. Ils ont retrouvé un semblant de fierté. Alors, la municipalité voit les choses en grand, et elle ambitionne de construire le plus grand stade du pays, une enceinte d'une capacité de 120 000 spectateurs. Le projet n'aboutira jamais. Diego Maradona est bien le nouveau roi de Naples. Les gens l'aiment tant qu'il récolte 25 000 voix aux élections municipales alors qu'il ne s'était même pas présenté ! Il est victime de sa gloire. C'est un cercle vicieux. Diego veut continuer à tout gagner. Mais mieux il joue, plus il gagne et plus sa marge de manœuvre est limitée. Il passe sa vie enfermé entre quatre murs. Car sa villa, aussi grande soit-elle, n'a pas de piscine ni de grand jardin. Et dès qu'il met le nez dehors, qu'il sort sur son balcon, des centaines de tifosi l'acclament. En public, il garde le sourire, mais au fond de lui, il se demande si toute cette folie va bien finir par se calmer. Son petit frère, Raúl, alias Lalo, en est aujourd'hui convaincu : « *La vie à Naples a usé Diego. Il avait trop de responsabilités. Il ne pouvait jamais entrer en contact avec des gens normaux. Un matin, j'ai pris sa voiture, cinquante voitures m'ont suivi en klaxonnant pour savoir où j'allais. On m'avait pris pour lui ! Trop de soi-disant amis étaient apparus, attirés par la gloire, la belle vie et l'argent. Mon frère était généreux, trop généreux… Mais l'ambiguïté, c'est que Diego avait besoin de ces gens pour avoir un semblant de vie sociale, sinon il n'aurait jamais vu personne…* » Cruel constat.

Diego Maradona est conscient qu'il fait gagner beaucoup d'argent à beaucoup de monde à Naples : au club d'abord, vers qui il attire beaucoup de sponsors, aux petits artisans également qui inondent le marché noir d'objets, de drapeaux ou de maillots à son effigie… C'est la poule aux œufs d'or. Comme d'habitude. Alors, il commence à se dire qu'il pourrait peut-être changer d'air ou, en tout cas, faire comprendre à Ferlaino qu'il ne serait pas contre une belle augmentation. C'est une question de respect et de reconnaissance. Diego a bien failli prendre la poudre d'escampette lorsque Guillermo Coppola lui a annoncé que Silvio Berlusconi lui avait transmis une offre irrésistible : son salaire multiplié par deux, un appartement luxueux dans le centre de Milan, une Lamborghini et un contrat de cinq ans accompagné de collaborations grassement payées avec la FININVEST, la compagnie du *Cavaliere*.

La riposte de Ferlaino est cinglante et encore plus rémunératrice : son salaire est finalement multiplié par trois, soit 5 millions de dollars par an jusqu'en 1993, plus 2 millions de dollars de rentrées publicitaires, mais aussi un pourcentage sur les entrées ainsi qu'une Ferrari F40. Silvio Berlusconi a sous-estimé les Napolitains, il ne pensait certainement pas que les péquenots s'aligneraient sur son offre. Il jette l'éponge. Diego se sent enfin reconnu à sa juste valeur. Il signe un nouveau contrat avec son Napoli. Il est multimillionnaire.

Grâce à lui, le Napoli est devenu un club ambitieux. À l'intersaison, Ferlaino réussit à faire signer Careca au nez et à la barbe du Real Madrid.

Careca, c'est un attaquant brésilien, un buteur, un avaleur d'espace, qui va vite devenir l'un des meilleurs amis de Diego. Avec Bruno Giordano, les trois hommes forment un trio légendaire plus connu sous le nom de MA-GI-CA. Le début de la saison 1987-1988 se passe comme dans un rêve. À l'issue des dix-neuf premières journées, le Napoli engrange 87% des points. C'est un record. Diego claironne alors : « *Ce Napoli, c'est une machine. Une machine à gagner.* » Seule ombre au tableau : les Napolitains se font rapidement éliminer par le Real Madrid en Coupe d'Europe des clubs champions, l'ancêtre de la Champions League. Si le Napoli a encore du mal à se faire un nom sur le Vieux Continent, le club s'est fait une confortable place dans le Calcio. Ses adversaires s'en méfient. Ils le craignent. Surtout qu'il ne voyage plus seul. Partout où il va, il est accompagné par sa colonie de supporters. Ils sont toujours traités de « péquenots », leur ville est souvent comparée à une ville d'Afrique par le reste d'une péninsule toujours aussi raciste, mais les insultes ne les touchent plus autant qu'avant. Car, aujourd'hui, ils gagnent et la victoire a le pouvoir de panser les plaies. Cette saison encore, le titre semble promis au Napoli tant l'équipe domine les débats. Même le Milan AC de Van Basten, Gullit ou Baresi est dépassé. Et pourtant, l'invraisemblable, l'impossible a bien lieu. Lors des cinq derniers matchs, le Napoli n'est que l'ombre de lui-même. Il n'inscrit qu'un point en cinq matchs. Conséquence : le Milan AC dépasse sur le fil les Napolitains et remporte le Scudetto. Dans la dernière ligne droite, les Napolitains se sont effondrés, comme liquéfiés par l'enjeu. Diego Maradona, meilleur buteur du Championnat (quinze buts) officiellement blessé, n'a pas joué contre la Fiorentina lors de l'avant-dernière journée. Le Napoli perd (2-3). Le titre s'envole. Le Calcio est à peine terminé que les rumeurs inondent le pays. Le Championnat aurait été truqué. Comment expliquer, sinon, une telle débandade ?

Pietro Pugliese, un repenti napolitain, homme de main de la mafia devenu l'un des membres du clan Maradona, a sa petite idée sur la question. Il a en tout cas fait part de ses informations à la justice italienne quelques années plus tard : « *En 1988, Maradona a offert le Scudetto au Milan, sur ordre de la Camorra. Parce que les paris du* totonero *(loto sportif italien) étaient dans les mains de la famille Giuliano. Cette année-là, le Napoli était trop fort, archi-favori, alors en cas de victoire, la famille aurait dû verser beaucoup trop d'argent aux parieurs. Elle a demandé à Maradona de laisser filer le Championnat.* » Diego nie farouchement cette accusation : « *C'est de la pure fantaisie. Jamais je n'aurais accepté de perdre le Scudetto. Ce type est un menteur, un malade mental, un misérable qui a voulu se faire connaître et se faire de la publicité sur mon dos…* » Peut-être. Mais les rumeurs sont tenaces. La justice, qui s'est intéressée de près à cette affaire, n'a jamais réussi à démontrer que ce Championnat était arrangé. Mais ce témoignage démontre une chose : Diego Maradona a bien des contacts « amicaux » avec la Mafia. Impossible pour lui de nier l'évidence. Il finit par avouer que oui, il a déjà rencontré le clan Giuliano. Comment aurait-il pu en être autrement ? Il est en effet difficile, dans une ville gouvernée par la Camorra, de passer à travers les mailles de leur ample filet. Surtout lorsqu'on s'appelle Maradona. Les rumeurs sont tenaces. Sa société, la Maradona Productions, aurait été montée grâce à des fonds apportés par Luigi Giuliano, des fonds qui proviennent du *totonero*. En clair, la ville appartient à la mafia, le club appartient à la mafia, Diego Maradona appartient à la mafia. Un jour, lors d'une descente des flics dans le fief de Carmine Giuliano, la police retrouve des photos instantanées sur lesquelles Diego pose en compagnie de deux chefs du clan : Luigi et Carmine. Il y a soixante et onze clichés, soixante et onze preuves que Diego a quelques connexions avec la Camorra. Ces derniers lui offrent des cadeaux somptueux, des montres et même des voitures. Il fait l'ingénu. En fait, il est fasciné par ce monde secret. En mars 1988, Diego, dans un élégant smoking, assiste au mariage de Luigi Giuliano, le chef présumé de la Camorra. En 1989, un quotidien publie quelques-uns de ces clichés. La réponse de Maradona ne convainc personne : « *À vingt-sept ans, je suis adulte et je vais où je veux. Giuliano et ses amis sont, pour moi, juste un groupe de supporters du Napoli. Et ça me suffit, je ne vais quand même pas leur demander leurs papiers.* » Maradona entretient des amitiés dangereuses. C'est une certitude. Il est convoqué, le 28 septembre 1989, au tribunal de Castelcapuano. En simple témoin. Il n'est pas condamnable. Les Giuliano sont réputés pour être des aristocrates de la mafia. Leur principale source de revenus, c'est le loto et le *totonero*. Ils ne touchent ni aux putes ni à la drogue. Et pourtant, pour Maradona, ils vont faire une petite exception à leurs règles. C'est ce qu'avoue Nanzo Giuliano, un genre de repenti ou plutôt un homme qui a pris ses distances avec sa famille depuis que son fils a succombé à une overdose. Le 27 avril 1991, il affirme, dans *El periodico de Barcelona* que « *Diego a commencé à prendre de la cocaïne lorsqu'il jouait à Barcelone. À son arrivée à Naples, la famille a donc décidé de lui offrir quelques grammes de cocaïne chaque semaine, toujours de première qualité, pour éviter que, sur un coup de tête, il se procure de la mauvaise came, ce qui n'aurait pas été bon pour sa santé. Il venait de plus en plus souvent dans notre résidence de la Forcella. Nous lui avons conseillé de ne pas trop consommer ni de femmes ni de cocaïne. Mais il en voulait toujours plus, alors le jour où on a refusé de le suivre, il a pris ses distances.* » Naples est une ville dangereuse pour Diego et ses excès. Ces rumeurs de Championnat faussé auraient peut-être dû le faire fuir. Mais il n'est pas homme à se cacher et encore moins à quitter le navire lorsqu'il est pris au milieu d'une tempête. Les polémiques se succèdent. Avant même le début de la saison 1988-1989, un groupe de joueurs envoie une lettre à Corrado Ferlaino pour demander la tête d'Ottavio Bianchi. Eh oui, il faut bien trouver un responsable au fiasco de fin de saison. Bizarrement, Diego Armando Maradona n'est pas l'un des signataires de cette missive. Il n'est pas au courant, assure-t-il. Les joueurs en sont certains, ils vont finir par avoir la peau d'Ottavio Bianchi. Mais ils vont buter sur un obstacle : Corrado Ferlaino. Le président du SSC Napoli, offusqué, confirme son fidèle entraîneur à son poste. Et décide de virer les infidèles, Garella, Giordano, Bagni…

Maintenant que le ménage est fait, il doit trouver un terrain d'entente avec son capitaine argentin, qui, c'est de notoriété publique, n'a aucun atome crochu avec Bianchi. Lors du stage d'avant-saison, Ferlaino organise une réunion au sommet entre Maradona et Bianchi. La presse est sur le qui-vive et attend l'issue de cette réunion. Lorsque les trois hommes se présentent devant les médias, tout sourires, c'est Diego qui parle. « *Nous sommes comme Reagan et Gorbatchev. Mais que les choses soient claires, Reagan, c'est bien moi…* » Diego a le sens de la formule, il le prouve une fois de plus. Le club recrute Alemao, le milieu brésilien de l'Atletico Madrid alors que Diego avait ouvertement demandé à ses dirigeants de faire venir son ami de la Sélection, Sergio Batista. Une nouvelle fois, le Napoli termine à la seconde place du classement, mais loin, très loin de l'Inter de Milan de Giovanni Trapattoni, vainqueur du Scudetto 1988-1989 avec onze points d'avance sur son dauphin. Cette saison est une nouvelle fois historique pour le Napoli, puisque le club remporte la Coupe de l'UEFA. C'est son premier titre international. Mais c'est également le premier et le dernier titre international, en club, pour Diego Maradona. Le *pibe de oro* a la sensation du devoir accompli. Il a tout gagné avec le Napoli, sauf la Coupe des clubs champions, celle qui a de grandes oreilles. Et puis, il faut bien l'avouer, il a de plus en plus de mal à vivre à Naples, dans cette ville si folle de lui. Daniel Polvorita Delgado, son pote des *Cebollitas*, évolue alors à la Nola, en série C italienne. C'est un petit club de Naples. Alors, de temps en temps, les deux amis se retrouvent. Et Daniel trouve que son ami a bien changé : « *Ce n'était plus le même Diego. Et franchement, je n'aurais jamais voulu vivre ne serait-ce deux minutes dans la peau de Maradona. Il ne pouvait rien faire. C'était de la folie. Tous les lundis par exemple, on se retrouvait pour jouer un match en faveur de l'UNICEF dont il était l'un des ambassadeurs. Il opposait Diego et ses copains à une équipe de journalistes et de supporters. Le match débutait à 21h, mais dès le début d'après-midi, il y avait la queue pour entrer dans le stade qui ne pouvait pas accueillir plus de trois cents spectateurs. Chaque lundi, le stade était plein à craquer. À Naples, les pauvres, les marginaux, les riches, la seule chose qui les unifiait, c'était Diego.* » Mais lui n'en peut plus. Surtout que d'autres clubs lui font les yeux doux, en particulier l'Olympique de Marseille de Bernard Tapie. Ce dernier lui propose un pont d'or. Mais ce n'est pas l'argent qui donne envie à Diego Maradona d'aller goûter à l'ambiance du Stade Vélodrome. Non, ce qui l'intéresse, c'est cette promesse de pouvoir loger dans une majestueuse propriété face à la mer, avec piscine, court de tennis et un immense jardin. Il imagine que, là-bas, il sera enfin tranquille. Et puis, Bernard Tapie lui promet qu'il lui donnera de vrais et longs congés à Noël qu'il pourra passer en Argentine. Mais finalement, le transfert tombe à l'eau. Pourquoi ? Eh bien, parce que Corrado Ferlaino n'a pas voulu le laisser partir. Et pourtant il lui avait promis. Il lui avait dit, pendant la saison : « *Si jamais tu gagnes la Coupe UEFA, je te laisse signer à l'OM. Je te le jure...* » Maradona pensait que Ferlaino n'avait qu'une parole. Il s'est trompé. Une fois la Coupe remportée, il s'imagine avoir gagné son bon de sortie. Mais Ferlaino lui répond : « *Mais Diego, je t'ai dit tout ça pour te motiver. Non, toi, tu restes ici, à Naples. Je ne veux pas entendre parler de transfert.* » Diego est furieux. Dans son petit monde, personne n'a le droit de l'empêcher de faire ce qu'il veut. Le clash est inévitable. Il n'a jamais courbé l'échine face à un dirigeant et ce n'est pas maintenant que ça va commencer. Comme prévu, Diego rentre en Argentine pour ses vacances. Mais il ne revient pas, il refuse de revenir à Naples. Il assure qu'il craint pour sa sécurité, qu'il a peur pour sa famille et évoque d'éventuelles représailles de la Camorra. Depuis sa retraite argentine, il affirme que les vitres de sa maison ont été brisées à deux reprises, que l'une de ses voitures a été saccagée, que sa famille a reçu des menaces téléphoniques et il évoque aussi la mise à sac de l'appartement de sa sœur sans que rien n'ait été volé. Les Napolitains connaissent bien ce genre de pratique. Ceci est un message de la mafia : un premier avertissement. Pourtant, après enquête, le préfet de police de Naples dément les déclarations de Diego Maradona. Info ou intox ? Diego bluffe-t-il pour pouvoir s'en aller ? Car Diego le répète : il ne veut plus vivre à Naples. Mais les dirigeants ne craquent pas, ils se montrent même intransigeants : Diego ne partira pas. C'est un long bras de fer. Maradona est une nouvelle fois déprimé. Il l'avoue à la télévision argentine : « *Je ne me sens pas bien. Je suis saturé. En ce moment, je me dis même que je pourrais tout arrêter. Cela ne peut plus durer comme ça. Je dois voir Ferlaino, discuter avec lui avant de prendre une décision.* » Diego ne mentionne pas que le Napoli a posé un recours devant un tribunal. Le club ne veut pas gaspiller son argent et payer un joueur qui a pris la fuite. Car il devait arriver le 16 août à Naples, les jours passent et il n'est toujours pas là. Le club lui inflige une amende historique. Et lorsqu'il comprend qu'il ne peut rien faire, qu'il n'a pas d'autre choix de que rentrer à Naples, Diego quitte son cocon argentin pour revenir sur les bords de la Méditerranée. Il rentre chez lui le 4 septembre. Les Napolitains sont déçus de son attitude et de ses paroles. Seul le terrain, seul son football sont en mesure d'effacer ce triste épisode. Mais quelque chose est définitivement cassé chez Maradona. C'est le début d'une longue et lente descente aux enfers. « *À partir de 1989*, note Signorini, *j'allais pour le réveiller et je le sentais très mal, donc je ne l'obligeais pas à se lever, je le laissais dormir. Ça a été de pire en pire et ça se répétait de plus en plus souvent. Il perdait le contrôlé sur lui, et nous aussi...* » Diego Armando Maradona est toujours aussi paradoxal. C'est un oiseau de nuit dépressif mais cela ne l'empêche pas d'être un immense joueur, toujours aussi bon, toujours aussi beau et toujours aussi efficace. En cette saison 1989-1990, son vrai-faux départ lui fait prendre du retard et il ne fait son retour dans l'équipe qu'à la cinquième journée de Championnat.

Le Napoli est entraîné par un nouveau venu : Alberto Bigon. Comme en 1986-1987 ou en 1987-1988, le Napoli est une machine à gagner. Contre toute attente, le club s'offre un second Scudetto. Diego Maradona est rayonnant. Il inscrit seize buts dans la saison. Et pourtant, il a bien souvent séché les entraînements matinaux, et n'en a que trop souvent fait qu'à sa tête. C'est à la limite du raisonnable. Mais tant que le Napoli gagne, tout ou presque lui est pardonné. Diego est un animal. Une bête blessée dans sa chair et dans sa tête, mais il ne badine jamais avec le football. Il termine la saison comme un boulet de canon car il caresse un autre rêve : remporter une seconde Coupe du monde, en Italie...

1990

Il pleure à chaudes larmes. Il est inconsolable. Ses larmes coulent, en direct, devant des centaines de millions de téléspectateurs, les caméras braquées sur lui, et ses sanglots feront le tour du monde. Il implore le ciel et traîne sa petite carcasse au milieu de la pelouse du stade Olimpico de Rome. C'est le fantôme de Diego Armando Maradona. Où est passé ce joyeux drille, ivre de bonheur, qui venait tout juste de remporter la Coupe du monde 1986 ? Il a disparu, à jamais disparu. Il n'a pas encore trente ans, mais jamais sa fin n'a semblé si proche. Un monument s'effondre.

En ce 8 juillet 1990, Diego Maradona n'est plus le roi du monde. Son Argentine vient de perdre le match qu'il ne fallait pas : la finale de la Coupe du monde 1990. C'est l'Allemagne, la RFA, qui a été sacrée championne du monde grâce à un penalty, loin d'être évident, d'Andreas Brehme. Les dés étaient pipés d'avance, Diego Maradona en est persuadé. Alors, lorsqu'il doit monter sur le podium pour récupérer sa médaille en chocolat, il n'adresse pas un regard aux pontes de la FIFA. Diego Maradona, l'éternel rebelle, refuse de suivre le protocole et, crime de lèse-majesté, évite la main de Joao Havelange, l'omnipotent président de la FIFA. Il ne veut surtout pas le saluer. Question de fierté. Car il est persuadé que personne ne voulait que l'Argentine et Diego Maradona remportent cette Coupe du monde. C'est un complot, il en est certain… Dans les faits, c'est un peu moins évident. D'abord parce que l'Argentine n'a pas montré grand-chose tout au long de ce Mondial. Ensuite parce que Diego Maradona n'a jamais vraiment réussi à tirer son épingle du jeu. Il a semblé pataud, emprunté, à des années-lumière du niveau qu'il avait affiché au Mexique. Pour gagner, l'Argentine devait pouvoir compter sur un Maradona stratosphérique. Cela n'a pas été le cas. Et pourtant, il s'était entraîné, motivé comme jamais, pour arriver en pleine forme physique en Italie. Mais lors de ce Mondial, rien ne s'est passé comme prévu. Au regard des événements, cette place en finale est même inespérée. D'ailleurs les Argentins n'en ont pas voulu à leurs hommes, puisqu'ils étaient des milliers à les accueillir et à les soutenir à leur retour. Les autres peuvent bien penser ce qu'ils veulent mais, pour Diego, une seconde place, c'est un échec. Un cuisant échec même. En Italie, il a perdu beaucoup plus qu'une finale de la Coupe du monde.

Diego avait à cœur de flamber en Italie, dans ce pays qui l'aime tant (dans le Sud) et qui le déteste tant (dans le Nord) à la fois. Il avait envie de prendre un malin plaisir à briser le rêve de cette nation si dure avec Naples. Il avait envie de gagner une seconde Coupe du monde pour entrer définitivement dans l'histoire et pourquoi pas, dépasser Pelé.

Avant le début de la compétition, ses voyants étaient au vert, frais, bien entraîné, motivé, accompagné comme en 1986 par un Bilardo au sommet de sa forme et par un groupe expérimenté. Les Argentins, superstition oblige, avaient même réussi à organiser leur dernier match amical contre Israël. Comme en 1986. Et puis, comme en 1986, pas grand monde ne croyait vraiment en un succès des Argentins. Car depuis leur glorieux été 1986, les hommes de Bilardo n'avaient pas vraiment impressionné les foules. Les deux dernières compétitions auxquelles ils ont participé ont même été de cuisants échecs. La Copa America 1987, organisée en Argentine ? Un fiasco. La *Selección*, emmenée par un Diego Maradona fantomatique, au bord de l'asphyxie après une saison 1986-1987 trop riche en événements et en matchs officiels, est éliminée en demi-finale. Le pays tout entier attendait une victoire finale de cette Argentine tout juste auréolée de son titre de champion du monde. Cette fois-ci, Diego n'a pas été le sauveur de la nation. Il a même terminé la compétition malade (bronchite). Deux ans plus tard, en 1989, la Copa America a lieu chez les ennemis brésiliens. Diego n'est pas dans son assiette. Il arrive blessé au Brésil. Sa présence est incertaine jusqu'au dernier moment. Mais il fait un effort, ferme les yeux sur sa blessure et serre très fort les dents, car dans cette Sélection figure son petit frère Hugo. Carlos Bilardo l'a convoqué alors qu'Hugo n'évolue qu'en seconde division espagnole, à Valladolid. Mais bon, il faut bien savoir mettre un peu d'eau dans son vin de temps en temps et surtout savoir faire plaisir à son crack, à son idole de numéro 10. Tout au long de la compétition, Diego ne joue que sur une jambe et l'Argentine termine à la troisième marche du podium. C'est la dernière Copa America de Maradona, et aussi anormal que cela puisse paraître, il n'aura jamais l'honneur, dans sa carrière, de la gagner. Son regret est éternel.

Entre 1986 et 1990, l'Argentine a même battu un record historique, puisqu'elle n'a pas inscrit le moindre but pendant sept matchs (entre le 10 juillet 1989 et le 3 mai 1990). Et ce record, Bilardo n'en a pas honte. Fidèle à ses principes, il ira même jusqu'à dire à ses ouailles, avant un match amical contre l'Écosse (défaite 1-0) en mars 1990 : « *Les gars, ne vous avisez pas d'inscrire un but avant six minutes de jeu, sinon on ne battra pas ce record. Nous, nous devons être dans toutes les discussions, pour des bonnes ou des mauvaises raisons. Mais je vous rassure, après les six premières minutes de jeu, vous pourrez bien faire ce que vous voulez…* »

À la veille de la Coupe du monde 1990, la sélecion *albiceleste* ne fait plus vraiment peur à personne, même si certains se méfient de Diego Maradona qui vient quand même de remporter son second Scudetto. Et si la bête n'avait rien perdu de sa superbe ?

Carlos Bilardo a choisi de s'installer dans la banlieue de Rome, dans le camp d'entraînement de la Roma, à Trigoria. La star est à peine arrivée qu'elle a déjà ses caprices. Diego Maradona, qui adore les bolides surtout lorsqu'ils ont un cheval cabré sur le capot, exige d'emmener avec lui ses deux Ferrari, la rouge et la noire. Les deux voitures sont garées sur le parking du centre d'entraînement, où elles sont à la vue de tous. Cela ne choque personne et encore moins les Argentins. L'époque est, en effet, au bling-bling. Carlos Menem, le président de la République depuis 1989, adore lui aussi tout ce qui brille et qui coûte cher. Ce n'est que bien plus tard, et après deux mandats catastrophiques, que les Argentins prendront conscience que Menem était le roi de la corruption et que, grâce à une campagne agressive de privatisation, il avait vendu une partie du pays à des entreprises étrangères. Mais en cette année 1990, c'est encore la lune de miel. Et comme la politique et le ballon rond font bon ménage en Argentine, Carlos Menem a besoin de Diego Maradona. Alors, avant le début de la compétition, Menem voyage en Italie pour se faire photographier en compagnie de Maradona, Bilardo et de toute la sélection. Mais sa campagne de communication va un peu plus loin qu'un simple cliché, puisque le président va jusqu'à s'inviter à une conférence de presse que doit donner Diego Maradona. Elle a lieu quelques jours avant le match d'ouverture du Mondial. C'est une habile campagne de communication. La scène est surréaliste, puisque c'est le président argentin qui attend, seul face aux journalistes, l'arrivée de Maradona qui, décidément, a toujours un problème avec la ponctualité. Lorsque ce dernier se décide enfin à arriver, Menem lui remet devant tout le monde un passeport diplomatique et le nomme officiellement ambassadeur sportif itinérant de l'Argentine. Carlos Menem, Carlitos pour les intimes, veut profiter de l'aura internationale de Maradona pour vanter les mérites de l'Argentine, sa viande, ses femmes et ses beaux paysages. Il veut redonner une image positive de son pays afin d'attirer des investisseurs étrangers et des millions de touristes. Diego est honoré par tant d'égard.s Cela lui redonne un peu le sourire, car il n'est pas au mieux. D'abord, Carlos Bilardo a évincé le charismatique Jorge Valdano, blessé, de sa liste. C'est un ami, un proche de Diego, et c'est l'un des seuls que Maradona daigne écouter. Ensuite, le numéro 10 argentin a le doigt de pied en charpie, souvenir d'un crampon adverse lors d'un match de préparation en Israël. Diego devra donc débuter le Mondial avec une protection en carbone. Et puis, les vieux guerriers de 1986 ne sont pas brillants non plus. Brown ? Forfait. Ruggeri ? Pubalgie. Giusti, Burruchaga et Olarticochea ont les articulations qui grincent. Quant à l'ambiance, elle n'est pas au beau fixe. L'union sacrée qui avait galvanisé la génération 1986 n'est qu'un beau souvenir. « *En 1990, il n'y avait pas la même ambiance, la même fusion collective et le même force qu'en 1986* », assure Sergio Batista. C'est peut-être la faute à la cocaïne ? En effet, quatre joueurs du groupe, Maradona, Batista, Serrizuela et Caniggia étaient, à cette époque, des consommateurs avérés de poudre blanche. En ont-ils consommé pendant la Coupe du monde ? A priori non, puisque, pendant la compétition, ils n'ont pas été contrôlés positifs. Enfin, un climat lourd entoure l'Argentine, Diego Maradona et sa bande ne sont pas les bienvenus dans la péninsule. Partout où ils vont, ils sont hués. Les Italiens ne leur veulent pas que du bien.

C'est dans ce contexte que les Argentins entament leur Mondial. À la surprise générale, ils se font dompter par d'indomptables lions venus du Cameroun. Ils perdent 1-0 sur une tête de François Oman-Biyik. Le stade San Siro de Milan est aux anges. Diego Maradona, lui, a de la colère plein la bouche : « *Mon seul plaisir de cette sombre journée, c'est de voir que, grâce à moi, les Italiens de Milan ne sont plus racistes, puisque pour la première fois de leur vie, ils ont supporté des Africains.* » L'Argentine est humiliée. Pour Carlos Bilardo, c'est la « *pire défaite de sa carrière* ». Dans l'intimité du vestiaire, il lancera même à ses joueurs : « *Si nous perdons contre la Russie, j'offre un parachute au pilote de l'avion et je me mets aux commandes jusqu'à ce que l'avion se crashe.* »

Lors du second match, contre l'URSS, les Argentins se reprennent et gagnent, sans convaincre, sur le score de deux buts à zéro (Troglio et Burruchaga). Le match a lieu à Naples, dans la seconde maison de Diego Maradona. C'est une oasis pour lui, perdue dans le Sud de l'Italie. Là-bas, les Argentins ne sont pas insultés à chaque coin de rue. Des drapeaux *albiceste* ont même fleuri sur les balcons de la ville. Si l'honneur argentin est sauf, ce combat contre les Russes laisse des traces. Nery Pumpido, le gardien titulaire, champion du monde en 1986, se fracture le tibia et le péroné de la jambe droite. Il est out pour le reste du tournoi. Il est remplacé par son numéro 2 en club (River Plate) et en Sélection. Son nom : Sergio Goycochea. Sa spécialité : arrêter les penalties. Au cours de ce match, Diego Maradona est à nouveau l'auteur d'une main non sifflée en Coupe du monde. Cette fois-ci, c'est sa main droite qui touche le ballon sur la ligne de son but pour sauver son équipe. L'arbitre n'a rien vu, mais cette nouvelle facétie de Maradona n'est pas appréciée de tous. Sebastiao Lazaroni, l'entraîneur brésilien, déclare même, plein d'ironie : « *Maradona est vraiment un joueur versatile. Il peut inscrire un but avec sa main gauche et en arrêter un autre avec sa main droite. Chapeau !* » Cette main n'est pas le seul souvenir que le numéro 10 argentin gardera de ce match. Encore une fois, les défenseurs l'ont martelé de coups. Sa cheville gauche est touchée. Elle est aussi grosse qu'un ballon de football. Diego se doute alors que le salut de son équipe passera par Claudio Caniggia, un jeune attaquant aux longs cheveux blonds. Au pays, on le surnomme « le fils du vent » ou « l'oiseau », car il va vite, très vite. Diego Maradona a fait des pieds et des mains pour que Caniggia soit sélectionné. Car les deux hommes s'entendent à merveille sur et en dehors du terrain. Contre la Roumanie, lors du troisième match de poule, les Argentins retombent dans leurs travers et ne peuvent faire mieux qu'un match nul. Ils se qualifient par la petite porte pour les huitièmes de finale. Ils font partie des quatre meilleurs troisièmes. En huitièmes de finale, ils doivent affronter le Brésil, leur meilleur ennemi. Ils sont très loin d'être favoris. Surtout que Diego est d'une humeur… morose. Il a le spleen. Ses coéquipiers sont inquiets. Julio Olarticochea : « *Ce n'était plus le même homme, il avait beaucoup changé depuis 1986. Il avait perdu son grand sens de l'humour. Quand je faisais une blague où quand je le chambrais, il se fâchait, il se mettait en colère. Il ne supportait plus d'être taquiné. Il ne profitait plus de la vie. Il ne se sentait pas bien dans les lieux clos comme en concentration pendant une grande compétition. Il se sentait oppressé. Il fermait sa chambre à clef, alors qu'avant, elle était grande ouverte. Sur le terrain, il défendait le maillot à mort, mais on le sentait fatigué, lessivé par sa vie à Naples, ses sorties, la drogue et les voyages. Il était assailli de toutes parts. Il manquait d'énergie, il était branché sur 110 volts au lieu de 220.* » Et pour ne rien arranger, sa cheville gauche continue de le faire souffrir. Elle ne désenfle pas. Il appelle alors à la rescousse son agent, son ami, son partenaire de virées nocturnes, Guillermo Coppola. Lorsque ce dernier arrive enfin à la Trigoria, les deux inséparables oiseaux de nuit s'en vont prendre l'air. Diego monte dans l'une de ses Ferrari et disparaît dans la nuit romaine. Il ne reviendra qu'au petit matin. Ce n'est pas la meilleure manière de préparer un huitième de finale de la Coupe du monde. Mais Diego sait ce qu'il fait. Il avait peut-être même besoin de ça, d'un zeste de liberté, pour repartir de plus belle. Avant ce match contre le Brésil, personne n'y croit vraiment. Même la Fédération argentine de football (AFA) a réservé des billets retour pour Buenos Aires. Cette adversité, Diego et sa bande aiment ça. Ils sont piqués dans leur orgueil. Carlos Bilardo, comme d'habitude, a ses petits stratagèmes pour motiver ses joueurs. Il leur demande par exemple d'écouter en boucle de la samba brésilienne avant et après les entraînements. Mais rien n'y fait. Dès le début du match, les *albiceleste* sont dominés et dépassés par la vitesse et la technique des Brésiliens qui, cependant, n'arrivent pas à inscrire de but libérateur. À la mi-temps, Carlos Bilardo est aussi dépité que ses joueurs. Le vestiaire argentin ressemble à un cimetière de vieux éléphants. Une fois n'est pas coutume, Bilardo est muet comme une carpe. Il attend les toutes dernières secondes pour crier à ses joueurs : « *Les gars, je voudrais vous dire juste une chose avant de retourner sur le terrain : ceux qui sont en jaune, ce sont les Brésiliens. Alors, arrêtez de leur donner le ballon !* » En seconde mi-temps, le Brésil domine toujours autant. Et pourtant, à la 80e minute, Diego Maradona se réveille d'un coup et, sur une action de génie, offre un caviar de passe à Claudio Caniggia qui n'en demandait pas tant pour crucifier Claudio Taffarel. L'Argentine gagne et se qualifie pour les quarts de finale. Même si ses joueurs n'ont convaincu personne, Carlos Bilardo est heureux, pour lui, seule la victoire est belle et qu'importe la manière. À l'époque, il était de notoriété publique que Carlos Bilardo était un pervers, un fou, prêt à tout pour gagner. Lorsqu'il était joueur, il n'hésitait à enquêter sur la vie personnelle de ses adversaires pour pouvoir mieux les chambrer. En tant qu'entraîneur, il n'a pas hésité à aller encore plus loin. Contre le Brésil, il a donc eu la douteuse idée d'ajouter quelques somnifères dans un bidon d'eau. Et lorsqu'un Brésilien s'approchait de son banc pour se ressourcer, il offrait volontiers de son doux breuvage. Ce scandale n'a éclaté que bien plus tard lorsque quelques membres de la *Selección* ont publiquement dévoilé cette manœuvre diabolique. À l'époque, Branco, l'arrière gauche brésilien, grand spécialiste des coups de pied arrêtés, avait déjà émis des doutes. Il avait déclaré qu'il se sentait KO sur la pelouse, qu'il avait les jambes coupées et les paupières lourdes de fatigue. Maintenant, il sait pourquoi et il est presque rassuré d'avoir eu le fin mot de cette pathétique histoire.

Les klaxons résonnent dans les rues de Buenos Aires, les Argentins font la fête : pour eux, il n'y a pas de plus belle victoire que contre les Brésiliens, surtout en Coupe du monde. En quarts de finale, les Argentins passent l'obstacle yougoslave, grâce à leur « muraille de Lima » (ville d'Argentine), Sergio Goycochea. Lors de la série de tirs au but, il arrête trois tirs (Stojkovic, Brnovic, Hadzibegic) et qualifie son pays pour la demi-finale. Carlos Bilardo est euphorique. Alors que la délégation revient à Trigoria, il annonce à Ruggeri : « *C'est bon, c'est bon, on est en finale. Si vous m'écoutez bien, on va se qualifier, parce que c'est le match le plus facile du tournoi qui nous attend contre l'Italie. On va gagner parce qu'ils jouent à domicile, c'est aussi simple que ça…* » Carlos Bilardo avait peut-être déjà compris que cette demi-finale contre l'Italie, à Naples, serait explosive. L'histoire est belle pour Diego Maradona. Il va rencontrer l'Italie, à Naples de surcroît. Quel paradoxe ! Il sait que le public sera divisé. Alors, il n'hésite pas à mettre de l'huile sur le feu et rappelle que l'Italie est raciste et qu'elle n'a jamais aimé Naples : « *C'est dingue…Pendant 364 jours, on fait sentir aux Napolitains qu'ils ne sont pas des Italiens comme les autres et là, brusquement, on leur demande de donner l'exemple et d'être de vrais Italiens. Il y a des choses que je ne comprends pas…* » Le climat qui entoure ce choc est une nouvelle fois détestable. Tout le monde parle de Maradona, de Naples, de l'Italie. Cette ambiance électrique a le don de réveiller le capitaine argentin. « *Les journaux locaux, la presse internationale, tout le monde nous annonçait battus d'avance par l'Italie,* affirme Jorge Burruchaga. *Ce manque de respect a transcendé Maradona qui ne supportait pas le mépris. Une nouvelle fois, on a puisé notre force dans l'adversité.* » À Naples, les Argentins sont logés dans un hôtel. Deux jours avant le match fatidique, Carlos Bilardo utilise une nouvelle fois les croyances argentines et la superstition. Il sait qu'un mariage a lieu dans l'un des salons, alors il s'y rend pour féliciter la mariée parce que, dit-il, « *je ne pouvais pas laisser passer cette opportunité de féliciter la mariée, parce que ça porte bonheur. Et d'ailleurs, cette jeune femme a tenu à offrir son bouquet à Diego Maradona.* » Quel heureux présage !

Le 3 juillet, lorsque les deux équipes pénètrent dans ce stade San Paolo que Diego connaît si bien, le public supporte la *Squadra Azzura*. Mais il ne conspue pas pour autant les Argentins. L'ambiance est étrange. Des supporters ont confectionné quelques banderoles, comme autant de messages pour Diego Maradona. Sur l'une d'elles, il est écrit : « *Naples t'aime, Diego, mais l'Italie est notre patrie.* » Le message est clair. Une fois encore, l'Argentine est solide, mais elle n'éblouit personne. Diego Maradona se démène. Ce match, il veut le gagner car il ne veut surtout pas être la risée d'un pays tout entier. Toto Squilacci, le meilleur buteur du tournoi, ouvre le score à la 17e minute. Claudio Caniggia, le fils du vent, égalise à la 68e minute de jeu. Les deux équipes n'arrivent pas à se départager. À l'issue du temps réglementaire et après 120 minutes d'une rencontre tendue, les deux équipes jouent leur place en finale lors de la séance de tirs au but. Une fois encore, Sergio Goycochea se transforme en une muraille infranchissable. Et l'Argentine gagne. L'Italie est éliminée, chez elle, par ce bougre de Diego. Le pays est consterné. Maradona devient leur ennemi public numéro 1. Diego en est alors certain, ils vont lui faire payer cette victoire. Il est sur ses gardes, plus nerveux que jamais. Quelques jours plus tard, une nouvelle polémique éclate. Son petit frère, Lalo, a eu la permission d'emprunter l'une de ses Ferrari pour aller frimer en ville. Chemin faisant, il tombe sur une patrouille de *caribinieri* zélés. Il est arrêté sur le champ, car l'étourdi n'a pas pris les papiers de la voiture avec lui. Il a beau expliquer qu'il est le frère de Maradona, rien n'y fait. Les hommes en uniforme décident de le raccompagner à Trigoria, pour demander quelques explications au grand frère. Et surtout, les papiers du véhicule. Diego est lui aussi un étourdi, il les a oubliés à Naples. Le ton monte. Maradona se sent persécuté, il explose. Une bagarre générale s'engage devant un parterre médusé de journalistes. Deux policiers sont hospitalisés. Le scandale est énorme en Italie. Maradona est fustigé, critiqué, traité de voyou et de fou. Vingt-quatre heures plus tard, les joueurs s'aperçoivent, au réveil, que leur drapeau qui flotte depuis un mois sur Trigoria a été vandalisé. C'est une déclaration de guerre. Les Argentins sont révoltés. Même si certains ne se demandent pas si ce dernier coup d'éclat n'est pas un nouveau tour de Carlos Bilardo… Le jour de la finale, les Argentins sont remontés comme jamais. Mais l'équipe est affaiblie. Batista, Giusti, Olarticochea et Caniggia, quatre de ses titulaires indiscutables, sont suspendus pour une accumulation de cartons jaunes. Et puis, les Argentins sont sur les nerfs, ils n'ont pas pu se préparer calmement à ce grand rendez-vous. Lors des hymnes nationaux, lorsque *Libertad* retentit dans le stade Olimpico de Rome, les 73 000 spectateurs recouvrent les couplets de leurs sifflets. Diego Maradona, conscient que la caméra le filme pendant que ses coéquipiers chantent, décide alors de crier, lentement pour mieux lire sur ses lèvres : « *Hijos de puta. Hijos de puta.* » Il a l'œil noir, celui des mauvais jours. Il est hors de lui.

L'Argentine perd ce match, et Diego est détruit. « *En 1990, nous avons réalisé un tournoi médiocre, mais à l'arrachée nous avons atteint la finale*, se rappelle Ricardo Giusti. *Je suis certain qu'avec un Diego en toute possession de ses moyens, nous aurions pu gagner. Tout au long de la compétition, il a souffert de sa cheville, mais il était aussi en train de sombrer. Il n'avait plus le même plaisir avec le ballon rond ni la même allégresse, il fallait le pousser pour qu'il s'entraîne. Les effets de la drogue et de la fatigue face à la pression se sont fait cruellement ressentir. Il a retrouvé la soif de victoire contre l'Italie. Pour ce match, il était vraiment motivé, comme en 1986. En finale, il a pris les sifflets du public italien comme une trahison. Il est de ceux qui ont pris le plus mal la défaite. Pour lui, le* ganador, *le gagneur la deuxième place, n'existait pas.* »

Diego Maradona, une nouvelle fois, est déprimé. Il sait que sa carrière est derrière lui et qu'un jour il devra se résoudre à raccrocher les crampons : « *Cette finale 90 est un moment clé de la vie de Maradona*, assure Daniel Arcucci, co-auteur de l'autobiographie de Diego. *Quand il pleure avec sa médaille autour du cou, ça marque le début de sa décadence. Après ça, tout va se dégrader. Il sera suspendu en 1991 et plus jamais il ne retrouvera son meilleur niveau. D'ailleurs quand on regarde son visage après 1990, la décadence est visible. Ses traits changent, il prend du poids… Il ressemble de moins en moins à un footballeur. »*

DALMA ET GIANNINA

Diego aime les femmes. Mais il y en a deux qu'il aime par-dessus tout, d'un amour débordant et déconcertant. D'ailleurs, ses deux petites perles ne le quittent jamais. Elles sont gravées en lui. Leurs prénoms sont écrits, pour toujours, sur ses avant-bras. Celui de Dalma, sa fille aînée, est tatoué à gauche et celui de Giannina, sa cadette, à droite. En dessous de chaque prénom, Diego a fait ajouter après coup : « *mi vida* ». Littéralement, ma vie, mon amour. Lorsque Diego aime, il ne compte pas, il est prêt à tout et même à certaines excentricités... très maradoniennes. Depuis quelques années, il a pris l'habitude de porter deux montres, une à chaque poignet. Elles sont blanches et complètement identiques. Ceux qui pensaient que l'une indiquait l'heure à Buenos Aires et l'autre à Madrid ou à La Havane ont tout faux. Un beau soir, lors de son émission de télévision, « *La noche del diez* », le Diego a finit par avouer le pourquoi de cette nouvelle tendance. Et encore, c'est parce qu'il était sous la presque menace de son invité d'un soir : Mike Tyson. L'ex-champion du monde des poids lourds lorgnait avec insistance sur les montres de Maradona, lorsque, soudain, il lui lance, avec un regard menaçant :

« *Eh ! Diego, tu as deux montres, tu peux donc m'en donner une, non ?*

– *Tu as perdu la tête, Mike... sur ces deux montres, il y a l'heure de naissance de mes deux filles.* »

Il fallait y penser.

Ses deux filles, Dalma et Giannina, sont aujourd'hui aussi connues que lui au pays. Parce que Diego en parle à toutes les sauces, sans jamais vraiment les nommer. Elles sont ses « *hijas* ». Alors, chacune de ses interviews ou de ses interventions publiques est ponctuée d'un « *mi hijas* » par-ci et d'un « *mi hijas* » par-là. À tel point que certains n'en peuvent plus. Sur la toile, des groupes se sont créés pour que Diego Maradona arrête de parler de ses filles. Mais c'est plus fort que lui. C'est certainement une manière de se prouver qu'au final, il n'est pas un si mauvais père que ça.

Ses filles sont nées assez tard finalement, juste après que Diego devienne définitivement l'idole, voire le dieu des Argentins. Juste après, donc, sa démonstration de talent à la Coupe du monde 1986.

Dalma Nerea Maradona est née le 2 avril 1987, Giannina Dinorah Maradona le 16 mai 1989. Elles ne l'ont jamais vraiment vu au sommet de sa forme footballistique. Elles étaient trop petites pour se souvenir du Diego roi des footballeurs. À cette époque-là, Diego évoluait à Naples et continuait d'émerveiller le monde avec ses prouesses techniques. Mais ça, c'était la face visible de l'artiste. Celle du rêve. La face cachée était beaucoup moins belle. Car lorsque Diego rentrait chez lui, c'était juste pour poser ses affaires avant de reprendre la poudre d'escampette. Et Dieu seul sait où il allait. C'était plus fort que lui, il était pris dans le tourbillon napolitain, un mélange de sorties, de mauvaises fréquentations et de mauvaises consommations. C'était un père absent. Un homme trop loin de ses filles. Et ce n'est que bien plus tard qu'il fera son mea culpa : « *Je m'en veux tellement de ne pas avoir vu grandir mes filles. Cela me fend le cœur quand j'y pense, et comme je sais qu'il est impossible de revenir en arrière pour faire les choses différemment, je ressentirai toujours ce manque. Je me rappelle encore quand Claudia me disait :* "Reste avec nous." *Les filles jouaient tranquillement, et moi je n'en allais. De temps en temps, je regarde les vidéos des filles quand elles étaient petites. Et je me vois. Et qu'est-ce que je vois ? Un gros con qui se prenait pour un autre, pour un gars qui pensait qu'il était au-dessus de tout, un genre de maître du monde, alors que je n'étais qu'un abruti qui ne s'est même pas occupé de ses filles.* »

Aujourd'hui tout a changé. Mais ce n'est pas grâce à l'opération du Saint Esprit. Encore que… Aux dires de Diego *himself*, c'est un événement, qui aurait pu être tragique, qui lui a permis de se comporter enfin comme un père pour ses filles. En avril 2004, Diego est hospitalisé d'urgence à Buenos Aires. Encore une fois son cœur fait des siennes, et encore une fois, il est tout proche de la mort. À l'en croire, ce sont ces filles qui l'ont aidé à ressusciter. « *Je me croyais mort et je pense que je l'étais, enfin presque. J'étais allongé sur mon lit, et je peux vous assurer que je n'en menais pas large. Et Dalma m'a glissé à l'oreille : "Papa, papa, tu dois vivre, fais-le au moins pour Giannina, elle a besoin de toi." Quelques jours plus tard, lorsque j'ai rouvert les yeux, je les avais toutes les deux devant moi. C'est la première chose que j'ai vue. C'était un signe. Aujourd'hui, elles sont fières de moi et elles me le disent. Je ne suis plus le même, j'ai des projets, je me lève le matin, je ne me drogue plus, je revis et, cette fois-ci, je ne veux pas passer à côté de mes filles. Je les aime d'un amour si profond. Elles sont un tout dans ma vie. D'ailleurs je travaille et je gagne de l'argent pour elles et pour leurs enfants, car je veux qu'elles ne manquent de rien. Ni aujourd'hui ni jamais.* »

Dalma et Giannina sont aujourd'hui des grandes filles, presque des femmes. Elles sont très proches de leur mère, la Claudia. Les deux petites perles de Diego sont bien différentes. Tant physiquement que psychologiquement. On dit d'ailleurs de Dalma, l'aînée, qu'elle a plus de recul par rapport à son père. Et de Giannina qu'elle aurait besoin d'un peu plus d'attention paternelle que sa sœur.

Chacune, à sa façon, profite de son nom pour avancer. Elles le savent, leur père est prêt à tout pour qu'elles soient heureuses. Alors, oui, s'appeler Maradona ouvre des portes. Prenez Dalma, la plus grande. Elle possède le sens des affaires de sa mère. Alors elle surfe sur son nom pour faire carrière. Elle s'est lancée depuis quelques années dans une carrière d'actrice. Pièces de theâtre à Buenos Aires ou à Mar del Plata, films argentins, vidéo-clips… Elle a également présenté une série d'émissions sur l'histoire de Boca Juniors et a même remis des prix aux MTV Latinos. Difficile de dire si la petite a du talent ; en tout cas, elle n'est pas certaine que si elle n'était pas la fille du Diego, elle aurait pu un jour rêver de tenir le rôle principal sur les planches d'une salle de l'avenue Corrientes, le Broadway argentin. Les producteurs ne sont pas dupes. Et il n'y a qu'à lire toutes ses interviews de promotion. Elle a toujours le droit à une question sur son paternel ou sur sa famille. Si Dalma s'avoue « *pudique* », elle n'a jamais hésité à mettre en avant sa relation avec un jeune homme, Fernando Molina, avec qui elle partage sa vie depuis ses dix-neuf ans. Fernando était totalement inconnu du grand public jusqu'à ce que Diego décide d'en faire son attaché de presse au sein de l'Association argentine de football. C'est donc lui, aujourd'hui, qui organise l'agenda médiatique de Maradona. Et c'est une trop lourde tâche pour ce jeune homme, selon la grande majorité des journalistes argentins. Mais bon, il n'y a pas grand-chose à dire puisque c'est le futur beau-fils de Diego. « *Je pensais que mon père serait beaucoup trop jaloux, mais la première fois qu'il a vu Fernando, il a été super gentil. Bon, c'est vrai que si on se fait quelques bisous devant lui, il a plutôt tendance à regarder ailleurs ou à nous siffler en disant* : "*C'est bon, c'est bon, ça va comme ça, non...*" *Moi, j'ai l'impression de ressembler à ma mère. Alors que Giannina, c'est mon père en femme. Lorsqu'elle a quelque chose à dire, elle ne passe pas par quatre chemins. Moi, les médias, m'exposer ne me dérange pas, alors que Giannina déteste ça, elle ne se sent vraiment pas à l'aise. Enfin, je ne suis pas du tout branchée par les footballeurs, alors que Giannina...* »

Et c'est vrai que Giannina n'est pas aussi médiatique que sa grande sœur. Elle se cache. Et pourtant, elle ne choisit pas toujours la voie la plus facile pour rester dans l'ombre. À vingt ans à peine, elle a mis au monde un petit Benjamin et fait de Diego un grand-père complètement gaga. Jusque-là, tout va bien. Sauf que le père de son enfant, Sergio « el Kun » Agüero, est une star du ballon rond. Ce joueur argentin de l'Atletico Madrid est également connu pour ses sorties très et trop arrosées. Alors, après un an d'une relation que les magazines people voyaient comme idyllique, il y a eu un peu de friture sur la ligne. Et les deux jeunes gens n'ont eu d'autre alternative que se séparer. Et cette rupture pourrait avoir des conséquences pour Sergio Agüero. Le petit attaquant bourré de talent qui enquille les buts en Espagne avait, en effet, une voie royale devant lui en *Selección*. Et lorsque son ex-beau-père a pris les rênes de l'équipe nationale argentine, il en fait immédiatement un titulaire indiscutable. Ce qui n'était pas illogique non plus vu les facilités et l'efficacité du Kun. Mais cette rupture pourrait l'éloigner de cette place d'attaquant titulaire aux côtés de Lionel Messi. Si Diego n'a officiellement pipé mot de cette rupture, il ne doit pas en penser moins. Comment pourrait-il cohabiter et parler avec un homme qui a manqué de respect à sa fille chérie ? Diego a déjà perdu patience pour moins que ça. Et oser toucher au fruit de ses entrailles peut être une erreur fatale, surtout pour un joueur de foot.

Un exemple ? Roman Riquelme. Lorsque Diego Maradona arrive à la tête de la Sélection argentine (en novembre 2008), Riquelme est alors le meneur de jeu indiscutable des *Albiceleste*. C'est une star au pays, encore plus adulée que Lionel Messi. C'est dire. Son petit frère Cristian a été pendant quelques semaines le *novio* (le petit copain) de Giannina. Il l'avait rencontrée au Sunset, une discothèque à la mode de la banlieue de Buenos Aires. Cristian était alors très proche de Sergio Agüero. Les deux hommes étaient d'inséparables compagnons de sorties arrosées. Lors de l'une d'elles, ils rencontrent Giannina. La légende dit que les deux sont tombés sous le charme. Mais Giannina, qui ne pouvait pas être dans les bras de ces deux hommes en même temps, a d'abord choisi ceux de Cristian avant de se laisser amadouer par Sergio. Comme dans toute bonne *telenovela*, Cristian a eu le cœur brisé. Il aurait alors harcelé Giannina pour entendre de sa bouche quelques explications. Mais elle l'a fui et n'a jamais voulu lui parler. Alerté, Diego a donc demandé gentiment à Roman Riquelme de calmer son petit frère. Ce dernier a pris la mouche. Et après quelques piques lancées à Diego par presse interposée, Riquelme a finalement décidé de prendre sa retraite internationale. Personne n'avait compris alors comment les choses avaient pu aller aussi loin. La raison est toute simple : Giannina.

Cette anecdote est bien connue dans le microcosme du football argentin, même si les médias n'ont jamais vraiment osé l'aborder ouvertement. Peut-être ont-ils eu peur de s'attirer les foudres de Diego ? Cette petite histoire qui ressemble à un épisode de série télévisée démontre en tout cas que Diego s'est transformé en un père protecteur et qu'avec ses filles aujourd'hui, c'est une histoire qui roule.

Il dit d'ailleurs de lui-même : « *Je suis très fier de mes filles, très fier de ce qu'elles sont devenues. Et je sais que je le dois à Claudia. Elle a été une mère merveilleuse. Je lui en serai éternellement reconnaissant.* »

Claudia n'est pas la seule mère à avoir éduqué ses enfants seule, sans la présence de Diego. Depuis son passage à Naples, plusieurs femmes ont en effet annoncé qu'elles portaient un enfant de Maradona. Si certaines étaient assurément de mauvaise foi et flairaient là, dans la vie dissolue de Diego, un bon prétexte pour se faire connaître ou gagner de l'argent, d'autres, en revanche, ont fini par démonter la véracité de leurs propos.

C'est le cas de Cristina Sinagra. Pendant sept mois, affirme cette Napolitaine, elle a été la maîtresse de Diego Armando Maradona. De cette aventure est né, le 20 septembre 1986, un petit garçon, Diego Armando Sinagra, plus connu aujourd'hui sous le nom de Diego Junior. Cristina, qui avait rencontré Diego lors d'un dîner mondain, a mis plusieurs années avant d'attaquer le père biologique de son enfant. En 1992, elle se décide à porter l'affaire sur la place publique et fait appel à la justice pour que Diego accepte de reconnaître son fils. Le *pibe de oro*, qui ne vit plus à Naples, nie d'abord farouchement cette soi-disant paternité. Il refuse donc de se soumettre à un test ADN. Mais la justice italienne insiste et Diego finit par craquer. Le test ADN est positif, il est bien le père de Diego Junior. Il est alors obligé de verser une pension alimentaire à Cristina Sinagra, mais l'amour ne s'achète pas et Diego père a toujours fait comme si son fils n'était jamais né. Ce dernier a tenté tant bien que mal de suivre les traces de crampons de Maradona. Mais il n'a jamais réussi à percer et n'a jamais pu devenir un professionnel du ballon rond. Celui qui est, finalement, l'aîné des enfants de Maradona a quand même joué pour la Squadra Azzura… mais celle de Beach Soccer. Son histoire ne finit pas d'intéresser les médias, alors, régulièrement, il donne des interviews. Souvent pour demander de rencontrer son père. Diego Junior ne parle pas espagnol, sa langue paternelle, mais juste l'italien, sa langue maternelle. Il ne rencontrera certainement jamais Diego Père.

C'est en tout cas la ligne de conduite de Maradona. Car Diego Junior n'est pas le seul de ses enfants illégitimes. Il y a aussi Jana, une fille née en 1996. Sa maman, Valeria Sabalain, a rencontré Diego dans une boîte de nuit *porteña*. Elle aurait vu Marado pendant trois mois et c'est dans ce laps de temps qu'elle est tombée enceinte. Elle aussi a fait appel à la justice, et à elle aussi la justice a donné raison. En 1999, la juge qui était saisie de l'affaire a officiellement donné le nom de Maradona à la petite Jara. Cette fois-ci pourtant, Diego avait refusé de se soumettre à un test ADN. Pour la juge, ce refus était comme un aveu de paternité. Depuis, Maradona verse chaque mois un pension alimentaire d'environ 1000 euros (4000 pesos) à Valeria Sabalain. Que se passerait-il si Diego acceptait de réaliser un test ADN ? La question mérite d'être posée. En effet, Diego Armando Maradona a par principe toujours refusé de se soumettre aux tests ADN. Mal lui en a pris dans le cas de l'affaire Matias. Une nouvelle fois, une femme, Laura « La Turca » Cibilla, serveuse dans un cabaret, un bar à hôtesses, avait prétendu avoir eu un fils de Diego Maradona. Devant le refus de Maradona de réaliser un test ADN, la justice avait fini, comme d'habitude, par donner le nom de Maradona au petit Matias. Mais un beau jour, Diego a décidé de ne plus verser d'argent, de pension alimentaire, à son prétendu chérubin. Laura Cibilla l'a donc à nouveau attaqué devant la justice. À la surprise générale, Diego a alors accepté de réaliser un test ADN, qui s'est révélé négatif. Pendant toutes ces années, il avait donc, chaque mois, versé de l'argent à l'enfant d'un autre ! Ce qui n'a pas manqué de le mettre dans une colère noire…

Diego fait donc une différence majeure entre ses filles d'amour et ses enfants d'argent : « *Il faut être deux pour avoir un enfant et la décision se prend toujours à deux. C'est pour cette raison que pour moi, je n'ai que deux enfants : Dalma et Giannina. Les juges peuvent bien m'obliger à payer, mais la justice ne peut pas m'obliger à aimer…* »

LA VENDETTA

Saint « Maradonna » n'est plus en odeur de sainteté en Italie. Il est même au bord de l'excommunication. Son Mondial a laissé des traces et des rancœurs indélébiles dans toute la péninsule. En un seul match, contre la Squadra Azzura, il a réussi à se mettre à dos tout un pays. Les Italiens ont maintenant plusieurs bonnes raisons de le haïr. Son premier et impardonnable péché, c'est d'avoir été l'artisan de l'élimination de l'Italie à son propre Mondial. Le second, c'est d'avoir insulté le public italien devant la planète entière lors de la finale (« *hijos de puta* »). Et le troisième, c'est d'être un personnage publico-polémique, un cul-terreux millionnaire, capricieux et victorieux.

En cet été 1990, les Italiens attendent son retour de pied ferme, même s'ils s'imaginent qu'une fois encore il trouvera bien une « bonne » excuse pour arriver le plus en retard possible à Naples. Diego Maradona est bien conscient que l'air va vite devenir irrespirable en Italie, alors il choisit d'abord de jouer à un jeu qu'il adore : la provocation. Ils s'imaginent qu'il va se défiler et qu'il va se terrer dans son terrier argentin ? Eh bien non, Maradona est ponctuel cette fois-ci et il a même quelques jours d'avance sur le planning prévu. Il a écourté ses congés. Se serait-il refait une éducation pendant ses vacances au soleil ? Pas vraiment, puisque être à Naples, pour lui, ne signifie pas forcément qu'il va se tenir à carreau. Son entraîneur Antonio Bigon, surpris, ne l'attendait pas de si bonne heure. Il lui octroie quelques jours de vacances supplémentaires. Mais, en ce mois d'août 1990, Diego veut être irréprochable, alors, à bord de sa Ferrari Testarossa, il décide de rejoindre le stage d'avant saison du Napoli, qui se tient non loin d'Imola. Chemin faisant, il est arrêté pour excès de vitesse, mais les policiers remarquent également que ses papiers d'assurance ne sont pas en règle. Son bolide est réquisitionné, confisqué. Diego n'avait vraiment pas besoin de ça pour se sentir harcelé. Il est au bord de la crise de paranoïa. Pour lui, c'est une évidence, la police et le pays tout entier n'ont qu'une idée en tête, qu'il soit puni. Même lui, Diego Armando Maradona, l'un des hommes les plus connus de la planète, est traité comme un vulgaire citoyen lambda. Il a à peine mis les pieds sur la péninsule qu'il est déjà le protagoniste d'un nouveau scandale. Quelques jours plus tard, il est pris en flagrant délit de sortie très arrosée avec quelques-uns de ses coéquipiers. Son entraîneur est scandalisé. Le club lui inflige une amende. Il ne comprend pas, il se sent une nouvelle fois victime d'une injustice car officiellement, il était toujours en vacances. Diego est incorrigible. Il sort, chaque soir, toujours un peu plus tard et dans des endroits connus et publics comme pour mieux se faire voir. Il ne se cache plus.

Malgré ses soirées arrosées, malgré ses nuits écourtées, il revient pourtant rapidement sur les terrains. Le 1er septembre 1990, il est dans le onze titulaire napolitain qui donne une leçon de football à la Juventus de Turin, lors de la Supercoupe d'Italie. Et un titre de plus pour le numéro 10 napolitain ! La saison commence bien. Mais cette éclaircie est de très courte durée. Tout de suite après ce nouveau trophée, cette belle victoire, Diego entame une dangereuse descente aux enfers. Il est de moins en moins du matin, il n'arrive plus à lever sa carcasse de son lit et sèche de plus en plus les entraînements. Il se dit blessé, il se dit victime d'une lombalgie. Mais il n'y a pas grand monde à Naples pour croire en cette version. Les Napolitains préfèrent penser que Diego paie sa vie de plus en plus dissolue.

En octobre, il se sépare de son ex-futur fidèle agent, Guillermo Coppola. Ce dernier assure aujourd'hui qu'ils se sont séparés « *parce qu'il y avait une trop grande fusion entre l'amitié et le travail. Il était temps de nous séparer. Diego l'a mal vécu, il a dit que je l'abandonnais. C'est sa vision et je ne la comprends pas.* » Diego lui, assure qu'il s'est séparé de « Guillote » pour quelques malversations financières et va même jusqu'à porter plainte contre celui qui « *l'abandonne* ». Maradona a besoin d'un nouvel homme de confiance, alors il demande à ses dirigeants une permission et quelques jours de congés pour aller régler ses affaires à Buenos Aires. La demande est acceptée. De toute façon, Diego ne pose plus ses crampons à Soccavo, le camp d'entraînement du Napoli. *El pibe de oro* profite de son court séjour à Buenos Aires pour engager un nouvel agent, Marcos Franchi, pour annoncer à la presse argentine qu'il met un terme à sa carrière internationale et pour critiquer violemment Corrado Ferlaino. Il met de l'huile sur le feu car il ne veut plus vivre à Naples. Il n'en peut plus. Il s'y sent comme un lion en cage. C'est pour cette raison qu'il a engagé Marcos Franchi, pour qu'il négocie son départ. C'est là sa seule mission, mais une mission périlleuse, presque impossible. Car il y a beaucoup d'argent en jeu. Corrado Ferlaino a déjà versé la presque totalité des salaires du contrat de Maradona qui court jusqu'en 1993. L'argent a été déposé sur les comptes de la DIARMA (comme DI-ego AR-mando MA-radona), la société créée par Guillermo Coppola, basée à Vaduz, la capitale du paradis fiscal luxembourgeois. Ferlaino veut donc récupérer son argent avant de laisser partir l'Argentin. Le bras de fer va durer plusieurs mois, et pendant ce laps de temps, ni l'un ni l'autre ne vont se faire de cadeaux. Maradona estime que le Napoli a déjà gagné beaucoup d'argent grâce à lui. Alors il se laisse aller et délaisse les terrains. Il est au bout du rouleau, essoré mentalement et physiquement, et ingérable. Il s'entraîne et joue quand bon lui semble. Déprimé, il n'écoute plus personne et n'en fait qu'à sa tête. Pour se redonner un peu de baume au cœur, il s'achète une Rolls-Royce. C'est de la poudre aux yeux, puisqu'il continue à être aux abonnés absents et à ne jouer qu'un match sur deux. Au début du mois de novembre 1990, Diego refuse de se rendre à Moscou pour disputer le match retour de la Coupe des clubs champions contre le Spartak. Officiellement, il a les adducteurs qui sifflent. En fait, il est à bout de forces, allongé dans son lit, drogué, exténué. Il refuse de voir ses dirigeants ou ses coéquipiers les plus proches. L'heure est grave. Diego Maradona est malade, Diego

Maradona paie ses excès. Ce match est d'une importance capitale pour le club. Alors, au dernier moment, il monte dans un jet privé, direction Moscou. Il prend place sur le banc des remplaçants et, même s'il rentre sur le terrain à la 63e minute, le Napoli est éliminé, après la séance des tirs au but. Les dirigeants napolitains prennent alors définitivement conscience qu'ils doivent se débarrasser de lui au plus vite. Surtout que le *pibe del oro* intéresse toujours d'autres clubs. La presse transalpine assure qu'il est en contact avancé avec des Japonais mais aussi et encore avec l'Olympique de Marseille, un club chaque année plus ambitieux. Diego doit donc partir avant qu'il ne soit trop tard. Corrado Ferlaino, qui s'était montré inflexible jusque-là, accepte à contre-cœur de lui donner sa liberté à la fin de la saison, soit deux ans avant le terme de son contrat. Diego l'impatient doit donc encore patienter six mois. C'est peu et beaucoup à la fois, surtout dans la planète Maradona. Depuis Buenos Aires, où il passe ses vacances de Noël, il déclare : « *Je n'en peux plus, je pense bien mettre un terme à ma carrière à la fin de la saison.* »

Avec Diego, tout est toujours possible. Le meilleur comme jusqu'à la finale de la Coupe du monde 1990, et maintenant le pire. Il s'éloigne des pelouses et des terrains, là où tout lui a toujours été pardonné. Diego Maradona, le joueur, n'est plus qu'une ombre, un doux souvenir. Place maintenant au cauchemar et à la déchéance.

Dès le début du mois de janvier 1991, son nom est associé à un trafic de drogue et à un réseau de prostitution. C'est une maquerelle, Carmela Cinquegrana, qui le jette dans la fosse aux lions. Cette tenancière d'un bordel du redouté quartier espagnol de Naples, cette Madame Claude à la sauce napolitaine, l'accuse de l'avoir appelée pour lui demander de menus services. Elle assure à la justice que Diego, par l'intermédiaire d'un mafioso haut placé, Italo Jovine, lui a demandé de lui fournir de « *la marchandise* », c'est-à-dire de la cocaïne et des filles. Beaucoup de filles. Diego est pris dans la tourmente, une nouvelle fois dans l'œil du cyclone médiatique. Il est interrogé par la justice italienne, comme simple témoin, il n'est pas mis en examen. Pas encore. Car il ne peut nier l'évidence, Carmela Cinquegrana a été mise sur écoutes. Lui avoue en partie ses fautes : il confirme pour les femmes, mais nie en bloc pour la drogue. La justice italienne, d'habitude si lente, conduit cette affaire au pas de charge. Lui qui était hier protégé à tous les étages est aujourd'hui abandonné. Un Maradona qui ne joue plus est comme un super héros sans pouvoirs. Il ne sert plus à rien. En septembre 1991, il est condamné dans cette affaire à quatorze mois de prison avec sursis pour possession et consommation de stupéfiants.

En ce début d'année 1991, Diego Maradona est l'objet de toutes les attentions. Il a compris que pour sauver sa peau, il devait reprendre le chemin de l'entraînement. Donc, il rejoue. Et marque même des buts. Mais Diego n'est plus à l'abri, et ce qui devait arriver arrive : il est contrôlé positif à l'issue du match entre Napoli et Bari du 17 mars 1991. Les analyses ont détecté des traces de cocaïne. Elles sont rendues public le 29 mars. La nouvelle fait le tour du monde. Diego Maradona est abasourdi. Il se cache dans sa demeure napolitaine. Il a peur pour lui, pour sa famille, pour sa vie. La bombe à fragmentation émotionnelle est prête à exploser. Son histoire d'amour avec Naples touche brusquement à sa fin. Il finit par s'avouer drogué, mais pas dopé. Il tente de se défendre comme il peut en assurant que la prise de cocaïne ne l'aide pas à s'exprimer sur un terrain. Et que cette drogue n'a pas de dopante vertu. D'ailleurs, la cocaïne n'a intégré la liste des produits interdits qu'à la fin de l'année 1990. Diego Maradona est donc l'un des tout premiers cas de l'histoire de contrôle positif à la cocaïne. Pourtant, en 1998, des employés du laboratoire où ont été effectuées les analyses avouent que la machine était sale et qu'elle avait quelques résidus de cocaïne, que donc cette analyse n'était pas fiable à 100%. L'affaire n'a toujours pas été réglée. Le doute est encore permis.

Diego Maradona est un homme seul, sans protection. Il est désespéré. Le 1er avril, il décide de partir pour ne jamais revenir. À bord de sa BMW, il rejoint l'aéroport de Rome par la route et embarque dans l'avion d'Alitalia numéro AZ 576 en partance pour Buenos Aires. L'avion décolle à une heure du matin, et avant de s'envoler, Maradona promet qu'il reviendra lorsqu'il sera convoqué par la justice. Fernando Signorini était l'un des rares à être là, à ses côtés, ce jour-là : « *Lorsqu'il est parti de Naples, il a presque dû s'enfuir. J'étais la seule personne à Naples sur qui il pouvait compter. Je me suis aperçu qu'il était bien seul en fait. Je suis resté chez lui pour organiser son déménagement et rapatrier ses deux Ferrari, sa Rolls-Royce, ses deux BMW, ses meubles, ses trophées et ses bijoux…* » Le 6 avril, la commission de discipline de la Ligue italienne de football le condamne à quinze mois de suspension. L'appel du 20 avril confirme la sanction. La loi est appliquée immédiatement, Diego Maradona est privé de ballon jusqu'au 30 juin 1992. Les Napolitains ne le haïssent pas pour autant. Ils se souviendront toujours que, grâce à lui, le Napoli a remporté deux Scudetto, une Coupe d'Italie, une Coupe de l'UEFA, une Supercoupe d'Italie, et que Diego a inscrit la bagatelle de 115 buts en 259 matchs. Maradona est une idole. Tout, ou presque, lui est pardonné par le peuple, par les petites gens. La semaine suivant son départ précipité, de nombreux supporters ont enfilé un brassard noir car, pour eux, la fuite de Maradona est comme une petite mort. Plus jamais il ne foulera la pelouse du stade San Paolo. C'est un jour de deuil.

Là-haut, à dix mille mètres d'altitude, alors que son avion survole l'océan Atlantique, Diego Maradona réfléchit certainement à son avenir, plus incertain que jamais. Il angoisse, car il ne sait pas comment il sera reçu par la presse et par l'opinion en Argentine. Il sera rassuré dès son arrivée à Buenos Aires. À l'aéroport d'Ezeiza, les employés se sont arrêtés de travailler pour l'applaudir. Il est touché au cœur.

Le pays ne lui en veut pas. Diego Maradona déclare alors que toute cette affaire de doping est « *une vendetta* ». Une vengeance des Italiens qui lui font chèrement payer d'avoir éliminé l'Italie. Et d'ailleurs, pourquoi est-il contrôlé positif aujourd'hui alors que tout le monde sait qu'il consomme de la cocaïne depuis plusieurs années ? Pourquoi maintenant et pas avant ? Beaucoup se posent la question. Corrado Ferlaino, l'un des ennemis jurés de Diego, a avoué des années plus tard que son club avait souvent couvert Maradona : « *Du dimanche soir au mercredi, Diego, comme les autres, pouvait bien faire ce qu'il voulait. Mais le jeudi, il devait être clean. Nos médecins demandaient aux joueurs si tout était OK. Si ce n'était pas le cas, on leur donnait une pochette rempli d'urine* « *propre* ». *Ils n'avaient plus qu'à cacher cette pochette dans leur short au moment du contrôle. Et le tour était joué. Ce jour de 1991, un dirigeant a demandé à Diego si tout était en ordre. Il a répondu que oui, mais il a été contrôlé positif.* » Inutile de dire que cette diatribe de Ferlaino a fait sauter Maradona au plafond. Lui, un tricheur ? Il est offusqué.

Diego a la mémoire courte. C'est en effet lui-même qui avait avoué à la presse, quelques mois après ce contrôle, qu'il avait tout prémédité : « *J'ai fait exprès de me droguer pour échapper à cette vie, à cette ville que je ne supportais plus. Je savais que si j'étais contrôlé positif, je pourrais partir de Naples.* » Diego n'a jamais caché, par la suite, qu'il a longtemps été dépendant à la cocaïne. Donc, quelqu'un devait bien le protéger à Naples, c'est certain. Son club ? C'est la piste la plus probable. Car il était leur poule aux œufs d'or et leur magicien des terrains. Bref, il était intouchable.

À son arrivée en Argentine, Diego Maradona est un footballeur au chômage technique. Au pays, il s'imagine qu'il va retrouver un peu de calme, qu'il va pouvoir se ressourcer et remettre sa vie à l'endroit. Qu'il va profiter de ce repos forcé pour pêcher, regarder ses filles grandir, etc. Mais Diego a le diable au corps. Il est dépendant, c'est un toxicomane. Et c'est encore cette maudite poudre blanche qui va le faire plonger.

Il n'est pas arrivé depuis trois semaines que le gouvernement lui offre un beau cadeau de bienvenue. Le 26 avril 1991, il est arrêté dans un petit appartement de la *calle* Franklin, en plein cœur de Buenos Aires, dans le quartier de Caballito. L'opération a été rondement menée. Avant l'arrestation, la police a prévenu les médias. Lorsque Diego Maradona sort de l'immeuble, des dizaines de flashs crépitent pour immortaliser ce triste moment, et les caméras transmettent ces images en direct sur les petits écrans argentins. Diego comprend immédiatement qu'il est une nouvelle fois victime d'une campagne de communication. Il se drogue : tout le monde le sait. Alors pourquoi tant de monde ? Pourquoi prévenir les journalistes ? Les forces de l'ordre affirment qu'elles avaient bien préparé leur coup. L'un des porte-parole assure, sur le perron, que cette arrestation est le fruit d'une longue enquête. Bref, que c'est du travail bien fait. Maradona et deux de ses amis sont pris le nez dans la poudre. Ils ont en leur possession quelques grammes de cocaïne. Rien de bien méchant. Lorsque Diego sort, menotté, de son immeuble, la foule, nombreuse, entonne : « *Diego, Diego, Diego.* » C'est de la compassion.

C'est une habile manœuvre politique, il faut bien l'avouer. Non pas que Diego Maradona soit un saint, loin de là. Mais jusque-là, *el diez* était intouchable. Il bénéficiait d'une certaine impunité grâce à ses services rendus à la Nation. Alors, pourquoi le pouvoir politique a-t-il changé de cap ? D'abord, en Argentine comme à Naples, Diego Armando Maradona n'est utile que lorsqu'il est en pleine possession de ses moyens. Mieux il joue, plus il est tranquille. Sa liberté, il la doit au ballon rond. C'est un footballeur, pas un ambassadeur. D'ailleurs, après son contrôle positif, le gouvernement argentin décide de lui retirer son passeport diplomatique et son rôle d'ambassadeur sportif, car il n'est plus une bonne image pour le pays. Il n'est plus indispensable. Or, personne n'imagine en Argentine que Diego Maradona soit arrêté sans que le président soit consulté. Carlos Menem a certainement ordonné et accepté la capture de Maradona. Car le président est, lui aussi, dans la tourmente. La presse l'accuse d'être un corrompu depuis le scandale du *Swiftgate* (du nom d'une entreprise américaine qui assure qu'elle est victime d'extorsion de la part de personnes haut placées et donc que la corruption atteint les arcanes du pouvoir), de baigner dans le trafic de drogue avec le scandale du *Yomagate* (du nom de la belle-sœur et secrétaire du président accusée de blanchiment d'argent et de trafic international de drogue). Le président est ébranlé au moment où Diego Maradona remet les pieds en Argentine. Son retour est une bénédiction.

Lorsqu'il est arrêté, les médias, plus que preneurs des tribulations de leur idole, vont consacrer une grande partie de leurs pages et de leurs reportages à la chute vertigineuse de leur ex-enfant prodige. Carlos Menem voulait détourner l'attention des médias, il a réussi. L'arrestation de Maradona permet également de démontrer que la justice argentine peut aussi s'attaquer aux puissants. Diego est tombé pour ses excès, et pour l'exemple. Ses faiblesses lui ont été fatales, à Naples comme en Argentine. L'idole déchue n'est restée qu'une nuit en prison. Il a été relâché le lendemain matin, après avoir payé une caution de 5000 dollars, une broutille pour lui. La juge chargée de l'affaire lui ordonne de suivre une cure de désintoxication. Elle lui propose un marché : soit il accepte et il se soigne, soit il ira croupir en prison. Diego opte pour la première solution, bien évidemment. Maradona va alors connaître sa première traversée du désert. Il traîne sa peine et son amertume. Une fois encore, il se sent victime d'une terrible injustice. Il se sent utilisé. Diego a du mal aussi à faire son autocritique. Il est perdu. Pendant sa suspension, il participe à quelques matchs de bienfaisance, histoire de garder le contact avec le ballon, le terrain et le milieu. À part ça, il ne fait pas grand-chose. Il prend du poids et devient une sorte de clown ventripotent. Il fait également quelques apparitions à la télévision. Marcelo Tinelli, une sorte d'Arthur argentin, incontournable producteur et présentateur de programmes pas toujours de très bon goût, l'engage pour une série d'émissions, « *Ritmo en la noche* », dans lesquelles le champion du monde 1986 participe à des petits matchs de quatre contre quatre. Le terrain, en synthétique, est dans les studios. Ces matchs opposent des vedettes du show business, des artistes et des sportifs. La seule présence de Diego booste les audiences. C'est un troubadour. Force est de constater que dans les bons comme dans les mauvais moments, il intéresse les foules. Il est incontournable, il fait partie du quotidien des Argentins. C'est comme ça, et ça fait longtemps que ça dure.

Lorsque les quinze mois de sa suspension arrivent à leur terme, Diego va revenir sur le devant de la scène. Mais, cette fois-ci, dans ce costume de footballeur qui lui va si bien. Sur le chemin de la rédemption, Maradona a eu des petits coups de blues. Un jour, au début de l'année 1992, il a bien annoncé qu'il pensait mettre un terme à sa carrière. Un autre jour, il a parlé de la mafia du football. De ces dirigeants corrompus, de toutes ces personnes qui ternissent l'image de ce jeu universel. Mais l'appel du ballon rond est finalement trop fort. Avec son manager Marcos Franchi, ils travaillent dans l'ombre, peaufinent leur plan de bataille pour éviter qu'il soit obligé de revenir à Naples. Il ne le veut pas, il ne le conçoit pas. Les deux hommes ont envoyé le rapport d'un psychologue qui préconise que « *pour la santé morale de Diego Armando Maradona, il ne peut plus vivre à Naples.* » Pour Corrado Ferlaino, l'ennemi numéro 1 de l'astre argentin, il est également inconcevable de le voir revenir sur les bords de la Méditerranée. Mais il ne veut pas céder à ces caprices. Il ne veut pas le laisser partir gratuitement. Il ne veut pas en faire cadeau à un autre club car Diego, officiellement, appartient toujours au Napoli jusqu'à la fin de la saison 1993. Il veut donc récupérer un maximum de billets verts. Il n'y a pas de petits profits. Surtout pas avec Diego Maradona. Diego doit trouver une porte de sortie, un club preneur et acheteur. Les tractations vont être longues et difficiles. Diego est habitué à ce genre de situation. Tout au long de sa carrière, ses transferts ont toujours donné lieu à une véritable foire d'empoigne. Corrado Ferlaino est un redoutable négociateur. Il ne lâche rien. Diego envoie ses hommes sur le Vieux Continent. Son agent se rend à Séville pour prendre le pouls. Et son avocat s'en va rencontrer Jean-Pierre Bernès, le bras droit de Bernard Tapie. Corrado Ferlaino ne craque pas.

Le 1er juillet 1992, le jour de la fin de sa suspension, Diego Maradona, qui veut que les choses soient bien claires, déclare une nouvelle fois qu'il ne jouera plus jamais en Italie. Il part alors se mettre au vert pour retrouver la forme, car, pendant sa suspension, il a pris quelques kilos superflus. L'OM jette rapidement l'éponge. Seul le FC Séville est dans la course. Diego pense que tout va rapidement rentrer dans l'ordre. Mais ce qui aurait dû durer quelques jours va durer quelques semaines. La Fédération argentine de football et la FIFA sont obligées de prendre part aux négociations dans un rôle de médiateur. Diego Maradona s'impatiente. Tout est une question d'argent. Corrado Ferlaino adore faire monter les enchères. Carlos Bilardo, qui entraîne le FC Séville, s'agite en coulisses pour accélérer les négociations. Le 8 septembre, soit presque deux mois après le début de ce rocambolesque transfert, *El Narigon* Bilardo pose un ultimatum : « *Si la situation ne se débloque pas avant le 11 septembre, Diego prendra sa retraite.* » Cette phrase va changer le cours des choses, car si Diego prend sa retraite, Ferlaino peut dire au revoir à son argent. Apparemment, la grande famille du ballon rond a encore besoin de son joyeux drille argentin, puisque Sepp Blatter, le secrétaire général de la FIFA, prend lui aussi officiellement position en faveur de Diego lorsqu'il déclare, le 9 septembre : « *Je souhaite que Maradona puisse enfin s'engager avec le Séville et ce, avant le 20 septembre.* » La comédie a assez duré. Diego Maradona entrevoit un halo de lumière au bout du tunnel. Il demande la permission à la justice argentine de s'envoler vers Séville. Elle accepte. Diego arrive à Séville le 13 septembre, accompagné de Claudia, ses filles et son clan. Le 22 septembre finalement, tout est réglé à Zurich. Maradona est officiellement transféré à Séville. Coût de l'opération : 7,5 millions de dollars. La réunion s'est terminée au petit matin. Ferlaino a fait rajouter une clause dans ce contrat : le FC Séville ne peut pas laisser signer Maradona dans un club italien dans les deux ans à venir. Pour un homme blessé, un tricheur, un dopé et un drogué, Diego Maradona s'en sort plutôt bien, puisqu'il va pouvoir se mettre dans la poche quelque 4,5 millions de dollars. Et ce n'est pas tout, puisque les grandes marques, qui l'ont oublié pendant quinze mois, reviennent frapper à sa porte. Diego est de nouveau richissime. Il signe des contrats pharaoniques avec Pepsi ou Mitsubishi. C'est un homme heureux. Lorsqu'il apprend la nouvelle, dans son hôtel, une caméra filme à nouveau ses sanglots, de soulagement cette fois. Il pleure de joie et s'emballe : « *Je veux remercier tout le monde, mes filles, Marcos, ma famille, tous... Je veux remercier les Argentins aussi, je vais jouer pour eux et je vais mettre mon cœur dans tout ce que je vais faire. Je viens de vivre des moments tristes, mais ils m'ont aidé à mûrir. Je suis plus vivant que jamais. Maintenant, je sais pourquoi je vais courir. Justice a été faite, je pleure de joie, je remercie les Argentins qui m'ont aidé à lutter, les Argentins de la rue qui, durant dix-huit mois, ont été à mes côtés. Le cauchemar est terminé. Je vais lutter de toutes mes forces pour redevenir le capitaine de la* Selección. *Je suis comme un boxeur qu'on a privé de son titre et je reviens le chercher en Europe. Et je vais le reprendre et je vais l'offrir aux Argentins.* » Maintenant, il faut agir.

Il revit, puisque sans le football il se sent mort, inutile. Et surtout, il rêve de terminer sa carrière sur une note glorieuse. Il rêve de terminer sa carrière en soulevant une seconde fois la Coupe du monde, en 1994, aux États-Unis. Diego Maradona a un an et demi devant lui pour se préparer. Il va souffler ses trente-deux bougies, il est presque devenu un papy du football, mais il n'est pas mort. Il a toujours quelques kilos superflus. Son génie n'apparaît que par éclats, sur un coup franc, une accélération ou sur une passe, mais qu'il semble loin le Diego des années 80 ! C'est vrai qu'à Séville il n'y a pas autant d'hystérie qu'à Naples. Ici, en Andalousie, il n'est pas idolâtré. Le contexte est plus calme. Il peut, par exemple, sortir faire ses courses dans la Calle Sierpes, la plus commerçante de la ville, sans se faire agresser par la foule. Il vit dans une villa louée par Espartaco, l'un des plus grands toreros du moment. Tout semble réuni pour qu'il reprenne du poil de la bête. Mais ses vieux démons ne le laissent pas en paix.

En début de saison, il sort pratiquement tous les soirs. Il n'arrive toujours pas à se gérer. Un soir, il est victime d'un accident au volant de sa Mercedes. Un autre soir, il se lance dans un rodéo suicidaire dans les rues de Séville. Au volant de sa Porsche, il grille cinq feux rouges, son compteur monte à 150km/h. Il est poursuivi par la police qui finit par mettre fin à cette chevauchée folle. Comme à Naples finalement, il brille par son absence lors des séances matinales d'entraînement. Comme à Naples, il devient rapidement ingérable, incontrôlable.

Son physique ne suit plus. Il se blesse. Le bilan de sa saison 1992-1993 est médiocre : il dispute vingt-sept matchs (sur trente-huit) et inscrit cinq buts, dont un coup franc et trois penalties. Le président du club, Luis Cuervas, est dépité par tant de gâchis : « *La seule annonce de son arrivée chez nous à entraîné près de 10 000 demandes d'abonnement supplémentaires. Hélas, son talent n'a vraiment été palpable que durant la première partie de saison. D'octobre à février, Diego a été remarquable. Mais ensuite, les choses se sont compliquées : sa lombalgie, ses allers-retours en Argentine pour jouer avec la* Selección *en février, ses ennuis à la cheville puis au genou ont fait qu'ensuite, on ne l'a plus beaucoup vu en équipe première.* »

Le 13 juin, Diego Maradona joue son dernier match officiel sous les couleurs sévillanes, à domicile contre Burgos. Séville joue sa place en Coupe UEFA, il y a donc beaucoup d'argent en jeu. En ce début d'été, Séville est déjà un four dont le thermomètre indique les 35 degrés. Diego, hors de forme, sort à la 53e minute de jeu sur ordre de Carlos Bilardo. Maradona est fou de rage car, à la mi-temps, il a accepté que le médecin du club lui fasse une infiltration dans le genou pour que la douleur le tiraille moins. Mais avant de sentir s'enfoncer la pointe de l'aiguille, il avait demandé à Carlos Bilardo si ça valait le coup, s'il allait le laisser jouer toute la mi-temps ou le faire sortir. Bilardo l'avait rassuré. Alors, lorsqu'à la 53e minute de jeu ce même Bilardo lui demande de sortir, il se sent trahi. Sur la pelouse, il insulte Bilardo et disparaît du terrain comme un voleur. Un quart d'heure après son remplacement, et après avoir pris sa douche, Maradona sort du vestiaire, les yeux rougis de larmes. Il s'en va, en pestant : « *Ce qui vient de se passer va se régler entre Bilardo et moi. D'homme à homme. Mais je doute qu'il en soit un !* » C'est le clash. Quatre jours après ce match contre Burgos (0-0), Maradona lance un « *le football me dégoûte, je préfère laisser tomber.* » Diego et Séville ne sont plus sur la même longueur d'onde. Les dirigeants ne veulent plus de Maradona. Ils ont des dossiers compromettants le concernant, depuis qu'ils ont demandé à un détective privé de le suivre pour mieux surveiller la vie dissolue de l'astre argentin. Ils ont en leur possession des photos de Diego en boîte de nuit, de Diego au bordel. Ils le tiennent, et ces clichés compromettants vont leur permettre de faire quelques économies et leur éviter de payer la totalité des droits d'image de l'Argentin.

Le séjour sévillan n'a duré que neuf mois. C'est un nouvel échec. Diego n'est pas guéri, mais il ne veut pas pour autant tirer un trait sur sa carrière avant la fin de la Coupe du monde 1994. Il doit donc trouver un nouveau point de chute. Il rentre au pays, en Argentine. Après un petit temps de réflexion, il décide de s'engager avec Newell's Old Boys, un club de Rosario. Cette ville, c'est la capitale de la passion du football en Argentine. Ce club, c'est celui où Lionel Messi a commencé à taquiner le cuir mais aussi celui qui a donné le plus de joueurs à la Sélection. Maradona voulait d'abord jouer à Boca Juniors. Mais le club de son cœur n'a pas un peso en banque. Ensuite, il a entamé des discussions avec son club formateur, Argentinos Juniors. Mais un malheureux incident va le faire changer d'avis lorsque quelques membres de la *barra brava* du club (les supporters les plus ultras, organisés en groupe, souvent mafieux) décident de s'inviter chez lui pour lui extorquer 50 000 dollars.

S'il atterrit finalement à Newell's, c'est grâce à Ricardo Giusti, son ex-coéquipier de la *Selección* en 1986 et 1990. C'est lui qui a joué l'intermédiaire pour que l'opération se concrétise. Pour une fois, tout est facile. Les négociations ne s'étirent pas dans le temps et Maradona trouve rapidement un terrain d'entente et un accord avec les dirigeants de Newell's. Ces derniers sont persuadés d'avoir fait un énorme coup, puisque Maradona est de retour au pays, dix ans après être parti sur le Vieux Continent à Barcelone. C'est un événement. Diego est tout content parce que Newell's est qualifié pour la Copa Libertadores, la Coupe des clubs champions made in America Latina. Il ne connaît pas encore cette compétition.

Avant de faire son grand retour sur les pelouses argentines, Diego doit, une nouvelle fois, fondre et perdre cette dizaine de kilos trop voyants. Il se rend à Montevideo, de l'autre côté du Rio de la Plata, pour suivre le traitement d'un médecin chinois, Liu Cheng. Pendant huit jours, il est mis au régime sec. Un jus d'orange au petit déjeuner, un bouillon et deux carottes au déjeuner, un thé au goûter et un bouillon et deux carottes au dîner. C'est un véritable sacrifice culinaire pour cet amateur de viande et de tout ce qui est gras. Mais le résultat est concluant : il perd quinze kilos en deux semaines. Il est fin prêt pour jouer.

En septembre 1993, sa présentation officielle est un véritable show. C'est l'un des grands événements de l'année. Le stade de Newell's, surnommé *El Coloso del Parque*, le Colosse du Parc, est plein à craquer et l'ambiance est indescriptible. Diego revit. Il aime quand on lui fait des déclarations d'amour. Il aime être aimé. Lors de son premier entraînement sous ses nouvelles couleurs, ils sont 40 000 spectateurs à s'êtres déplacés pour le voir jongler. C'est de la folie. Mais cette ferveur va vite retomber. L'espoir fait place à la déception. Une nouvelle fois, Diego Maradona n'est que l'ombre de lui-même. Il n'est plus dans le rythme, son corps ne tient pas. Après une série de matchs, entre ceux de la Sélection qu'il a rejointe pour les barrages de la Coupe du monde en Australie et ceux au pays, son corps finit par lâcher. Il se déchire la cuisse. Son indisponibilité ne doit pas excéder les trente jours. La saison se termine, Diego ne jouera plus jamais avec Newell's. Et dire qu'il n'a revêtu ce maillot que pour cinq matchs. Le bilan est famélique. Et l'image de Diego Maradona est de plus en plus sombre. Ils sont nombreux au pays à penser que le numéro 10 historique est à bout de souffle et qu'un jour où l'autre il va finir par annoncer sa retraite.

Au mois de février, Diego est toujours officiellement un joueur de Newell's Old Boys. Mais il a repris ses mauvaises habitudes, il est toujours aussi ingérable. Alors, le 1er février 1994, Walter Cattaneo, le président du club de Rosario annonce que « *Diego Maradona et Newell's, c'est terminé.* » Ce dirigeant, comme tant d'autres, n'en peut plus. Maradona ne vient plus aux entraînements et, pire encore, il ne s'est pas présenté à un match amical. Le président de Newell's ne tolère pas les caprices de sa star, car il a hypothéqué le club pour le faire venir. Et, comme souvent, il comptait sur les matchs amicaux pour renflouer ses caisses. Alors, si Diego ne vient pas, si Diego lui file entre les doigts au dernier moment, il sait que son club court vers la faillite. Il préfère donc casser le contrat de Maradona. C'est plus raisonnable. Ce 1er février, c'est le plein été en Argentine. Les chaînes de télévision d'information en continu n'ont rien à se mettre sous la dent. Elles vont donc se lancer à la recherche de leur enfant terrible. Car Maradona est une nouvelle fois au cœur de l'actualité. Les Argentins sont inquiets, Diego est de nouveau le capitaine de la *Selección* qui doit participer au Mondial 1994 – qui doit débuter dans un peu moins de cinq mois – et il vient de se faire virer. Sera-t-il bien là s'il n'a pas de club ? A-t-il des contacts avec un autre club ? Bref, les médias sont sous pression, ils se lancent donc à la chasse au scoop et à l'interview. Ils finissent par retrouver sa trace. Diego est dans l'une de ses maisons, en compagnie de sa femme, de ses filles et de ses amis. Il n'est pas de bonne humeur. Il prévient qu'il ne donnera aucune interview. Les journalistes connaissent leur Diego sur le bout des doigts, ils sont persuadés qu'il va changer d'avis et qu'à un moment où l'autre, il viendra parler à la presse. Un hélicoptère de la télévision survole la maison. Diego est un homme cerné. Diego est un homme au bout du rouleau. Alors, il sort sa carabine à air comprimé et tire une vingtaine de balles sur les journalistes. Il en blesse sept, sans gravité. Diego est furieux. Loin de lui l'idée de s'excuser : « *Vous pouvez faire ce que vous voulez avec moi, mais si vous ne respectez pas l'intimité de ma famille, de ma femme et de mes filles, vous aurez toujours affaire à moi.*

Je suis agressif ? Vous tous venez me harceler chez moi, arrêtez ! » Pour ce nouveau scandale, pour cette nouvelle facétie, Diego Maradona sera une nouvelle fois condamné à deux ans de prison avec sursis (jugement définif rendu en octobre 2002 par la Cour suprême).

Diego Maradona ne va pas bien, il est plus instable que jamais. Et dire que dans cinq mois il a rendez-vous aux États-Unis pour sa quatrième Coupe du monde…

« ME CORTARON LAS PIERNAS »

« *Ils m'ont coupé les jambes.* »

Dimanche 5 septembre 1993. Diego est anxieux, il ne tient pas en place, il gesticule, parle avec les mains, pointe du doigt la pelouse et se prend la tête à deux mains. Il est dépité et se sent impuissant. Diego ne joue pas. Assis dans les tribunes du Stade monumental de Buenos Aires, il regarde la *Selección* sombrer corps et âme contre une grande équipe colombienne. Un, deux, trois, les buts défilent. Quatre et cinq, le compte est bon. L'Argentine, pathétique, est défaite sur sa pelouse sur le score, sans appel, de cinq buts à zéro. La déroute est historique. La Colombie du chevelu Carlos Valderrama, du génial Faustino Asprilla et du puissant Freddy Rincon a remis le peuple *albiceleste* à sa place. Les supporters argentins, qui chantaient en début de match « *Son todos negros, son todos putos* » (ils sont tous noirs, ils sont tous pédés) se sont fait clouer le bec. Il règne dans le stade un silence de cathédrale. Monumental. Et Diego Maradona qui, hilare, déclarait avant le match que la Colombie n'avait aucune chance de l'emporter, n'a pas souhaité faire de déclaration à la fin de la rencontre. En quatre-vingt-dix minutes, les Argentins ont beaucoup perdu. Cette défaite les éloigne de la Coupe du monde 1994. Même un match nul leur aurait permis de valider leur billet pour les États-Unis. Maintenant, ils vont devoir passer par la case barrages, contre l'Australie. L'heure est grave. Car les Argentins n'osent imaginer une Coupe du monde sans leur sélection. C'est impensable. Le soir même de cette défaite historique, lorsque Diego Maradona rentre chez lui, il reçoit un coup de fil d'un homme de l'encadrement de la *Séleccion*. C'est l'un des assistants de Alfio « Coco » Basile, l'homme à la voix de stentor qui a remplacé Carlos Bilardo. Il lui demande de revenir. Diego n'en est pas là. Il n'a même pas encore repris l'entraînement avec Newell's (voir chapitre 15). Il lui répond alors : « *Jamais de la vie* ». Mais avec Maradona, la vérité d'un jour n'est pas forcément celle du lendemain. Il se laisse donc finalement séduire car il aime être désiré et il n'y a pas plus beau rôle pour lui que celui de héros de la nation. Il participe aux barrages face à l'Australie. L'Argentine se qualifie sans convaincre (1-1 à Sydney, et minuscule victoire sur sa pelouse 1-0 grâce à un but de Gabriel Batistuta), mais l'essentiel est ailleurs : Diego Maradona a remis son habit de lumière, son numéro 10 fétiche de la *Selección*. Il est de nouveau le capitaine emblématique de l'Argentine. L'espoir renaît. Le rêve est à nouveau permis car avec Maradona tout est toujours possible. Mais Diego est un être ô combien instable. C'est un Yo-Yo à taille humaine. Un jour, il est au sommet de sa forme, et le lendemain il plonge. Son image de héros sur le retour va vite laisser place à celle de star sur le déclin. Sa dépendance à la cocaïne le rend toujours aussi instable. Sa sortie rocambolesque de Newell's (voir chapitre 15) et son coup de folie contre une poignée de journalistes font craindre le pire. Mais Maradona est Maradona, et il renaît toujours de ses cendres. Il n'a plus de club, il se bat toujours contre son addiction à la cocaïne, mais une fois de plus le désir de participer à une Coupe du monde est le plus fort. Diego puise sa motivation dans ses filles, dans ses deux petites princesses, Dalma et Giannina. Elles sont en âge de voir, de leurs propres yeux, les exploits de leur papa. Alors pour elles, et seulement pour elles, il va remettre le couvert et ses crampons. Il va suivre un entraînement intensif pour être prêt le jour J. Diego a pris beaucoup de poids. Il pèse 97 kilos, il est au bord de l'obésité. Mais qu'importe, rien n'est trop dur pour rendre ses filles fières de lui. Sa première mission est simple et compliquée : il doit perdre du poids pour retrouver un physique digne d'un footballeur hors norme, digne d'un Diego Armando Maradona. En compagnie de son fidèle préparateur physique, Fernando Signorini, il s'isole dans la Pampa. Il s'en va dans un camp retranché, à quelques kilomètres de Santa Rosa, loin, très loin de Buenos Aires et de ses tentations. Lui qui déteste courir, qui hait la préparation physique, se met sérieusement au travail. Il est prêt à transpirer, il est prêt à tout donner. Chaque jour, il va donc courir au milieu des immenses plaines de la Pampa. Il suit un régime strict. Deux fois par semaine, il pousse également de la fonte pour remplacer sa graisse par du muscle. La volonté de Diego est impressionnante et le miracle a bien lieu. En quelques semaines, il retrouve l'apparence de ses grands jours. Coco Basile est rassuré. Il salue les efforts de Maradona. Il sait désormais qu'il pourra compter sur son numéro 10 à la Coupe du monde. Il le convoque pour quelques matchs amicaux, pour voir si Maradona a toujours de beaux restes. Le 22 avril 1994, Diego inscrit un but sur penalty contre le Maroc. Ce but lui fait un bien fou, il reprend confiance et se sent enfin utile à quelque chose. Il a collé deux photos de ses filles sous son brassard, car il joue pour elles et pour elles, il s'est promis de ne pas tout gâcher. Diego s'est donné les moyens d'être à nouveau présentable et à nouveau fréquentable. Cette transformation attire les regards et attise les convoitises. Il va mieux. Alors le pouvoir, qui l'a laissé tomber lorsqu'il était au plus bas, va se rapprocher une nouvelle fois de lui. Quand il est en forme, quand il est footballeur, Diego reste une figure incontournable du pays. Officiellement, le numéro 10 doit toujours suivre son programme de désintoxication que lui a ordonné la justice après son arrestation dans l'appartement de la rue Franklin. La juge en charge de son dossier décide, au mois d'avril, de clore le sujet et de mettre un point final à son traitement. Le président Carlos Menem ne l'a pas oublié. C'est bon signe.

Si Diego est à nouveau choyé dans son pays, ce n'est pas vraiment le cas hors des frontières argentines. Le Japon, par exemple, refuse de lui délivrer un visa pour qu'il participe à une série de matchs amicaux avec l'Argentine. Les Japonais n'ont pas oublié qu'il avait été jugé pour possession et consommation de stupéfiants. Il est interdit de territoire. Dans un élan de solidarité, ses coéquipiers refusent de se rendre au pays du Soleil Levant. Diego apprécie le geste. Ce contretemps oblige la

Selección à changer son fusil d'épaule. Les Argentins vont alors réaliser une tournée éprouvante pour remplacer les matchs amicaux de la Coupe Kirin au Japon. En trois semaines, ils se rendent à Santiago au Chili, à Guayaquil en Équateur, à Ramat Gan (Tel Aviv) en Israël et à Zagreb en Croatie avant d'aller s'installer à Boston, aux États-Unis. Les organismes sont mis à rude épreuve, mais le moral tient bon. En arrivant à Boston, dans le cadre bucolique du Babson College, Diego Maradona semble heureux, détendu. Il a voyagé avec toute sa famille. À trente-trois ans, il va participer à sa quatrième Coupe du monde. Il a l'expérience des grands rendez-vous et, comme Diego ne fait rien comme les autres, il a eu la permission de partager sa chambre avec sa femme, la Claudia. Ses deux filles ne sont jamais bien loin. Dalma et Giannina portent des tee-shirts recouverts de messages adressés à leur papa : « *Papa, je veux que tu gagnes la Coupe du monde. Mais si tu n'y arrives pas, je t'aime quand même.* » C'est charmant, surtout dans ce cadre verdoyant d'une université américaine aux dimensions proches d'une estancia argentine (quarante hectares). Diego est bien entouré. Il est motivé. « *Je veux gagner cette Coupe du monde*, déclare-t-il. *Et nous avons l'équipe pour la gagner.* » Et c'est vrai que cette Argentine a fière allure sur le papier. Il y a là les vieux briscards comme Caniggia, Ruggeri ou Goycochea, mais aussi des joueurs bagarreurs et talentueux comme Batistuta, Sensini, Redondo ou Simeone. L'équipe est bien armée pour voir loin et pour prétendre jouer les tout premiers rôles. Diego Maradona se sent bien dans ce groupe. À quelques jours du début de la compétition, le capitaine continue son régime strict, car il n'est pas encore à 100%. Il doit manger toutes les trois heures. Au petit déjeuner, il n'a l'autorisation d'ingurgiter qu'un peu de céréales et des blancs d'œuf. Au déjeuner, des pâtes ou du poulet comme ses coéquipiers, même si ses portions à lui sont rigoureusement pesées. Au goûter, il a le droit à un peu de chocolat… light. Et au dîner, même chose qu'au déjeuner, son assiette se limite à des pâtes ou du poulet. Diego, le gourmand, le carnivore, suit ce régime sans broncher. Il est en forme et ça se voit. Il a fait venir aux États-Unis son médecin personnel, Nestor Lentini, son préparateur physique, Fernando Signorini, et son diététicien, Daniel Cerrini. Son staff est là, au complet, à la veille du premier match de l'Argentine dans cette Coupe du monde. A priori, Diego ne se drogue pas. De temps en temps pourtant, il est surpris suant à grosses gouttes, comme s'il était en phase de manque. Mais il ne craque pas. Il est concentré sur son objectif. Quelques heures avant ses grands débuts, il déclare à la presse : « *Ma première ambition, c'est d'arriver à 70% de mon meilleur niveau, celui du Mundial 1986, pour le premier match contre la Grèce. Je crois que j'y suis. Je suis en condition pour réaliser une bonne Coupe du monde. Je me suis préparé méticuleusement à ce rendez-vous. J'ai beaucoup souffert mais aujourd'hui, je sais pourquoi je suis là.* » Et Diego est bien là, ce 21 juin 1994, sur la pelouse du Foxboro Stadium de Boston. Les Argentins jouent bien. Le quatuor formé par Maradona, Balbo, Batistuta et Caniggia est redoutable. À la soixantième minute, alors que la *Selección* mène déjà deux buts à zéro, grâce à un doublé de Gabriel Batistuta, Diego Maradona s'offre un petit plaisir. Après une divine action et six passes en une touche de balle, le numéro 10 argentin, d'un coup de fusil du pied gauche en pleine lucarne, catapulte le ballon au fond des filets. Diego est fou de joie, il fonce vers la caméra avec un regard de tueur et crie à gorge déployée, « *gooooool, goooool, gooool* ». C'est une image forte, un cri du cœur, un message à ses nombreux adversaires et à ceux qui ont cru qu'il était mort. Diego tient sa revanche. Il est soulagé. L'Argentine fait une entrée fracassante dans cette Coupe du monde. La Grèce est étrillée (4-0, dont trois buts de Batistuta). Les éloges pleuvent. Les Argentins recommencent à rêver. Ils font figure d'épouvantail et de sérieux favoris dans la course à la victoire finale. Quatre jours plus tard, ils affrontent le Nigeria. C'est un vrai test, une véritable opposition de style entre la technique et la finesse argentine et la puissance physique des Nigérians. Les Argentins sont bien en place et finissent, une nouvelle fois, par l'emporter (2-1), grâce à deux buts du fils du vent, Claudio Caniggia, et une passe décisive, pleine de malice, d'un Diego Maradona qui monte en puissance. L'Argentine fait peur, l'Argentine est sûre de ses forces. Diego est aux anges : « *Je me suis senti plus en jambes que face à la Grèce, et cela me rend heureux. Tout se passe comme je l'avais prévu. Je progresse de match en match. Je peux accélérer, gagner des face-à-face, garder le ballon, résister aux chocs. Contre la Bulgarie, ça sera encore mieux. Il n'y a pas de miracle Maradona. Je n'ai pas ressuscité parce que je n'étais pas mort. J'étais seulement chez moi, avec un gros ventre, puis je me suis mis à travailler, et me voilà. Moi, je n'ai jamais pensé que cette Coupe du monde se passerait mal. Je suis très motivé, car après mes filles, le football est ce qui me rend le plus heureux dans la vie.* » Avant ce troisième et dernier match de la première phase contre la Bulgarie, Diego Maradona est au sommet de sa gloire. Contre le Nigeria, il a égalé le record du nombre de matchs disputés en Coupe du monde. Entre 1982, 1986, 1990 et 1994, il a déjà joué vingt et une rencontres, comme l'Allemand Uwe Seeler et le Polonais Wladislaw Zmuda. Contre la Bulgarie, il va donc battre ce record, et il en est fier. Tout lui sourit.

Et pourtant, le mythe va s'effondrer. Soudainement. La veille du match contre le Nigeria, Diego a ingurgité un supplément de vitamines contaminé. Ce supplément, le Ripped Fuel, lui a été donné par son diététicien, Daniel Cerrini. Ce dernier se l'était procuré dans une pharmacie américaine, mais il ne s'est pas méfié et n'a même pas vérifié ce que contenait ce produit, a priori inoffensif. A-t-il fait preuve de suffisance et de négligence ? C'est ce qu'affirme Diego Maradona. C'est la thèse officielle. Diego Maradona a beau jurer que cette fois-ci, ce n'était pas prémédité, le résultat est le même, il est une nouvelle fois contrôlé positif. Le règlement est le règlement et il stipule bien que chaque personne est responsable des produits détectés dans son organisme. Les urines de Diego ont parlé. Les analyses et la contre-expertise ont trouvé un cocktail de cinq substances interdites : éphédrine, phénylpropanolamine, pseudoéphédrine, norpseudoéphédrine et métaéphédrine. Toutes sont des dérivés de l'éphédrine. Diego Maradona est abasourdi. Une odeur de scandale entoure la sélection argentine. Les journalistes du monde entier sont attirés par cette odeur de sang et de liquide lacrymal. Daniel Cerrini est dans la tourmente lui aussi. C'est un coupable tout trouvé, un parfait bouc émissaire. Il a le physique de l'emploi. Daniel Cerrini, c'est un bodybuilder de vingt-six ans que Diego a rencontré lorsqu'il allait dans une salle de gym de Buenos Aires pour faire de la musculation. Fernando Signorini n'a jamais trop apprécié ce personnage. Claudia lui avait bien fait part de ses doutes. Même Marcos Franchi, son agent, avait essayé de le dissuader de collaborer avec ce personnage sulfureux. Mais Maradona a la tête dure, il a toujours pris seul ses décisions. Contre l'avis de tous ceux qui lui veulent du bien, c'est donc lui et lui seul qui a invité Cerrini. Il lui fait confiance et ses méthodes ne le dérangent pas. Seul le résultat compte. C'est Daniel Cerrini, par exemple, qui lui avait conseillé de suivre un régime spécial chez un spécialiste chinois à Montevideo. C'est lui également qui avait fait de Diego un homme maigre, aux joues creusées, avant son arrivée à Newell's Old Boys. Diego Maradona l'avait donc appelé depuis Tel Aviv, quelques jours avant le Mondial, pour qu'il le rejoigne et l'aide à retrouver toute sa plénitude. Daniel Cerrini n'est pas un saint homme ni un magicien. Il n'a que vingt-six ans, mais son nom a déjà été mêlé à une affaire de consommation et de trafic d'anabolisants dans le milieu de la gonflette. Daniel Cerrini avait pris l'habitude de donner du Ripped Fast à Diego Maradona, un produit devenu indispensable, car censé l'aider à brûler ses graisses. Mais ce produit, Cerrini ne l'a pas trouvé à Boston. À la place, il en acheté un autre, qu'il croyait identique : le Ripped Fuel. Celui-là était contaminé et personne n'avait déclaré la prise de ce produit avant le match, comme cela se fait normalement, Maradona n'avait donc aucune excuse valable sur le plan légal. Il ne pouvait pas échapper à une sanction. Le jour où ce contrôle anti-dopage positif est officiellement annoncé, c'est la stupeur et l'incompréhension. Maradona positif, c'est le plus gros scandale médiatico-médico-sportif depuis l'affaire Ben Johnson aux Jeux olympiques de Séoul en 1988. Tout le monde en parle. Tout le monde se souvient aussi qu'à la fin du match entre l'Argentine et le Nigeria, une infirmière était allée chercher Diego Maradona directement sur la pelouse. Et tout le monde se souvient de ce Diego qui sort du terrain, décontracté comme jamais, au bras de cette jeune femme. « *Franchement*, affirme Alfio Basile, *j'ai beau essayer de me souvenir, je n'ai jamais vu ça de ma vie. Une infirmière qui vient chercher un joueur sur la pelouse pour l'accompagner à un contrôle anti-dopage. Je n'ai jamais vu ça avant et après dans ma carrière. Et je ne comprends toujours pas pourquoi…* »

Les Argentins veulent croire à un coup monté. Et pourtant, l'entourage de Maradona n'a cessé de pointer Daniel Cerrini du doigt. Ses mauvaises fréquentations ont eu raison de lui. Diego est dépité. Il s'enferme dans sa chambre pendant de très longues heures. Il ne comprend pas. Julio Grondona, le président de la Fédération, la AFA, décide assez rapidement de le lâcher car il ne veut pas que son institution soit éclaboussée par ce nouveau scandale de son enfant terrible. L'un des porte-parole de la AFA rappelle alors que dans une telle situation, « *seul le joueur et la personne qui lui a administré le produit sont responsables.* » Conséquence : Diego est immédiatement suspendu par la AFA, il doit quitter ses partenaires qui n'ont pas encore joué contre la Bulgarie. La détresse de Diego est palpable, sa tristesse incommensurable. Ses yeux sont rougis par le chagrin, lorsqu'il se présente devant la presse : « *Je jure sur la tête de mes filles pour lesquelles je suis venu jouer cette Coupe du monde que je ne me suis pas drogué. Je n'ai pas triché. Cette sanction est injuste. Les tests peuvent bien être positifs, mais moi, je n'ai jamais rien pris de ma vie pour jouer. Je n'ai besoin d'aucun stimulant pour être bon. Je ne comprends pas ce qui m'arrive. C'est comme si je venais de prendre un crochet de Mike Tyson. Je suis KO. Mais on ne réussira pas à m'abattre.* » Maradona est persuadé qu'il est une nouvelle fois victime d'un complot et que ses nombreux ennemis ont tout manigancé. Alors, pour se défendre, il accapare les micros. Il donne sa version des faits sans jamais réaliser une véritable autocritique. Un peu plus tard, dans sa chambre d'hôtel, il donne une interview, qui deviendra historique, à Canal 13, une chaîne argentine qui l'avait grassement payé (1,3 millions de dollars) avant le Mondial pour une série d'entretiens et de chroniques tout au long de la compétition. Diego ne peut retenir ses larmes alors qu'il avait promis à ses filles qu'il serait fort et qu'il n'afficherait pas son chagrin à l'écran. Ses larmes sont communicatives. Dans la chambre, où il donne son interview, tout le monde pleure : Diego, le cameraman, le producteur… Chez eux, de nombreux Argentins de toutes les classes, de tous les âges ont également les yeux qui se remplissent de larmes. Car Diego est touchant dans son désarroi. Lors de cette interview-fleuve, il prononce quelques mots : « *Me cortaron las piernas* », ils m'ont coupé les jambes, qui vont marquer les Argentins.

Cette phrase, ces quatre mots, sont entrés depuis dans l'inconscient collectif. Ils font partie de l'histoire contemporaine du pays et figurent dans le Top 5 des phrases les plus célèbres et les plus emblématiques de l'enfant de Fiorito.

L'Argentine est en deuil, comme si Diego venait de mourir. Ce Mondial, c'était sa dernière chance, sa dernière grande compétition, et il le quitte par la minuscule porte. Avant de rentrer à Buenos Aires, Diego, lunettes noires sur le nez, va commenter, pour Canal 13, les huitièmes de finale entre l'Argentine et la Roumanie (2-3). Mais sur la pelouse comme dans les tribunes, le cœur n'y est pas. L'Argentine s'effondre, elle est éliminée. Avant de quitter les États-Unis, Diego s'en va courir une dernière fois avec Fernando Signorini. Il parcourt dix kilomètres à un rythme très soutenu comme pour se prouver à lui-même qu'il était en grande forme et que son travail et ses efforts avaient fini par payer. Eduardo Galeano, un écrivain uruguayen, écrit alors : « *Il a joué, il a gagné, il a pissé, il a perdu...* » C'est aussi simple que ça.

À la veille de fêter ses trente-quatre ans, Diego Maradona est condamné à quinze mois de suspension. Il annonce alors, pour la énième fois, qu'il met un terme à sa carrière. Tout le monde le croit. Personne ne s'imagine qu'à trente-cinq ans et après une seconde suspension, il aura le courage de revenir sur les pelouses. Diego est épuisé. Diego sombre. Il est pris dans l'engrenage de la dépendance de la drogue. Son fidèle préparateur physique, Fernando Signorini, ne peut plus rien pour lui. Il ne sait plus quoi faire. « *Après la Coupe du monde 1994, j'ai décidé de mettre fin à notre collaboration. Je lui ai dit : "Diego, je ne peux plus travailler avec toi, car tu dois être avec quelqu'un qui va te désintoxiquer, qui va savoir te soigner. Moi, je ne sais pas.* » Diego s'isole. Il s'éloigne des seules personnes capables de lui faire du bien. Il est dans une impasse. Et c'est une nouvelle fois le président de la République, Carlos Menem, qui va le sortir de là. Il l'aide à trouver un nouveau passe-temps, une nouvelle activité. Diego est suspendu par la FIFA, il n'a donc pas le droit de jouer, mais rien n'indique qu'il lui est interdit d'entraîner. Carlos Menem, un homme à qui il est difficile de dire non, active son réseau et appelle le député Roberto Cruz, président du Deportivo

Mandiyu de Corrientes. Il lui demande d'engager Diego Maradona et de lui confier les rênes de l'équipe première. Le Deportivo Mandiyu, c'est un petit club sans ambition, de première division. Roberto Cruz saute sur cette occasion en or, car il a le projet secret de transformer les clubs de football argentins en sociétés anonymes. Diego Maradona est emballé par cette proposition, loin d'être innocente. Il accepte de se convertir en entraîneur à Corrientes, dans cette province qui lui est si chère, dans cette province où il aime venir pêcher et prendre du bon temps avec son père et sa mère. Il s'installe sur le banc du Deportivo Mandiyu au début du mois d'octobre 1994. Il est assisté par Carlos Fren, un ex-compagnon d'Argentinos Juniors. Diego n'a pas de diplôme officiel pour entraîner, alors, à chaque match, il s'installe dans les tribunes et non sur son banc, au plus près de la pelouse. L'expérience se termine aussi vite qu'elle a commencé. Parce que Diego Maradona n'est pas prêt. Il est loin d'avoir réglé ses problèmes avec son addiction. Il est toujours aussi ingérable, de plus en plus irritable. Il s'insurge et critique constamment l'arbitrage. Son équipe joue mal. Son équipe perd. Après une nouvelle défaite, le 3 décembre, le président du club Roberto Cruz entre dans les vestiaires pour sermonner ses joueurs. Il trouve le spectacle affligeant et le fait savoir. Diego se sent insulté et lui demande de s'en aller, de quitter le vestiaire au plus vite. La situation est cocasse : il vire son propre président du vestiaire et, comble du comble, lui ordonne de s'excuser devant tout le monde. Car lui vivant, personne n'a le droit de lui manquer de respect, à lui ou à ses joueurs. Une semaine plus tard, le Deportivo Mandiyu est à nouveau battu. Diego est viré sur le champ. Il paye d'un coup ses mots, son attitude et ses résultats. Son bilan est consternant : douze matchs, une victoire, six matchs nuls et cinq défaites. Maradona est de plus en plus faible. Il est devenu colérique, voit le mal partout et des ennemis à chaque coin de rue. Il vire alors Marcos Franchi et demande à son ex-agent, Guillermo Coppola, de revenir s'occuper de lui. Le duo se reforme, pour le meilleur et surtout pour le pire. Diego, à bout de souffle et sans idées, est manipulable. Il devient alors un jouet politique à la mode. Car, même au fond du gouffre, son seul nom est un gage de voix, d'argent et de médiatisation. Sa catastrophique expérience au Depotrivo Mandiyu n'a pas vraiment calmé les ardeurs de nombreux décideurs. Il se drogue ? Ce n'est pas un problème. Il est ingérable ? Ce n'est pas un problème non plus.

Un nouveau club, beaucoup plus huppé celui-là, va alors tout faire pour s'attacher ses services. Il s'agit du Racing Club d'Avellaneda. Le président de l'Académie (surnom du Racing), Juan Destefano, a besoin de faire un coup en vue des élections présidentielles de son club. Il n'est pas favori, les socios critiquent son mandat et, sauf un incroyable retournement de situation, il est annoncé comme sérieux perdant. Il va donc sortir Diego de sa manche. Car, il en est convaincu, lui seul peut le sauver et lui permettre de gagner, au finish, ces fameuses élections. En Argentine, chaque président de club est élu par ses socios et chaque scrutin donne lieu à une véritable bataille politique où tous les coups sont permis. Juan Destefano a un plan en tête : il veut engager Diego Maradona comme entraîneur en attendant la fin de sa suspension, et ensuite, il lui demandera de rechausser ses crampons. Mais pour que le plan fonctionne, il faut que Diego joue le jeu et gagne des matchs. Au début du mois de janvier 1995, Diego Maradona devient, officiellement, l'entraîneur d'un club qui n'a plus gagné de Championnat depuis 1966. Au mois de février, Maradona a déjà été absent à huit entraînements sur onze. Les journées passent et se ressemblent. Son équipe ramasse les défaites à la pelle. Le spectacle est médiocre. Sauf au bord du terrain, sur le banc sur lequel est assis Maradona. Un jour, par exemple, il arrose un arbitre de touche avec l'eau d'une pipette. Carlos Fren, son assistant, préfère se dénoncer pour éviter une nouvelle polémique à son ami. Au mois de mai, le président Juan Destefano perd finalement aux élections. Parier sur Maradona à cette époque n'était peut-être pas la bonne décision. Diego est démis de ses fonctions. Son bilan est une nouvelle fois catastrophique, puisqu'en quatre mois et sur un total de onze matchs, son équipe n'a gagné que deux fois, perdu trois fois et fait match nul à six reprises. Le Diego coach est loin d'être aussi talentueux que le Maradona joueur. Mais, malgré ses déboires, il représente toujours cette Argentine qui gagne. Le héros n'est pas encore mort, et il y a beaucoup d'Argentins, ceux qui vivent dans les bidonvilles, ceux qui n'ont pas d'argent ni de pouvoir qui continuent de le béatifier. Les hommes politiques l'ont bien compris. Alors, en cette année 1995, année d'élections présidentielles, tous veulent avoir une part de leur Diego. Lui va mal, très mal, il sombre chaque jour un peu plus. Et ce soutien improbable de ceux qui ont le pouvoir n'arrange en rien ses problèmes. Car il se sent toujours puissant, toujours aussi important. C'est un serpent qui se mord la queue, un cercle vicieux. Lorsque Diego Maradona avoue qu'il a des atomes crochus avec Carlos Alberto « Chacho » Alvarez, l'un des adversaires de Carlos Menem, ce dernier s'active en coulisses pour changer la donne. Une nouvelle fois, il va se donner des airs de bon Samaritain et voler au secours de Maradona. Une attention dénuée de tout intérêt personnel, assure-t-il. Il contacte Pelé, le tout nouveau ministre des Sports du Brésil, pour lui proposer les services de Diego Maradona. Il le voit bien dans la peau d'un entraîneur joueur au Santos, le club historique du roi brésilien. La nouvelle fait l'effet d'une bombe, car Maradona et Pelé ne s'apprécient guère, et l'Argentine et le Brésil sont deux des pires ennemis du football mondial. Au dernier moment, l'affaire capote et l'invraisemblable n'a pas lieu. Mais Carlos Menem continue d'avancer ses pions et de dévoiler son jeu. Par l'intermédiaire de son secrétaire privé, Ramon Hernandez, qui entretient d'excellentes relations avec le sulfureux Guillermo Coppola (voir chapitre « Guillote »), il va réussir à convaincre Diego Maradona. Le numéro 10 argentin retourne sa veste et annonce qu'il votera finalement pour Carlos Menem en 1995. Le président lui a promis qu'il veillerait sur lui. Diego est entre de bonnes mains, il est à nouveau protégé. Il a gagné son immunité.

Le temps passe et la fin de la seconde suspension approche. Avec le temps, Diego Maradona s'est dit qu'il méritait mieux qu'une sortie manquée et que sa retraite de footballeur, il la prendrait sous le maillot du club de son cœur, Boca Juniors…

« LA PELOTA NO SE MANCHA »

« Le ballon ne se salit pas. »

C'est un éternel recommencement. Un jour, Diego a pris sa retraite, le lendemain, il replonge la tête la première dans les délices du football. Le ballon rond est une drogue, une addiction qui ne se soigne pas. Malgré ses suspensions, ses séjours prolongés d'abstinence footballistique, le poids de l'âge et une hygiène de vie déplorable, Maradona n'est pas prêt à tirer sa révérence. Le football, c'est tout ce qui lui reste. Sa vie de famille est cauchemardesque, car la drogue l'éloigne de Claudia, de Dalma et de Giannina. Sa vie, loin des terrains, est vide de sens. Et puis, Diego n'a jamais pris le temps de réfléchir, à tête reposée, à ce que pourrait être sa vie après le football. Et Diego footballeur est encore une formidable machine à gagner de l'argent. Beaucoup ont donc intérêt à ce qu'il continue. Et beaucoup lorgnent sur cette marchandise, même si elle est périmée. Maradona n'est pas ouvert à toutes les propositions puisqu'il n'a jamais caché que son retour se ferait sous le maillot de Boca Juniors, le club de ses amours. Et ça tombe plutôt bien, car le contexte est plutôt favorable pour un retour de Diego à Boca. Certains dirigeants vont même jusqu'à l'accueillir à bras ouverts et à le présenter comme un produit d'appel, comme une promesse électorale à la veille d'élections présidentielles au club. Et ça marche. Surtout que ces dirigeants ont eu la folie des grandeurs en engageant au même moment Claudio Caniggia, l'un des meilleurs amis de Maradona. C'est une belle affaire commerciale, l'assurance d'occuper une confortable place dans les médias et d'aiguiser l'appétit d'annonceurs en tout genre. Maradona, qui est bien conscient de l'argent qu'il génère, n'est pas dupe. Il aime Boca, mais ses sentiments et son compte en banque sont deux choses bien différentes. On ne mélange pas l'amour et le business. Avoir Maradona dans son club a un prix, que beaucoup sont prêts à payer, car ils savent que les retombées peuvent être considérables. C'est un risque, mais calculé. Les caisses du club sont vides, comme d'habitude. Mais en Argentine, tout est toujours possible. La majorité des clubs du pays, surtout les plus gros et les plus endettés (l'un ne va pas sans l'autre), ont pris la fâcheuse habitude de louer leurs joueurs à de richissimes hommes d'affaires qui sont, eux, les véritables propriétaires de ces mêmes footballeurs. Ils investissent une infime partie de leur fortune dans des footballeurs quand d'autres préfèrent placer leur argent dans de la pierre ou dans de l'art contemporain. Le risque est souvent payant, puisque si le joueur brille dans un grand club du pays, il est assuré d'être transféré sur le Vieux Continent. Car l'Argentine est une usine à champions, un pays exportateur de joueurs. Lorsqu'un joueur est vendu à l'étranger, l'homme d'affaires touche alors les dividendes qui se comptent bien souvent en millions de dollars. Dans le cas de Diego Armando Maradona, les choses sont un peu différentes, car il n'y a aucune chance, à bientôt trente-cinq ans, qu'il soit transféré un jour en Europe. En revanche, grâce à des matchs amicaux ou au Championnat, grâce à de généreux sponsors, il peut encore rendre de précieux services à toute personne qui veut gagner de l'argent. En 1995, le mécène qui offre Diego à Boca Juniors s'appelle Eduardo Eurnekian. C'est un redoutable homme d'affaires argentin d'origine arménienne et, surtout, l'un des hommes les plus riches du pays. Eurnekian est, entre autres, le propriétaire du plus grand réseau de chaînes cablées du continent. Il est à la tête d'un empire médiatique. Le retour de Maradona est une aubaine pour lui. Il investit neuf millions de dollars pour que Diego enfile une nouvelle et dernière fois le maillot de Boca Juniors. Ses suspensions pour dopage ? Oubliées, elles font partie du personnage et de la belle histoire qui est en train de s'écrire.

Un tel investissement s'accompagne bien évidemment de quelques exigences. Et pas des moindres, puisqu'Eurnekian demande, en contrepartie, l'organisation de onze matchs amicaux qui seront diffusés sur ses chaînes, et l'exclusivité de la parole de Diego Maradona. Le marché est accepté par toutes les parties. Tout le monde est gagnant, tout le monde aura sa part du gâteau, même si la plus grosse est réservée à Eduardo Eurnekian. Quoi de plus normal puisque c'est lui qui a investi ? Le retour de Diego va donc se transformer en un show télévisé exceptionnel. Après d'âpres négociations, c'est en Asie, en Corée du Sud – un pays émergent qui rêve d'organiser la Coupe du monde 2002 – que Diego Armando Maradona va renouer avec le fil conducteur de sa vie : le football. C'est une superproduction. Les supporters de Boca Juniors attendaient depuis quatorze ans que Diego revienne. La Corée du Sud a versé quelque 2,5 millions de dollars pour pouvoir s'offrir un tel spectacle. Le match oppose la Corée du Sud à Boca Juniors. Ce show a un titre évocateur et aguicheur: « *Le retour du plus Grand* ». Il a lieu le 30 septembre 1995 à Séoul. Une nouvelle fois, la folie Maradona envahit l'Argentine. Diego et Boca sont de nouveau réunis, pour le meilleur et pour le pire. Le club est ambitieux. Maradona s'incorpore à l'équipe après sept journées de championnat d'ouverture. (En Argentine, il y a deux championnats par saison, l'ouverture et la fermeture.) Le club fait cavalier seul, en tête du classement. À cinq journées de la fin, Boca compte six points d'avance sur son second, le Velez Sarsfield de Carlos Bianchi, un jeune entraîneur qui deviendra grand. Et puis, sans aucune explication, l'équipe s'effondre et voit son avance fondre au classement, jusqu'à perdre toute chance de titre. C'est la chute libre. Diego Maradona, qui avait bien commencé, a peu à peu disparu de la circulation, toujours en proie à ses problèmes extra-sportifs. Diego ne va pas bien et reprend ses mauvaises habitudes. Il ne s'entraîne plus, ou trop peu. Boca Juniors termine le championnat à la quatrième place du classement. Les supporters sont furieux. Ils le font savoir et le font payer à Antonio Alegre, le président du club, le même qui s'était démené pour faire revenir Maradona. Alegre perd les élections et c'est Mauricio Macri, un jeune homme d'affaires de trente-six ans, qui prend les rênes du club. Macri, c'est un nom que tous les Argentins connaissent, car c'est une famille qui compte au pays, une famille richissime très portée sur les business en tout genre. Mauricio est un jeune loup bourré d'ambitions. On le compare depuis à Silvio Berlusconi. La première de ses décisions à la tête du club est d'enrôler Carlos Bilardo, le vieux compagnon de route de Diego Maradona. Mais les deux hommes ne s'entendent plus depuis l'épisode sévillan. Diego Maradona, toujours aussi colérique, s'oppose à la venue de Bilardo. Sauf qu'il a les poings liés car il a signé un contrat qui exige sa présence jusqu'au mois de juin 1997. Comme d'habitude, il y a beaucoup de mots, beaucoup de polémiques, mais les choses finissent par s'arranger. À l'aube du début du championnat de fermeture 1996, Diego Maradona critique violemment Mauricio Macri à qui il reproche d'essayer de baisser au plus bas les primes de match. Malgré la maladie de la drogue, Diego est toujours prêt à se révolter. C'est un éternel rebelle. « *Mais il a toujours été un rebelle positif,* affirme Nestor Fabbri, un ex-coéquipier en Sélection et à Boca Juniors, *et un rebelle pour les autres. Il disait toujours, il faut avoir la tête froide mais le cœur chaud.* »

Après cette joute verbale contre Mauricio Macri, Maradona décide sur les conseils de Carlos Bilardo de suivre une cure de désintoxication. Pendant une semaine, il pose ses bagages dans une clinique privée de la province d'Entre-Rios, dans le Nord-Est du pays. Diego se soigne chez les Évangéliques, dans un centre adventiste, qui lui propose un séjour mêlant régime et retraite spirituelle. Le pasteur responsable de ce programme étonnant assure que Diego est sur le chemin de la rédemption : « *Ce n'est pas de la magie, mais plutôt une méthode qui permet d'aider ces personnes à se retrouver et à prendre conscience de leurs problèmes. Le futur de Diego dépendra de sa volonté à s'en sortir.* » C'est bien light pour un homme qui brûle sa vie par les deux bouts depuis presque vingt ans. C'est bien light pour un homme harcelé par les médias, par la foule, et qui n'a jamais réussi à prendre un peu de recul sur sa vie. C'est bien light pour un homme pris dans le tourbillon de la célébrité depuis son adolescence. Les effets de cette cure adventiste ne sont bénéfiques que quelques jours. Lorsque Diego retrouve sa liberté, il replonge presque immédiatement. Il reprend pourtant le chemin de l'entraînement sans broncher, et Boca Juniors réussit un bon début de championnat de fermeture 1996. Mais Diego s'essoufle rapidement. Il n'a plus la condition physique et, sur le terrain, il n'est qu'un parmi tant d'autres. Et encore, s'il ne s'appelait pas Diego Maradona, il n'est pas certain que Bilardo le titulariserait. Surtout que Boca Juniors enchaîne les matchs amicaux. Le rythme est effréné. L'équipe s'en va en Chine pour une tournée grassement payée (1 million de dollars). Les Chinois adorent Maradona. Ils sont des milliers à vouloir le toucher et à lui quémander un autographe. L'hystérie est si grande que Diego ne peut pas sortir de son hôtel. Mais c'est un bain de foule salutaire. Diego a besoin de cette passion permanente qu'il génère. « *Il a toujours été en quête de reconnaissance*, affirme Daniel Acrucci, son biographe qui le connaît sur le bout des doigts. *Quand je lui demandais* : "*Que veux-tu de plus, toi qui es champion du monde, qui as été élu comme le meilleur joueur de la planète, qui es adoré dans le monde entier et qui as deux beaux enfants et beaucoup l'argent ?" Il répondait aussitôt* : "*Qu'on m'aime plus*." *Or, il avait déjà le monde à ses pieds.* »

Cette tournée chinoise a achevé Diego Maradona. Le Championnat est loin d'être terminé. Diego est à bout de forces, au bord du malaise. Il est l'auteur d'une série peu glorieuse puisqu'il manque cinq penalties de suite. Boca Juniors, malgré un efficace Claudio Caniggia (dix buts) termine à la cinquième place du classement. Diego n'a participé qu'à treize rencontres sur dix-neuf. Mais il n'a pas encore envie de jeter l'éponge, il s'accroche à cette minuscule flamme qui brûle encore en lui. En août 1996, il décide, une nouvelle fois, de commencer une cure de désintoxication. Cette fois-ci, il part loin, traverse l'Atlantique pour s'installer au pied des Alpes, en Suisse, dans une clinique spécialisée. Son combat contre la drogue continue. Avant de partir, il annonce aux médias, sur le ton de la provocation : « *En Argentine, sans argent, tu ne peux pas faire grand-chose contre la drogue et elle finit par te tuer. Moi, grâce à Dieu, qui m'a touché avec sa baguette magique, j'ai les moyens financiers de me soigner. J'en ai besoin, pour moi et pour ma famille.* » Il doit s'en aller pour de longues semaines, puisqu'il a prévu à sa sortie d'aller au

Canada, chez son frère. Il a promis à Claudia, à Dalma, sa fille aînée, et aux dirigeants de Boca Juniors, son employeur, que cette fois-ci, c'est la bonne, il va guérir et retrouver tous ses esprits. Sa série de pénalties manqués lui a fait prendre conscience qu'il n'avait plus toutes ses facultés et que la drogue le détruisait. Le traitement doit durer dix jours, pas un de plus. Diego n'est pas interné et, chaque soir, il rentre dormir à son hôtel. Claudia et les filles ont prévu de le rejoindre à la fin du traitement. Après deux jours de cure, Harutyan Arto Van, son médecin traitant, organise une conférence de presse. Devant une meute de journalistes avides de révélations, ce médecin va parler et oublier, pendant un fatidique instant, qu'il a un devoir de réserve et qu'il doit respecter le secret médical. Devant la pression, il le viole : « *Maradona n'est pas un toxicomane*, affirme-t-il. *Il a besoin d'un traitement pour renforcer sa résistance physique et psychologique à la tentation de la drogue. Il y a trois étapes dans ce traitement* : *le matin, on lui injecte un produit naturel qui renforce ses défenses. L'après-midi, il reçoit une assistance psychologique, il s'entretient avec un psychologue. Et la semaine prochaine, nous concentrerons nos efforts pour briser le cycle vicieux de la consommation. Le but de tout ça, c'est de donner des armes psychologiques à Maradona pour lui permettre de retrouver une vie normale. Maradona est hypersensible, honnête et loyal et il est très volontaire, il a envie de guérir. Il souffre car il ne peut pas sortir dans la rue avec ses filles pour se balader tranquillement et il ne supporte pas ressentir de la frustration ou un échec. Il se sent vulnérable face à toute l'attention dont il est l'objet. Alors, quand il se sent oppressé, il se drogue. C'est une échappatoire. Mais je me répète, c'est lui qui a décidé de s'en sortir, et il s'en sortira.* » Lorsque Diego Maradona prend connaissance des propos de son médecin traitant et de son déballage médiatique, il court le voir pour lui demander quelques explications. Harutyan Arto Van lui répond : « *Désolé, je n'ai pas su gérer la pression des médias, tout le monde me posait des questions.* » « *Bienvenue sur ma planète* », lui rétorque Maradona. Avant de conclure : « *Ça fait plus de vingt ans que je vis avec cette pression et vous, vous n'avez même pas tenu deux jours…* » Diego est furieux et il s'en va, il lui est impossible de continuer à se soigner avec un « *traître* ». La cure vire au fiasco. Maradona annonce alors qu'il est proche de la retraite car il n'a pas supporté sa fin de saison avec Boca Juniors. Et puis, il y a Mauricio Macri qui a maladroitement affirmé qu'il avait « *peur pour la vie de Diego. J'ai peur qu'il soit victime d'un accident sur un terrain. Diego a admis ses problèmes avec la drogue. Il a des hauts et des bas, un jour, il prend le dessus sur la drogue et le lendemain il replonge.* » Diego disparaît des terrains. Les dirigeants ont misé énormément d'argent sur son retour, ils ne lui donneront pas sa liberté si facilement. Il veut jouer ailleurs ? C'est impossible. Le contrat est finalement cassé. De toute façon, Diego n'est pas en mesure de reprendre son métier. Pendant quelques mois, il s'éloigne des terrains. Il grossit, « *comme un ballon de foot* », s'amuse-t-il à dire. Après des semaines de tergiversations, il revient, après avoir annoncé sa retraite. Au mois de mai 1996, il signe un nouveau contrat avec Boca Juniors. C'est un accord assez spécial puisque le joueur est payé au match et une clause stipule que les deux parties peuvent mettre un terme à tout moment à leur union. Fidèle à ses habitudes, Diego entame une longue préparation physique. Il la commence en Argentine, avant de rejoindre la ville de Toronto au Canada où, pendant trois semaines, il va s'entraîner sous les ordres de Ben Johnson. Ou lorsque les deux dopés les plus connus de l'histoire du sport s'unissent dans leur effort ! Diego perd onze kilos et retrouve ses jambes. Il adore les effets d'annonce et déclare, sans plaisanter, qu'il est en « *meilleure forme qu'en 1994* ». Les Argentins demandent à voir. Mais tous recommencent à fantasmer sur un éternel et glorieux retour. C'est plus fort qu'eux. Un jour, un journaliste qui a de la suite dans les idées lui demande s'il s'est préparé en vue de la Coupe du monde 1998, qui doit se dérouler en France. Diego lui répond : « *Bien sûr que je me vois en France l'année prochaine… Mais en vacances, sur une plage de la Côte d'Azur avec Claudia et les filles.* »

332 jours exactement après sa dernière rencontre avec Boca Juniors, Diego se replonge dans le quotidien d'un footballeur professionnel. Il apprécie, plus que tout, sentir à nouveau les odeurs si spéciales des vestiaires avant un match, mais aussi cette décharge d'adrénaline qui parcourt le corps lorsque les joueurs font leur entrée sur la pelouse, acclamés par le public d'un stade en ébullition. À chaque retour, Diego est persuadé qu'il va vaincre ses démons, se relancer, s'amuser et gagner

avant de mettre un point final à sa carrière. Il souhaite laisser une belle image, pas celle d'un homme au bout du rouleau, pour que les gens, ses supporters, ses fans aient un dernier et beau souvenir de lui avant sa mort footballistique annoncée. Mais il n'a plus vingt ans, il n'est plus ce gamin aux cheveux bouclés, innocent et ambitieux. La flamme s'éteint tout doucement. Comme après chaque retour, Diego n'a pas la force de tenir ni de s'éloigner de ses mauvaises tentations et de ses mauvaises fréquentations.

Le 9 juillet 1997, la Bombonera est en transe lorsque Diego Maradona sort des entrailles du stade pour pénétrer sur la pelouse. Le stade vibre de bonheur. Diego est à nouveau joueur.

Pas pour longtemps. Le 24 août, l'historique numéro 10 est une nouvelle fois contrôlé positif à l'issue de la rencontre Boca Juniors/ Argentino Juniors. C'est la troisième fois de sa carrière qu'il triche. Et c'est la seconde fois que les analyses détectent des traces de cocaïne dans ses urines.

Ironie de la situation, c'est lors d'un match entre les deux clubs argentins qui lui ont tant donné qu'il est contrôlé positif. La boucle est bouclée... Enfin, pas tout à fait. Diego Maradona est sous le coup d'une nouvelle et définitive suspension. Il va pourtant recevoir les bonnes grâces d'un juge argentin, Claudio Bonadio. Celui-ci ordonne à la AFA de surseoir à l'application de la suspension de deux ans prévue par la loi. Il a accepté les arguments douteux des avocats de Maradona qui ont plaidé, pour sa défense, l'existence d'un complot contre lui. Diego affirme alors qu'il est victime d'une campagne de presse nauséabonde qui assure, entre autres, que Maradona est suicidaire. Il se sent harcelé. Il nage en plein délire, il est en pleine crise de paranoïa aigüe. La décision prise par le juge Bonadio fait beaucoup jaser en Argentine. Elle traduit une véritable volonté politique de protéger Diego Maradona. Carlos Menem a encore agi en coulisses, car il est en pleine campagne législative. Il n'est pas au mieux dans les sondages. Lorsqu'il apprend la nouvelle, il est en voyage en Suisse pour défendre la candidature de Buenos Aires aux Jeux olympiques. C'est Julio Grondona, l'omnipotent et versatile président de la Fédération (AFA), qui l'informe de ce nouveau contrôle positif. Les deux hommes se mettent d'accord pour protéger Maradona. D'ailleurs, la AFA s'engage à ne pas faire appel de la décision surprenante du juge Bonadio. Carlos Menem veut éviter tout scandale maradonien, une nouvelle affaire Maradona pourrait entacher un peu plus son image déjà bien ternie.

Menem peut bien voler au secours de Diego pour mieux se protéger, mais il ne peut rien face à la décadence et à la déchéance de Maradona. « *Avant son dernier match avec Boca, Diego ne s'amusait plus sur le terrain car, physiquement, il n'allait pas bien,* assure Nestor Fabbri. *Il était malheureux, il savait qu'il allait devoir raccrocher les crampons. C'était une décision très difficile à prendre pour lui, car le foot, c'était toute sa vie, c'était plus important que manger ou dormir. Ce n'est pas surprenant qu'ensuite il ait été victime d'une véritable descente aux enfers. Car, en 1997, une partie de lui-même est morte. Sa vie et son équilibre se résumaient à un ballon rond, à un terrain, car dans sa vie quotidienne, il n'était jamais libre de ses mouvements. C'est pour cette raison qu'il restait longtemps sur le terrain après les entraînements. Il n'y a que là qu'il était heureux, avec un ballon.* » Le 25 octobre 1997, Diego Maradona entre pour la dernière fois sur un terrain. Pour la dernière fois de sa carrière, il va entendre les chants des supporters, voir les *papelitos* (confettis) planer dans le ciel dégagé de Buenos Aires à l'entrée des joueurs sur la pelouse, et sentir la ferveur et la passion qui entourent un *superclasico*. Boca Juniors est opposée à son meilleur ennemi, River Plate. Les bouseux rendent visite aux millionnaires dans leur stade de la Bombonera. Diego ne jouera qu'une mi-temps. Pendant quarante-cinq minutes, il est transparent, pathétique et la légende dit que ce sont même ses coéquipiers qui l'ont débarqué à la mi-temps. Il est remplacé par un jeune espoir du club de dix-huit ans, un élégant meneur de jeu, Juan Roman Riquelme. Une nouvelle ère commence pour Boca Juniors pendant qu'une page d'histoire se referme péniblement. Le lendemain de cette rencontre, Carlos Menem est le grand perdant des élections législatives. Diego sait qu'il ne sera plus protégé. Il décide de jeter l'éponge et d'annoncer pour la huitième et dernière fois qu'il prend sa retraite. Certaines rumeurs insistantes affirment qu'à l'issue de ce River-Boca, Maradona a été une nouvelle fois contrôlé positif.

Aussi aberrant que cela puisse paraître, ses avocats avaient imaginé un pareil scénario. Quelques semaines auparavant, ils avaient présenté un recours afin de permettre à Diego de continuer à jouer en cas de nouveau contrôle positif, en invoquant que leur client était malade mais que ce n'était pas une raison pour le priver de son droit au travail.

À trente-sept ans, Diego Maradona met fin à sa carrière, vingt-deux ans après l'avoir commencé. Il était temps. En vingt-deux ans, Maradona a tout connu. Des victoires historiques et de pathétiques déboires. L'homme a bien changé. La gloire l'a transformé. Roberto Prado est un témoin privilégié de cette transformation. Il est *l'utilero* de Boca Juniors, une sorte d'intendant, un homme à tout faire. « *En 1981, Diego était jeune et innocent et, s'il y avait vingt personnes dans le vestiaire, il claquait la bise à tout le monde. Il était heureux et il répétait qu'il vivait un rêve. Il n'était jamais au cœur d'un scandale car, à l'époque, les médias étaient moins puissants et oppressants qu'aujourd'hui. C'était le seul de l'effectif, en 1981, à être souvent accompagné par toute sa famille car elle était fondamentale pour lui. Quand il a quitté Boca, après le titre de champion en 1981, il allait bien, il était en grande forme physique, c'était un mec adorable… En 1995, j'ai découvert un autre homme. Si en 1981 il écoutait, en 1995, il donnait des ordres, même s'il restait sympa avec les joueurs et le staff. Il était en guerre ouverte avec les médias. Il avait deux identités : sérieux et concentré dans les vestiaires alors que dehors il devenait fou, il se fâchait avec tout le monde, même avec les supporters. En 1995 et en 1997, on sentait que Diego était malheureux, il avait trop de problèmes. Son entourage avait bien changé. C'était moins sain, c'était des amis-ennemis. Un jour, il allait bien. Le lendemain, il était de mauvaise humeur et manquait les entraînements. Il avait des sautes d'humeur. Il dépensait beaucoup d'argent. Son entourage avait construit comme un château fort autour de lui. La drogue, on savait qu'il en prenait. Mais Diego était manipulé et ne faisait rien pour s'en sortir. Il sortait tous les soirs. Le foot était devenu un passe-temps pour lui. Ce n'était plus sa vie. Il avait choisi une autre vie. Qu'y avait-il à faire sinon se souvenir du Diego de 1981, jeune, fort, souple ? Sur le terrain, il a eu de bonnes phases, même si mentalement il était plus nerveux, moins patient, plus susceptible et plus sensible au choc. Il ne comprenait pas qu'un petit gars de vingt ans puisse lui piquer le ballon. Il acceptait mal d'être plus vieux et plus lent. Il n'avait que cinquantes minutes dans les jambes, mais il pouvait changer la physionomie d'un match sur un coup franc, sur un geste. Il jouait par éclair. Diego Maradona n'avait pas conscience que sa fin de carrière approchait à grands pas. Et le pire, c'est que personne ne lui a dit, personne autour de lui ne l'a prévenu. De toute façon, personne ne pouvait rien lui dire car, à cette époque, Maradona n'écoutait aucune recommandation.* »

Diego n'a jamais été le genre d'homme à tirer des plans sur la comète. Il vit au jour le jour depuis tout le temps. Diego est un instinctif. Il n'a jamais planifié son avenir ni réfléchi à sa reconversion. Pour Diego, le coup est dur à encaisser. « *Jules César avait toujours à ses côtés un esclave qui lui répétait : "N'oublie pas que tu es un être humain." Avec Maradona, ce fut tout le contraire. Pendant plus de vingt ans, on lui a ressassé : "N'oublie pas que tu es Dieu, n'oublie pas que tu es Dieu*", affirme Roberto Perfumo, ancien capitaine de la *Selección* (1966 CM, 1973), devenu chroniqueur et psychologue. *La vie d'un footballeur pro est tragique par définition. Elle est tragique parce qu'elle est vouée à se terminer quand on est encore jeune. Quand on range ses crampons, c'est une espèce de mort. On a vécu pour jouer, on a été une étoile, une idole, et tout ceci prend fin brusquement. Il faut du temps pour s'en remettre et accepter de faire son deuil.* »

Diego n'en est pas là. Il refuse d'imaginer que sa carrière est définitivement terminée. Pendant un an, il est annoncé en Argentine, au Mexique, au Brésil, tantôt comme joueur tantôt comme entraîneur. Maradona va même jusqu'à prétendre qu'il veut rejouer à Boca. « *Parce que ma fille Giannina me l'a demandé* », assure-t-il. Un jour, Guillermo Coppola affirme que Maradona va voyager à Naples pour devenir actionnaire majoritaire, entraîneur et joueur du Napoli. Ce sont des bouteilles jetées à la mer qui ne trouvent pas de destinataires. Personne n'a envie de prendre de risque, personne ne croit plus en Maradona. Il est trop vieux pour jouer et trop instable pour diriger. Comme « la grande famille » du football ne veut plus de lui, il lorgne vers d'autres activités. Il assure, par exemple, qu'il est sur le point de tourner un film avec Leonardo Di Caprio. Diego profite de son temps libre, et il en a beaucoup, pour voyager. Un jour, il danse dans le Sambadrome de Rio de Janeiro pendant le carnaval, un autre, il est en France pour suivre la Coupe du monde 1998. Depuis qu'il s'est éloigné des terrains, ses traits s'alourdissent, son corps se transforme. Il prend du poids et change de coupe de cheveux et de look comme de chemise. Diego se cherche, mais il ne se trouve pas. Sa carrière est maintenant terminée et si elle s'est mal terminée, beaucoup n'ont pas oublié ses titres, ses buts et ses acrobaties. C'est l'heure pour lui des récompenses. Il rafle tout, ou presque : Plus beau but du siècle (le second contre l'Angleterre lors de la Coupe du monde 1986), Meilleur sportif argentin du siècle, Meilleur footballeur argentin de tous les temps, et la FIFA le classe second meilleur joueur du siècle, juste derrière Pelé. Il est fier d'être reconnu à sa juste valeur. Il est si fier d'avoir apporté autant de bonheur, gratuit, aux Argentins. Au classement du Meilleur sportif argentin du siècle, il a devancé Juan Manuel Fangio, le pilote de Formule 1, cinq fois champion du monde. Il trouve ça logique : « *Maradona ou Fangio ?,* se demande-t-il. *Maradona, sans aucun doute. Moi, j'ai couru devant des centaines de millions de téléspectateurs et de spectateurs sur tous les terrains du monde. Si Fangio a beaucoup fait pour l'Argentine, moi j'ai encore fait plus. La télévision m'a accompagné tout au long de ma carrière et cela signifie que chaque enfant peut parler de Maradona parce qu'ils m'ont vu à l'œuvre. Que ceux qui doutent de ce choix viennent chez moi pour que je leur montre tous mes trophées. Si j'avais dû voter pour un autre candidat que Maradona, j'aurais voté pour Carlos Monzon (champion du monde des poids moyens). Lui, je l'aime de tout mon cœur. C'était un boxeur exceptionnel.* » Comme Evita Peron, il a connu l'ascension de la misère à la richesse. Il fait partie de l'histoire du pays. Maradona est l'Argentine. L'Argentine est Maradona. Et c'est cette pression, même s'il l'adore, même s'il en est fier, qui l'affaiblit. Il peut parler, donner son avis sur tout et sur tous, mais il est avant tout un footballeur. Il ne faut surtout pas l'oublier. « *La parole de Marado paraît sacrée, comme s'il parlait avec le pied gauche*, analyse Jorge Valdano, l'ex-attaquant de la Selection. *L'erreur, c'est de juger important ce qu'il raconte. Maradona, c'est l'un des plus extraordinaires dédoublements de personnalité de l'histoire. Les seuls à avoir connu le vrai Maradona sont les joueurs. Sur la pelouse, on l'aimait tous, sans exception. Pourquoi ? Parce que dans le football, on apprécie beaucoup le courage en compétition. Et ça, Diego en avait à revendre. Si le match se compliquait, il savait qu'il pouvait apporter quelque chose de plus : « mara-donner ». Le ballon, cet objet qu'il faut dominer, était pour lui comme une partie du corps. Après les entraînements, il continuait à jouer et je le regardais. Son métier et le mien étaient deux professions différentes. »*

Mais Diego n'est plus joueur. Il a pris sa retraite. Plus jamais, il ne sera footballeur. Il en prendra définitivement conscience quatre ans après son dernier match, le 10 novembre 2001, le jour de son jubilé et de ses adieux. Pour l'occasion, la Bombonera est pleine à craquer et les meilleurs joueurs de la planète ont fait le voyage jusqu'à Buenos Aires. Les Francescoli, Cantona, Suker, Veron, Riquelme, Valderrama, Stoichkov ou René Higuita voulaient être là pour participer à ce dernier hommage. C'est un jour symbolique. *Pelusa, el pibe de oro*, Diego, Diegote, *El Diez*, Diego Maradona, *Maradonna,* est ému aux larmes. Il fait peine à voir. Il est obèse, il a les traits tirés, il est fatigué et a même du mal à se déplacer. Lorsqu'il fait son entrée, pour un dernier tour, dans l'arène de Boca Juniors, ils sont 50 000 à s'époumoner et à crier, les larmes aux yeux, « *Diegoooooo, Diegoooooooo* ». Il est entouré par Dalma et Giannina, il les tient par la main. Claudia, Don Diego, Doña Tota, toute sa famille et ses proches sont assis dans les tribunes. Diego n'est pas là pour jouer mais pour faire ses adieux au ballon rond. Lorsqu'il prend le micro, un silence de cathédrale règne dans son temple. Diego Maradona remercie la planète entière de tant d'égards. Sa voix est brisée par l'émotion lorsqu'il déclare : « *J'ai toujours essayé de prendre du plaisir lorsque je jouais au football et j'ai toujours essayé de vous rendre heureux. Je crois que j'ai réussi. Le football est le plus beau et le sport le plus sain du monde. J'ai fait des erreurs dans ma vie, mais ce n'est pas au football de payer pour ça, parce que le ballon ne se salit pas. Jamais.* »

« EL BARBA »

El Barba, la barbe, ou plutôt le barbu. Dans ce cas précis et en langage maradonien, toujours très imagé, le barbu, c'est Dieu. Il croit en lui et, d'ailleurs, il a toujours eu la foi. C'est un héritage familial. Lorsque Diego prononce ce mot, *El Barba*, c'est que les choses vont mal, qu'il est au bord du précipice. Il lui est arrivé de le remercier publiquement lorsqu'un miracle a eu lieu sur une pelouse, après un exploit ou un incroyable retournement de situation. Mais sa relation avec le barbu est plus profonde encore. Lorsqu'il a côtoyé la mort, lorsque son état était critique et que son sort était entre les mains de ce Dieu tout puissant, il assure qu'il s'en est sorti parce que « le barbu » pensait que son heure n'était pas arrivé. *El Barba* est donc également un synonyme de mort et d'au-delà pour Diego Maradona. S'il n'est pas mort c'est que « *El Barba* » n'a pas encore voulu de lui ». Diego est passé tout près de cette mort qui l'effraie tant. Il s'en est fallu d'un rien pour qu'il quitte à tout jamais les siens. Certains prétendent qu'il a eu des envies suicidaires. Il n'a pourtant jamais pensé à mettre fin à ses jours, car, dit-il, « *c'est un geste lâche et je n'ai jamais été lâche de ma vie.* » Il s'est drogué pendant plus de vingt ans pour apaiser ses souffrances et non pour jouer avec sa vie. Diego n'a jamais caché sa dépendance, même s'il a toujours réfuté qu'il se droguait à longueur de journée. Sa relation avec la poudre blanche était plus sournoise. Elle a toujours été présente dans son quotidien. Il a eu des hauts et des bas, des périodes de forte dépendance, surtout après

1990, et d'autres, plus « raisonnables ». Il a mis longtemps pour avouer l'inavouable. Ce n'est qu'en 1996 qu'il s'est publiquement confessé pour la première fois sur les ravages que provoquait la drogue dans sa vie. Il s'est dévoilé sans pudeur grâce à l'opiniâtreté d'une journaliste de *Gente*, un genre de *Paris Match* argentin. Cette dernière, qui connaissait Diego depuis bien longtemps, lui a fait comprendre qu'il devait parler et s'expliquer. Il ne pouvait plus attendre, car il venait d'être choisi pour être la figure d'une campagne anti-drogue nationale lancée par Carlos Menem. Ce choix a tout de suite fait polémique. Beaucoup d'Argentins ont préféré rire de cette situation cocasse et de cette hypocrisie notoire. Avant le début du programme, , « *Sol sin Drogas* » (Du soleil sans les drogues), prévu à l'été austral 1996, Diego Maradona a donc choisi de se confier dans une longue interview publiée début janvier 1996 dans *Gente*. Morceaux choisis : « *C'est très difficile de se sortir le nez de la drogue. C'est un long combat, c'est même le combat de toute une vie. J'en ai consommé pour la première fois en Europe, en 1982. J'avais vingt-deux ans. C'était comme… pour me sentir vivant. […] La première fois, quand tu en prends, ça provoque un très grand choc émotionnel. Tu as l'impression que tu es invincible. Mais après, tu te sens seul et tu as peur. C'est terrible. Tu doutes de tout. Quand tu es en descente, c'est là que tu dois être très équilibré sinon, ça te tue. […] Moi, la première fois que j'ai essayé, ça m'a rendu euphorique, comme si je venais de gagner un championnat. Le lendemain, tu continues. Le problème, c'est que tu ne gagnes rien et que tu fous ta vie en l'air. […] Lorsque je me droguais, je me droguais dans le noir. J'allais aux toilettes et j'éteignais la lumière. […] J'étais terrorisé à l'idée que mes filles me voient. Un jour, Gianinna m'a demandé un verre d'eau. J'étais au fond de mon lit. Je ne pouvais pas me lever. Elle continuait de le demander et je lui répétais que j'allais lui apporter. Mais j'étais immobile, je ne pouvais pas bouger. J'étais paralysé. […] J'ai consommé de la drogue tout au long de ma carrière, mais pas pour me stimuler ou pour tricher. Parce que tu ne peux pas jouer quand tu es drogué. La cocaïne ne t'aide pas être meilleur sur un terrain. Loin de là. […] J'ai été un drogué, je suis et je serai toujours un drogué pour tout le monde. Parce qu'on ne pardonne rien à un drogué. Le drogué souffre de discrimination, on dit de lui qu'il est le fils d'une mauvaise mère, que ses parents ne l'aiment pas, il est très mal vu par la société.*

Et lorsque tu es connu en plus, c'est une raison de plus pour te critiquer et te faire couler. [...] Pour t'en sortir, il faut que tu te dises : aujourd'hui je vais lutter contre l'enfer de la drogue. Mais c'est dur, très dur... »

Ses aveux ont fait l'effet d'une bombe. Comme souvent, Diego parle à sa manière, sans tourner sept fois sa langue dans sa bouche avant de l'ouvrir. Il n'y a pas de politiquement correct dans ses paroles. Il dit ce qu'il pense et ce qu'il ressent. Cette confession très intime lève le voile sur la relation destructrice qu'entretiennent Maradona et la cocaïne. Il ne se cache pas, comme d'habitude. Il a même l'impression que ses aveux sont plus efficaces qu'un programme. Une fois encore, et malgré lui, Diego est bien un homme de son temps. À la fin des années 1990, la cocaïne coule à flots à Buenos Aires. L'Argentine, à cette époque, est un pays clé dans le trafic international de drogue. C'est une plaque tournante, un endroit de transit pour des milliers de tonnes de cocaïne, qui y est beaucoup moins chère qu'en Europe et de bien meilleure qualité. La tentation est partout, il est très facile de s'en procurer, surtout pour les stars et les oiseaux de nuit comme lui. Diego a beau parler au passé dans cette interview, personne n'est dupe et tout le monde se doute que ses vieux démons le hantent encore. Dès le mois d'avril 1997 d'ailleurs, sa santé se dégrade. La série noire commence. Il est à Santiago du Chili, où il participe à un programme ultra-populaire de télévision, lorsqu'il est victime d'un soudain malaise. Il est obligé de quitter les studios précipitamment et est hospitalisé d'urgence dans une clinique de la capitale chilienne, victime d'un syndrome d'hypertension artérielle lié à un choc émotionnel. C'est une première alerte, sans conséquence. Après quelques heures d'hospitalisation, Diego Maradona reprend sa vie comme si de rien n'était. Quelques années plus tard, Diego est à nouveau hospitalisé, mais cette fois-ci, l'heure est beaucoup plus grave. À la toute fin de l'année 1999, Maradona décide de passer quelques jours de vacances à Jose Ignacio, une station balnéaire uruguayenne ultra-sélecte, située à quelques kilomètres de Punta del Este. Cette petite ville, bordée par l'océan Atlantique, attire chaque été toute la jet-set argentine qui y va pour se faire voir et pour en mettre plein les yeux. C'est une oasis réservée aux millionnaires et aux célébrités du continent. Diego a décidé d'y passer le jour de l'an 2000. Il est méconnaissable : il pèse 100 kilos, les cheveux coupés courts, transpire à grosses gouttes dès qu'il bouge le petit doigt et donne l'image d'un homme hors de forme dont la vie est bourrée d'excès en tout genre. Diego Maradona loge, pendant plusieurs jours, dans la villa d'un richissime homme d'affaires argentin. Il y fait la fête. Ses nuits sont courtes et bien arrosées. Il est au bord de la surchauffe et de la rupture, quand, le 4 janvier, il est victime d'un malaise. Guillermo Coppola est inquiet de voir son ami rester de longues minutes inanimé. Il appelle alors la clinique Cantagril de Punta del Este. Jorge Romero, un jeune médecin uruguayen, est de garde ce jour-là, et c'est à lui qu'est confiée une mission risquée, celle d'aller assister un Maradona moribond. « *Le 4 janvier, vers 13h, Coppola nous a appelés pour nous demander de lui prêter un appareil pour prendre la pression ainsi qu'un stéthoscope pour ausculter Maradona,* a dévoilé Jorge Romero, en décembre 2009, dans le quotidien *Uruguay El Pais. J'ai refusé et je me suis immédiatement rendu à la propriété où se trouvait Maradona. Lorsque je suis arrivé, je me suis trouvé face à un homme qui était en train de mourir. Il était allongé sur un canapé. Autour de lui, personne ne savait quoi faire. Après une rapide discussion avec Coppola, nous avons décidé de le transporter immédiatement à la clinique. Le voyage fut interminable, on devait parcourir quelque trente kilomètres. Sur le chemin, j'ai réalisé quelques gestes de premier secours pour dégager ses voix respiratoires. Maradona allait très mal, il était victime d'apnées, il avait du mal à respirer. Il était entre la vie et la mort. Sur le chemin, Guillermo Coppola s'est même arrêté dans une station-service pour faire le plein, on est donc restés quinze minutes arrêtés, alors que Maradona était plongé dans le coma. C'était surréaliste. Nous sommes arrivés à temps à la clinique. Nous avons alors constaté qu'il souffrait d'une crise d'hypertension et d'une arythmie ventriculaire.* » La nouvelle de l'hospitalisation du meilleur joueur argentin du siècle arrive rapidement aux oreilles des journalistes. Ils accourent devant les portes de la clinique. C'est l'hystérie. La chasse au scoop est ouverte. Devant ce barnum médiatique, Guillermo Coppola est le premier à s'exprimer. Il minimise les faits, prétend que Diego va bien et que c'est lui qui a décidé de se rendre à l'hôpital pour réaliser quelques examens. Il jure sur tous les saints que la drogue n'a rien à voir là-dedans. Personne ne le croit. Quelques jours plus tard, alors que Diego est dans un état critique, la nouvelle tombe : Maradona a été victime d'une overdose. Les analyses sont catégoriques : il avait consommé de la cocaïne. Plus que de raison. La presse s'emballe. Les curieux s'installent devant la clinique. Le cirque médiatique peut commencer. Chaque jour, des nouvelles révélations, souvent sans fondements, apparaissent dans les médias. La justice uruguayenne se saisit de l'affaire, car si la consommation n'est pas illégale, la possession, elle, est passible d'une amende, voire d'une peine de prison. Guillermo Coppola est entendu par la justice uruguayenne. L'affaire fait la une de l'actualité. Guillermo Coppola est montré du doigt, accusé par l'opinion publique d'être le principal responsable de toute cette mascarade. Sur ordre de la présidence argentine, Diego Maradona est alors rapatrié dans un établissement médical *porteño*. Pendant ce transfert, les photographes mitraillent un Maradona comateux. Il est traqué, suivi partout : dans l'ambulance, avant sa montée dans l'avion, à son arrivée à Buenos Aires, sur la route qui le mène à une clinique privée… La Claudia qui est à ses côtés est dévastée. Elle ne comprend pas pourquoi la presse s'acharne sur son mari. Diego, lui, est allongé et il a posé les mains sur son visage pour se protéger des flashs. Les médias en font trop, ils sont pointés du doigt. Ils vendent du morbide et prennent un malin plaisir à montrer un Diego Maradona au plus mal. Alfredo Cahé, le médecin personnel de Diego depuis plus de vingt-cinq ans, entre alors dans la danse. Cahé est le médecin des stars. C'est une figure très médiatique en Argentine. Qui pratique le « *si dieguismo* », cette manie de toujours dire oui à son patient le plus célèbre. La Claudia ne le porte pas dans son cœur, elle ne lui fait pas confiance. Alfredo Cahé aime les médias, et c'est lui qui va dévoiler devant une montagne de caméras et de micros la gravité de l'état de Maradona : « *J'ai eu très peur. J'ai cru que Diego allait mourir. Il a frôlé la crise cardiaque. Diego doit se soigner. Il doit s'isoler, c'est pour cette raison que la meilleure des solutions, c'est qu'il parte à l'étranger. En Argentine, il ne sera jamais traité comme un patient commun, mais toujours comme Diego Maradona. Et ce n'est pas comme ça qu'il va s'en sortir.* » En coulisses, Claudia et sa famille s'activent. Ils cherchent une porte de sortie, une échappatoire à cette terrible addiction. Ils se renseignent et pensent d'abord à un centre spécialisé situé aux États-Unis. Le problème, c'est que le visa n'est pas facile à obtenir parce que Diego a un casier judiciaire bien rempli.

Le ministre cubain de la Santé, Eduardo Ordaz, contacte alors la famille Maradona pour lui proposer ses services. Diego adore Cuba et vénère Fidel Castro depuis 1987 et une visite qu'il a faite sur l'île. Le « *lider laximo* » cubain fait tout pour que Maradona vienne se soigner sur son île, ce qui permettrait de démontrer au monde entier l'efficacité et la qualité de ses médecins. Lorsqu'il apprend que Cuba lui fait la cour, Maradona avoue à son entourage que c'est là-bas, dans les grandes Antilles, qu'il veut suivre sa convalescence et sa cure de désintoxication. Treize jours exactement après son hospitalisation, Diego s'en va à Cuba. Mais avant de partir, il veut donner sa version des faits et expliquer son rendez-vous manqué avec *El Barba*. Il se livre sur une chaîne de télévision argentine. L'interview a été enregistrée, à trois heures du matin, dans le patio de la clinique *porteña* où il est hospitalisé. C'est un Diego touché, fatigué mais soulagé qui s'exprime. Son interview sera regardée par des millions d'Argentins et reprise partout sur la planète : « *Quand les médecins m'ont annoncé que j'étais passé tout près de la mort, je ne pouvais pas le croire. Moi, je ne veux pas partir. Je veux vivre. J'ai peur, je vis avec la peur, mais je la tolère. Je ne me souviens de rien. J'admets que je suis malade. J'aimerais vous dire que c'est la dernière fois que je tombe aussi bas, je voudrais vous le promettre, mais je ne peux pas. La seule chose que je peux faire, c'est de faire un peu plus attention à moi.* » Lorsque Diego s'envole pour Cuba, quelques supporters ont fait le déplacement à l'aéroport pour lui faire comprendre qu'il n'était pas seul, que les Argentins sont avec lui. L'un d'eux a confectionné une banderole avec les moyens du bord sur laquelle il a écrit : « *Bonne chance Diego. Dieu est avec toi. Dieu t'aidera. Tu dois te débarrasser de la drogue.* » Maradona a le cœur touché. Il ne fonctionne qu'à 28% de ses capacités, c'est un homme malade qui espère trouver un peu de tranquillité à Cuba.

Lorsqu'il décolle de Buenos aires, Diego ne se doute certainement pas qu'il restera trois ans à Cuba, dans un bungalow modeste mais confortable du Centre international de santé de La Pradera, à une quinzaine de kilomètres de La Havane. Il s'est isolé pour s'éloigner de la folie qui l'entoure, pour respirer et se recentrer sur lui-même. « *Le but principal de son séjour à Cuba était qu'il prenne conscience de sa maladie*, affirme Daniel Arcucci. *C'est le traitement le plus sérieux qu'il a jamais fait. Pendant deux mois, aucune information n'a filtré. Il a toujours dit que s'il existait un cachet ou une piqûre pour cesser sur le champ son addiction, il l'accepterait. Diego a toujours eu une formidable volonté dans le football. Mais pour la drogue, ça a été beaucoup plus dur, il a mis très longtemps à accepter de souffrir pour mettre fin à ce calvaire. La drogue, je ne la vois pas comme une cause de sa décadence mais plutôt comme la conséquence de tout ce qu'il a vécu. D'ailleurs, il a été de plus en plus accroc après la Coupe du monde 1990.* » Fidel et Cuba veillent désormais sur lui. Il est surveillé de près car personne n'a intérêt à ce qu'il rechute. Toutes les quarante-huit heures, Fidel Castro reçoit un rapport détaillé sur la santé de l'astre argentin. Diego n'est plus le même homme. Il a d'ailleurs teint ses cheveux en blond. Petit à petit, il se fait à sa nouvelle vie. Il aime Cuba, il aime Fidel et il aime le Che, un Argentin comme lui qu'il s'est tatoué sur le bras. Son cœur va de mieux en mieux. Régulièrement, des journalistes argentins viennent le voir pour prendre de ses nouvelles. Ses interviewes sont toujours aussi riches. Diego n'a pas perdu son sens légendaire de la formule : « *On dit qu'au Ciel, il y a de belles choses à découvrir et à voir, mais j'ai encore du temps devant moi avant de voir un concert d'Elvis. Pour moi, aujourd'hui, consommer de la drogue, c'est comme jouer à la roulette russe. Je suis conscient que je me suis mis en danger, mais moi, j'ai envie de monter au Ciel le jour où les quatre Beatles y seront, pas avant...* » Ce séjour à Cuba n'est pas un long fleuve tranquille pour Maradona. Il se sent seul. Et même s'il va mieux, il n'est pas à l'abri d'une rechute ni d'une nouvelle frasque. Un jour, il est victime d'un accident de voiture sous la pluie, sans gravité. Un autre, il s'offusque et traite publiquement le pape de « *fils de pute* » lors d'une interview télévisée. « *Comment peut-on être aussi fils de pute*, déclare-t-il, *vivre sous un toit d'or alors que tant de gens meurent de faim et ensuite s'en aller baiser la terre des pays pauvres ?* »

L'Argentine, qui est un pays très conservateur et très catholique, est choquée par les propos de Diego. « *Diego n'a jamais eu un discours politique fort ou étudié,* affirme le sociologue Pablo Alabarces. *Il a dit du mal de Bush, du pape, de la FIFA mais sans développer sa pensée et avec des tonnes de contradictions. Mais personne dans le monde ne tenait ce rôle de rebelle, alors le rôle lui est revenu. Un peu par hasard d'ailleurs, il ne l'a pas cherché et encore moins voulu, mais il s'est pris au jeu.* » Diego souffre de ne plus être à la une de l'actualité. Petit à petit, les médias argentins l'oublient. Il est très loin. Il ne fait presque plus de vagues.

En 2003, c'est l'année des séparations. Sa femme demande le divorce (voir chapitre « La Claudia ») et il se sépare de Guillermo Coppola à qui il reproche de lui avoir « *mangé tout son argent* » et de ne pas lui avoir reversé les bénéfices de son jubilé. Diego Maradona est, plus que jamais, un homme seul. Il est bien contenu à Cuba, mais personne ne sait s'il est complètement guéri et s'il est assez fort pour ne pas succomber à de futures tentations.

En 2004, lors d'un retour à Buenos Aires, il retombe dans ses travers. Le 18 avril 2004, Diego paie une nouvelle fois ses excès. Il est hospitalisé d'urgence à la clinique Suizo Argentina de Buenos Aires. Sa vie ne tient qu'à un fil. Il n'a jamais été aussi proche de son rendez-vous annoncé avec *El Barba.* Maradona souffre cette fois-ci d'hypertension et d'insuffisance cardiaque. Il reste de longues journées en soins intensifs, plongé dans le coma. Un étonnant ballet commence alors aux portes de la clinique. Des journalistes du monde entier attendent les bulletins quotidiens des médecins et l'annonce de la mort de Maradona. Chacun prépare sa nécrologie. Chaque jour, des centaines d'Argentins viennent se recueillir devant la clinique. D'innombrables messages écrits ou dessinés sont accrochés aux murs. Ce sont des mots d'amour, des phrases de soutien. Il y en a des centaines : « *Diego, si tu meurs, je te rejoindrai au Ciel pour te voir jouer.* », « *Jésus a ressuscité une fois. Toi, des milliers.* », « *Quand Diego s'enrhume, c'est toute l'Argentine qui éternue.* », « *Diego, pour toujours dans le cœur des Argentins. Ni prince, ni roi, Dieu.* », « *Diego, Dieu existe et il est interné.* », « *Nous avons besoin de toi. El Barba, non.* » La ferveur est inimaginable. Certains sont prêts à se suicider devant la clinique pour offrir leur cœur à Maradona lorsque la rumeur prétend qu'il va devoir s'en faire greffer un. D'autres ont dépensé leurs derniers pesos pour payer leur billet de bus depuis la Patagonie. Ils ne savent pas comment ils reviendront chez eux. Peu leur importe puisque le principal pour eux, c'est d'être là, pour soutenir leur idole. Un vieil homme joue du violon dans l'espoir que ses quelques notes arriveront jusqu'aux oreilles de Maradona et qu'elles le réconforteront. Un autre homme parcourt une longue distance à genoux avec une Vierge dans les mains qu'il brandit bien haut avant de la déposer au pied du mur. C'est un délire collectif, des scènes d'hystérie collective, l'expression d'une passion mystique et religieuse que vouent beaucoup d'Argentins à Maradona. Mais c'est aussi un barnum médiatique. Il règne une ambiance étrange devant la clinique Suizo Argentina. Tout un pays est pendu à l'évolution d'un homme. L'Argentine vit des moments d'angoisse. Elle n'est pas encore prête à perdre son idole.

Et une fois de plus, Diego s'en sort. La légende continue. Après onze jours d'hospitalisation, Diego Maradona quitte brusquement la clinique. Il n'était pas autorisé à s'en aller, mais il fugue car il étouffe, il veut s'éloigner de ce lit d'hôpital et de cette chambre devenue trop petite pour lui. Une fois encore, il est méconnaissable et incontrôlable. En une semaine, il a le temps de donner une interview exclusive à une présentatrice historique, une vedette du petit écran argentin. Il est pathétique. Ses propos n'ont ni queue ni tête. Il a également le temps de montrer ses fesses à une caméra embarquée sur un hélicoptère qui survole la propriété où il s'est réfugié. Ses mots et son attitude sont incohérents. Une semaine après cette fuite suicidaire, Diego est à nouveau hospitalisé. C'est le moment que choisissent La Claudia et Doña Tota pour prendre les choses en main. Elles le mettent sous tutelle et l'obligent à être interné dans un hôpital psychiatrique. Beaucoup de centres médicaux et psychiatriques refusent d'accueillir Maradona par peur de la surexposition médiatique. Claudia et Doña Tota ont bien du mal à trouver un endroit qui accepte de le soigner. Lui, ne veut rien entendre. Mais cette fois-ci, il n'a pas voix au chapitre. Le 9 mai 2004, Diego Maradona est finalement interné à la clinique neuropsychiatrique

Del Parque, dans la banlieue de Buenos Aires. Diego est sevré et il partage son quotidien avec des malades mentaux. La nuit, il entend leurs cris. Il prend conscience de son état et de sa maladie. Son corps souffre car il est en manque. Il fait des crises de nerf, des crises de démence. Plus d'une fois, il est attaché à son lit. Ce n'est que comme ça qu'il s'en sortira. Diego Maradona va rester trois mois dans ce centre, trois mois à ruminer ses fautes et à se battre contre lui-même. Seule sa famille a l'autorisation de lui rendre visite. À chaque fois qu'il voit Claudia, il la supplie, l'implore de le laisser sortir, mais elle ne craque pas et ne se laisse pas attendrir. Diego veut repartir à Cuba. Il veut quitter l'Argentine et Buenos Aires. Mais désormais, il ne peut pas bouger d'un centimètre sans l'autorisation de sa famille, qui a coupé le cordon avec son entourage néfaste. Avec ces hommes qui ne savent pas lui dire non. Au mois d'août 2004, Diego sort enfin de la clinique. Il est toujours aussi corpulent, mais il donne la sensation d'avoir retrouvé ses esprits, d'être plus lucide et plus cohérent. Il demande alors un rendez-vous avec Nestor Kirchner, le président de la République, pour lui parler de son avenir. Diego veut partir à Cuba contre l'avis de sa famille, mais c'est sa famille qui est légalement responsable de lui, c'est elle qui décide. Maradona veut donc demander à Kirchner sa liberté et son aide. Le président hésite, car un Diego obèse et malade n'est pas vendeur. Il finit pourtant par le recevoir en catimini. Clic clac, la photo est publiée dans les médias. Officiellement, les deux hommes ne se sont vus que quinze minutes et n'ont pas abordé le sujet du voyage de Diego à Cuba. Officieusement, Kirchner s'est laissé convaincre par Maradona et, quelques jours plus tard, il ordonne à la juge de le laisser partir. La famille ne s'y oppose plus, car elle n'a pas réussi à trouver de clinique au pays pour que Diego poursuive son traitement. Personne n'a voulu de lui. Étonnant. Avant de rejoindre Cuba, Diego est à nouveau hospitalisé pour une pneumonie. La cocaïne plane toujours autour de lui. Il n'a suffi que d'une soirée avec ses « amis ennemis » pour que Maradona rechute. Le 20 septembre, Diego s'en va enfin à Cuba. Ses sœurs, son avocat, son médecin et son assistant l'accompagnent. Diego a à peine posé les pieds à Cuba qu'il est emmené, de son plein gré, dans un centre médical pour suivre une sérieuse cure de désintoxication. Ce sera une cure salutaire puisque, pour la première fois depuis plus de vingt ans, il va définitivement s'éloigner de la cocaïne. Le traitement est lourd, le traitement est dur, mais Diego, grâce à son passage à la clinique Del Parque de Buenos Aires, est enfin mûr pour affronter le problème et le résoudre. À Cuba, il est plus tranquille, c'est une île qui sait garder les secrets. Il est isolé, caché et disparaît quelques mois de la circulation. Si Diego ne se drogue pas, il compense par la nourriture. Il ne fait rien dans la demi-mesure. Il mange comme un ogre et grossit à en devenir obèse. Au plus gros de son poids, il va peser jusqu'à cent vingt et un kilos. Triste spectacle. Au mois de mars 2005, Diego Maradona subit une intervention chirurgicale dans une clinique privée de Carthagène en Colombie. Il passe sur le billard pendant deux longues heures pour une intervention – un bypass gastrique – réservée aux patients obèses comme lui. Le bypass gastrique permet de réduire la taille de l'estomac de 90% et d'améliorer, voire d'éliminer, les problèmes d'hypertension artérielle. « *Cette intervention va permettre à Diego de perdre quarante à quarante-cinq kilos dans les prochains mois et de retrouver son poids de forme et sa silhouette de footballeur* », assure Eduardo Bolanos, l'un des chirurgiens qui l'a opéré. Diego est sur le chemin de la récupération et de la rédemption. Ce bypass gastrique est salutaire. Diego perd rapidement du poids en suivant consciencieusement le régime qui lui est prescrit. Il mange liquide, à petites doses, et ne fait aucun excès. Il est de nouveau présentable. C'est un nouveau Diego qui, quelques semaines après son opération, prend enfin sa vie par le bon bout. Il veut rattraper le temps perdu, et s'organise un petit tour d'Europe. Il passe d'abord par Madrid pour dîner avec Ronaldo et Roberto Carlos, deux stars brésiliennes du ballon rond, puis à Barcelone pour voir Ronaldinho qui est considéré comme le meilleur footballeur de la planète. Il en profite pour donner des interviews, toujours grassement rémunérées : « *Maintenant, je peux profiter de la vie. Je me sens mieux. Je n'ai fait de mal à personne. Si je me suis trompé, je me suis trompé et j'ai payé, et ça ne concerne que moi. Les exemples, ce ne sont pas idoles qui les donnent mais bel et bien les parents…* » Un peu plus tard, il est surpris sur le balcon d'un grand hôtel de Cannes, avec un énorme cigare cubain à la bouche. Il est venu sur la Côte d'Azur pour assister au Festival de Cannes et pour regarder le Grand prix de formule 1 de Monaco, à l'invitation du pilote allemand Michael Schumacher. Cette fois encore, il va distiller quelques phrases dignes d'intérêt (« *Cela fait un an et demi que je n'ai pas consommé de drogue* ») à une presse qui le harcèle toujours autant. Après Madrid, Barcelone, Cannes et Monaco, Diego termine sa tournée à Istanbul pour assister à la finale de la Ligue des champions qui oppose Liverpool au Milan AC. Maradona est souriant et détendu, métamorphosé.

De retour en Argentine, il entame sa reconversion, huit ans après la fin de sa carrière. Les dirigeants de Boca Juniors sont les premiers à se réjouir de ce retour inespéré et lui offrent le poste de vice-président du Conseil du football. Un titre honorifique qui donne un certain pouvoir à Maradona. Son rôle est de faire le lien entre les joueurs, l'entraîneur et les dirigeants. Sa première décision est justement d'enrôler un nouvel entraîneur. Son choix s'est arrêté sur Alfio « Coco » Basile, celui qui ne l'avait pas oublié et qui l'avait sélectionné en 1994. Diego a toujours son franc-parler, ressasse le passé et se remémore publiquement ces dernières années de lutte acharnée : « *Un jour, j'ai eu le déclic. Je suis passé d'un état comateux, à la limite de la mort, à une certaine forme de tranquillité et de sérénité. Aujourd'hui, je me sens bien et j'ai envie de crier à tous les Argentins : aujourd'hui, je suis heureux. Aujourd'hui, j'ai envie de me lever tôt. Pour la première fois de ma vie, par exemple, j'ai participé à une réunion parents/professeurs au lycée de Gianinna. Si j'en suis arrivé là, si j'ai réussi à me sortir de tout ça, c'est grâce au soutien de ma famille et de tous les Maradoniens.* » Pour que Maradona tienne et continue sur sa belle lancée, il doit travailler et s'occuper. Il signe alors un contrat avec une chaîne de télévision, Canal 13, pour présenter l'émission « *La noche del 10* », la nuit du numéro 10. Il y danse et chante des chansons à sa gloire que les plus grands groupes de rock argentin ont composées tout au long de sa vie. À chaque émission, il revient, photos et images à l'appui, sur l'un des glorieux moments de sa carrière. Il se met également dans la peau d'un interviewer et invite Pelé, Mike Tyson ou Fidel Castro à disserter sur leur vie. C'est un show dédié à Maradona. L'audimat explose. « *La noche del 10* » va même jusqu'à remporter le prix du meilleur programme de divertissement de l'année et celui de la meilleure production. C'est un triomphe. Maradona a une nouvelle fois brisé le cou à ses détracteurs. Il n'est plus mort. Au contraire, il est bel et bien vivant et se sent à nouveau intouchable. Alors que son émission bat son plein, il réalise un aller-retour par semaine en Italie pour participer à un jeu télévisé, « *Ballando con le stelle* » (Danse avec les stars), diffusé sur la Rai. Maradona est un homme très occupé.

Depuis son retour à Buenos Aires, il a décidé de vivre avec ses parents car il se sent toujours fragile. Il ne veut prendre aucun risque. C'est un sacré retour en arrière pour un homme de quarante-quatre ans. Il est rapidement obligé d'arrêter toute collaboration avec la télévision italienne, le fisc transalpin ayant décidé de récupérer l'argent qu'il lui doit. L'addition est salée puisqu'il a 36 millions de dollars d'arriérés d'impôts. L'administration fiscale italienne récupère l'argent à la source et contraint la chaîne italienne à lui reverser directement le cachet promis à Maradona. Il n'est décidément plus en odeur de sainteté en Italie.

L'année 2005-2006 est bien celle qui scelle le retour de Maradona au premier plan. Mais, pour d'obscures raisons financières, « *La noche del 10* » ne connaîtra pas de seconde saison. Diego va également rendre son tablier à Boca Juniors pour incompatibilité d'humeur et divergence stratégique. Diego demande à cor et à cri les rênes de la Sélection après la Coupe du monde 2006. Mais ce n'est pas le moment. Julio Grondona refuse de lui confier les clés de la Sélection nationale. Désœuvré, Diego disparaît à nouveau de la circulation. Des rumeurs assurent qu'il n'est pas au mieux, qu'il est déprimé et dégoûté du peu d'égard et d'attention que sa seconde famille, celle du football, daigne lui consacrer.

Quelques mois plus tard, Diego rechute. Le 28 mars 2007, une ambulance traverse la nuit de Buenos Aires toutes sirènes hurlantes. Elle transporte Diego Maradona qui vient d'avoir un nouveau malaise : il est hospitalisé d'urgence. Les programmes de télévision s'interrompent, la nouvelle fait le tour du pays en une poignée de secondes. Elle va rester plusieurs jours à la une de tous les médias. Comme en 2004, un étrange ballet se met en place : les portes du Sanatorium Güemes (situé dans le centre de Buenos Aires) sont prises d'assaut par une cohorte de journalistes et des centaines de fans. Dans ce contexte d'hystérie collective, les médecins ont l'obligation de communiquer quotidiennement sur l'état de santé du *Diez*. Ils se montrent rapidement rassurants : « *Sa vie n'est plus en danger.* » Le patient le plus célèbre du pays souffre d'une hépatite toxique, conséquence de sa consommation exagérée d'alcool, de cigares cubains et d'une alimentation aussi grasse qu'abondante. Son médecin personnel, le docteur Cahé, assure cependant : « *Cette fois, cela n'a rien à voir avec la cocaïne.* » Treize jours plus tard et après une « *récupération exceptionnelle* », Diego a l'autorisation de quitter l'hôpital. Le docteur Cahé est inquiet : « *Diego devra être surveillé toute sa vie car il a une forte propension à la dépendance. Il sort, mais il est en convalescence, on lui a demandé de garder le lit pendant deux semaines.* » Maradona fait d'abord signe d'avoir compris le message et part se reposer dans la maison de Veronica Ojeda, la jeune femme, originaire de Villa Fiorito comme lui, qui partage spn quotidien depuis plusieurs semaines. Mais, à peine deux jours plus tard, Diego est foudroyé par de « *fortes douleurs abdominales* ». Il panique, appelle une ambulance et retourne à l'hôpital. Ce second séjour est plus long que le premier, il va durer vingt-quatre jours et se terminer dans une clinique psychiatrique. L'idole va mal, une nouvelle fois rongée par ses tourments. À la fin du mois d'avril, certains font courir une impensable rumeur : Maradona serait mort sur son lit d'hôpital. Elle n'a duré que deux petites heures, mais elle a eu le don de mettre *el pibe de oro* dans un état de rage avancé : « *Je retrouverai celui qui m'a enterré. Personne ne doit profiter de mes faiblesses. C'est vrai que je ne suis pas un saint, mais je paie très cher tous mes excès. Je me punis tout seul. Et je ne souhaite à personne de vivre ce que je vis.* » Maradona n'est pas mort. Le football coule toujours dans ses veines. À peine sorti de l'hôpital, il a repris le chemin de l'entraînement, car il ne peut pas vivre sans un ballon rond collé au bout de son pied gauche. Pour pouvoir s'adonner pleinement à sa passion, il a monté une équipe de showgol, une sorte de football en salle. Deux équipes de cinq joueurs s'affrontent sur un mini-terrain où la balle ne s'essouffle jamais car les dix protagonistes peuvent jouer avec les murs. Pour cette aventure lucrative, Maradona s'est entouré d'anciens coéquipiers et amis comme Alejandro Mancuso ou Sergio Goycochea, deux ex-internationaux argentins. Ces matchs se jouent dans des gymnases plein à craquer. Diego et son équipe d'Argentine parcourent le continent pour affronter de vieilles gloires du football.

Certains membres de la « grande famille » du football ne l'ont donc pas oublié. Son rêve est un secret de polichinelle : il veut entraîner un jour la sélection *albiceleste*. Mais, avec le temps, il a appris à être patient. Il est persuadé que son heure viendra et qu'un jour ce rêve s'exaucera : « *J'ai encore beaucoup de temps devant moi. Je ne suis pas mort, je ne suis pas encore arrivé au bout de mon histoire. Je n'ai pas fini de vous surprendre…* »

EL D.T.

La tempête fait rage sur Buenos Aires. Des seaux d'eau tombent du ciel. Le vent souffle si fort qu'il emporte tout sur son passage. L'ambiance est apocalyptique. Les rues sont vides et inondées. Les *Porteños* s'abritent comme ils peuvent. Il faudrait être fou pour mettre un nez dehors. Il y en a plus de 50 000 pourtant, qui n'ont pas eu le choix. Ce sont les spectateurs du match qui oppose l'Argentine et le Pérou. Les éléments se sont déchaînés au milieu de cette rencontre décisive pour la qualification à la Coupe du monde 2010. Les spectateurs, les joueurs, les arbitres, les ramasseurs de balles, tous sont trempés jusqu'aux os. Diego Maradona est là, debout, à côté du banc de la sélection *albiceleste*. Il tient nerveusement un rosaire à la main. Il est tout juste vêtu d'un bas de survêtement et d'un tee-shirt officiel de la Sélection argentine. Ses hommes ont bien du mal à venir à bout d'une coriace sélection péruvienne. Le temps réglementaire terminé, les deux équipes n'ont pas encore réussi à se départager (1-1). C'est un nouveau faux pas pour l'équipe de Diego Maradona. Sa qualification au Mondial 2010 est fortement compromise lorsque Martin Palermo délivre tout un peuple et inscrit le but de la victoire dans les arrêts de jeu. Le Stade Monumental explose et c'est le moment que choisit Diego Maradona pour se transformer en phoque. Il plonge à plusieurs reprises, la tête la première, sur la pelouse gorgée d'eau et lorsque son corps touche le sol, il glisse sur plusieurs mètres. Maradona est intenable. Diego est inimitable. En ces temps de footballistiquement correct, oserait-on imaginer un Raymond Domenech, un Fabio Capello ou un Marcelo Lippi se transformer en phoque pour célébrer une agonique victoire ? Certainement pas. Diego Maradona le prouve une fois de plus : sur une pelouse, il se sent comme un poisson dans l'eau. Il exprime sa joie et son soulagement, comme un enfant, comme cet enfant qui a grandi à Villa Fiorito. Ce 10 octobre 2009 restera gravé à jamais dans sa mémoire, comme celui de « San Palermo ». Un peu plus tard, il déclarera même, euphorique : « El Barba *a fait un tour au Monumental ce soir. C'est un vrai miracle. Nous sommes toujours en vie et nous avons toujours notre destin entre nos mains.* »

Diego n'est depuis qu'un an à la tête de la *Séleccion*, mais il habite déjà sa fonction. Ses débuts ont été poussifs et inquiétants. Mais il est toujours là, debout, prêt à en découdre. Pendant douze mois, il a encaissé un torrent de critiques et a dû s'adapter à cette nouvelle fonction, à cette nouvelle pression.

Lorsqu'il a été nommé sélectionneur à la surprise générale, à la fin du mois d'octobre 2008, Maradona voyait la vie en rose. Il avait la tête dans les nuages. Après la démission d'Alfio « Coco » Basile, Diego s'est en effet lancé dans la bataille pour prendre sa succession. Il se sent alors en forme et enfin prêt à exaucer son rêve. Julio Grondona, l'omnipotent président de la AFA, d'abord réticent, finit par accepter de nommer le plus rebelle des Argentins à la tête de l'équipe de tout un pays. Il n'a pas été insensible aux conséquentes retombées économiques d'une telle nomination. De toute façon, il n'avait pas l'embarras du choix, puisqu'aucun des autres prétendants (Miguel Russo, Carlos Bianchi, Diego Simeone ou Sergio Batista) ne faisait l'unanimité. Cette décision, il l'a prise avec son entourage mais pas avec l'ensemble des dirigeants de sa Fédération, comme la tradition l'exige. Avant d'entériner son choix, il a fait en sorte que Diego soit un garde-fou. Il a donc décidé de confier un rôle de manager à Carlos Bilardo.

Le 4 novembre 2008, Diego Maradona est arrivé à 17 heures pétantes, comme prévu, à Ezeiza, dans le Clairefontaine argentin. Lorsqu'il est sorti de sa berline noire, le nouveau sélectionneur argentin a été pris en chasse par une meute de caméras. Il est donc allé s'isoler quelques minutes, pour reprendre son souffle, avant d'entrer dans une salle de presse pleine à craquer. Il y a été accueilli par des journalistes hystériques. Dans la salle, certains lui crient des « *Grande Diego* » et tous l'applaudissent. Mais Maradona n'est pas venu pour amuser la galerie. Le visage sérieux, les cheveux gominés, il a enfilé pour l'occasion un sobre et chic costume cravate. Il veut faire passer un message : il prend son nouveau rôle très au sérieux. Si Julio Grondona, le président de la AFA, et Carlos Bilardo, le nouveau manager, l'entourent, tous les regards sont tournés vers lui. Les autres n'existent pas. La Claudia, son ex-femme, et Dalma sa fille aînée, ont également fait le déplacement et se sont installées au premier rang pour voir, de leurs propres yeux, les premiers pas du Diego sélectionneur. Visiblement, Maradona est ému : « *Quand je suis arrivé dans le complexe, j'ai eu la même sensation que quand j'étais joueur : j'ai bombé le torse, car c'est, et ça sera toujours, une fierté de représenter mon pays, et c'est une responsabilité qu'il ne faut pas prendre à la légère.* » Pendant une heure, il va parler, s'expliquer sans jamais perdre son sérieux. « *C'est un rêve qui se réalise. Je vais travailler d'arrache-pied, tous les jours, pour que ma sélection progresse, progresse et progresse.* » Mais avec quel staff ? C'est la question à mille pesos en Argentine. Car Maradona a du mal à arrêter ses choix. « *J'ai besoin de personnes loyales et qui comprennent que le numéro 1, c'est moi. Cette sélection, c'est MA sélection.* » Depuis sa nomination officieuse, Diego le jure, il n'a pas eu une seule seconde de répit, car il ne pense qu'à ça, à SA *Selección*. « *Je l'imagine déjà sur le terrain : je voudrais que tout le monde soit bien en place, que mon équipe soit un bloc, que l'on ait le contrôle du ballon mais aussi et surtout que mes joueurs prennent du plaisir et qu'ils offrent du spectacle. Mais aussi qu'ils soient prêts à se sacrifier. Car dans ma* Selección, *il n'existe pas de matchs amicaux.* » *El pibe de oro* l'avoue, il a écouté et lu les réactions, pas toujours positives, qui ont entouré sa nomination. Il admet sans se faire prier : « *Je ne suis pas certain que le monde du football soit content. Mais le vrai footballeur, l'amateur, celui du dimanche est heureux de me voir revenir sur les terrains. J'en suis certain. J'étais peut-être le dernier dans les sondages, mais je suis certain d'être le premier dans le cœur des Argentins.* » Diego n'est pas un pantin et encore moins une marionnette. Ses premières semaines à la tête de la *Séleccion* sont donc rythmées par les polémiques liées au choix de ses adjoints. Il livre une bataille politique permanente contre Julio Grondona. Les deux hommes aux ego surdimensionnés se livrent une sorte de guéguerre des chefs. Et ni l'un ni l'autre ne semble prêt à mettre de l'eau dans son vin. Un jour, lors d'un déjeuner de travail avec Carlos Bilardo, ce dernier à bien été au bord de l'indigestion.« *Carlos,* lui aurait-il annoncé, *je veux que Ruggeri soit mon assistant. Règle ça avec Grondona, il faut qu'il accepte. Si Ruggeri ne monte pas avec moi dans l'avion pour l'Écosse* (le premier match de Diego Maradona comme sélectionneur), *je n'irai pas non plus. C'est aussi simple que ça.* » Bilardo a donc pris son combiné pour faire part du désir du « *diez tout puissant* » à Don Grondona. Celui-là lui aurait répondu, furieux : « *Ruggeri peut travailler où il veut, mais certainement pas à la AFA.* » Grondona a promis qu'il serait intraitable sur cette affaire. Maradona est hors de lui. Excédé, il menace de démissionner sur-le-champ. Et ce, sans avoir encore signé son contrat et avant même d'avoir commencé son cycle. Du délire maradonien. Ou lorsque le Diego joue avec le feu, car en Argentine, il est de notoriété publique que Julio Grondona et Oscar Ruggeri s'entendent aussi bien que George W. Bush et Fidel Castro ! Ils ont un lourd passé commun. L'ex-défenseur international, champion du monde en 1986, n'a jamais eu de mots légers à l'égard de Grondona. Un jour, il l'a traité de « *mafioso* », un autre il a déclaré que « *si l'Argentine n'avait plus rien gagné depuis vingt-quatre ans, c'était de la faute de Grondona* » ou encore : « *Pourquoi est-il toujours président ? Mais parce que tout le monde a peur de lui… sauf moi.* » Réponse de Grondona : « *Si je n'en veux pas, c'est peut-être parce que je n'aime pas sa tronche, tout simplement.* » C'est une foire d'empoigne, mieux un combat des chefs. Un jour pourtant, les deux hommes finissent par trouver un terrain d'entente. Grondoa accepte que Diego soit accompagné par son ami, son confident, Alejandro Mancuso, ex-international qui avait participé au Mondial 1990. « Mancu » est un fidèle parmi les fidèles, puisque c'est lui qui a accompagné Diego tout au long de sa convalescence. Maradona peut donc compter sur cet « *homme loyal* » qu'il désirait à ses côtés. En contrepartie, le numéro 10 accepte que

Miguel Angel Lemme, un homme de Bilardo, soit son second assistant. Il peut désormais occuper toute sa tête et ses journées à SA *Sélección*. « *Cette équipe,* déclare-t-il, *c'est comme un Rolls Royce recouverte de terre. Mon objectif, c'est de la nettoyer et de la faire briller.* » Commencent alors les insomnies de Maradona. Il avoue qu'il se lève, brusquement, dans la nuit pour noter quelques idées tactiques ou quelques phases de jeu qu'il imagine. Chaque jour, il se lève, petit-déjeune et file à bord de sa Mini Cooper bleue à Ezeiza, le complexe de la Sélection argentine. Il se prépare sérieusement. Il ne veut pas louper ses débuts. Lorsqu'il était joueur, le maillot *albiceleste* a toujours été la priorité de Maradona (quatre-vingt onze sélections, trente-quatre buts en dix-sept ans de présence sous le maillot argentin). Il veut transmettre cette passion aux joueurs de la nouvelle génération. Diego avait inscrit son premier but en Sélection, contre l'Écosse, en 1979. Et c'est contre cette même Écosse qu'il débute, le 19 novembre 2008, sa carrière de D.T. (*Director Tecnico*, entraîneur).

Son retour aux affaires a été orchestré d'une main de maître par les médias. Le matin, le midi, le soir ou la nuit, Diego est partout, tout le temps. Car *el diez* est toujours une poule aux œufs d'or, qu'il soit mourant au fond d'un lit d'hôpital ou fier comme un pape dans le survêtement officiel de la *Selección*. Tout le monde en profite : les chaînes spécialisées repassent en boucle les moments forts de la carrière du Diego joueur, et les journaux sortent un énième hors-série sur l'histoire romanesque du *Diez*. Toute la presse sportive argentine a donc déplacé, le temps d'un match, ses bureaux et ses studios à Glasgow. Diego Maradona a tenu, à l'arrivée de la délégation en Écosse, à sortir le premier de l'aéroport « *pour montrer que j'étais un entraîneur qui ne se cachait pas et que les joueurs pouvaient compter sur moi.* » Diego est dans son élément : « *Revenir en Sélection, c'est comme revenir à la maison. J'aime cette adrénaline. Elle me manquait. La différence, c'est que je ne joue plus et, cette fois-ci, ce sont les* chicos *qui vont jouer pour moi. Comme on n'a pas le temps de travailler, j'attends de mes joueurs un clic, qu'ils changent de mentalité, car porter ce maillot* albiceleste *doit te donner des ailes et du coeur. Je suis impatient d'entrer sur le terrain, de sentir une nouvelle fois l'odeur des grands matchs.* »

Pour le grand retour de Maradona, quelque quatre cents journalistes ont été accrédités. C'est un événement incontournable. Ses débuts sont réussis puisque son Argentine sort victorieuse de ce premier match à l'extérieur (1-0). Avant de venir en France, pour son second match, Maradona fait un détour par Caracas. Le voyage est purement politique. Diego est au Venezuela pour soutenir Hugo Chavez, à la veille d'un référendum capital pour l'avenir du président. « *C'est un honneur de fêter avec vous les dix ans de la révolution,* affirme-t-il à des milliers de Vénézuéliens massés dans un stade. *Je serai toujours là pour lui et pour vous.* » Maradona n'a pas oublié ses vieux amis et démontre ainsi qu'il est toujours aussi proche de Fidel Castro et de Hugo Chavez. Comme au temps de sa splendeur, Diego mélange à nouveau football, politique et business. La nomination de Maradona à la tête de la *Selección* a, comme prévu, dopé l'intérêt de multiples sponsors. « *Avec Diego, les risques s'amenuisent et organiser un match de la Sélection, c'est comme organiser une tournée des Beatles. Beaucoup d'entreprises nous ont contactés pour faire partie de l'aventure* », se vante Guillermo Tofoni, le responsable de la société World Eleven qui organise tous les matchs amicaux des Argentins. Dans chaque stade où il passe, les rencontres se jouent à guichets fermés. Les sponsors accourent et, pendant ce temps-là, Diego négocie son contrat. La situation est assez originale puisque, pendant que Maradona entraîne la *Selección,* il n'a toujours pas signé le moindre papier. Officiellement et légalement, il n'est pas encore l'entraîneur national. Ce petit jeu va durer sept matchs. Entre-temps, Diego va connaître l'adrénaline des premières rencontres officielles des éliminatoires de la Coupe du monde. Dans ce laps de temps, son Argentine va gagner deux fois, sans convaincre, et à domicile contre le Venezuela (4-0) et la Colombie (1-0), mais elle va également connaître deux douloureuses défaites. La première, historique, sur les hauteurs de La Paz, en Bolivie. Ses joueurs, qui évoluent tous dans les plus grands clubs européens, sont asphyxiés par une armée de onze Boliviens survoltés. Là-haut, à trois mille mètres d'altitude, les Argentins sont écrasés, humiliés, sur le score de six buts à un. La seconde défaite est, elle aussi, à mettre sur le compte de l'altitude, puisque l'Argentine est défaite à Quito (0-2), en

Équateur, à deux mille huit cent cinquante mètres au-dessus du niveau de la mer. Les premiers pas de Diego ne sont guères convaincants. Mais il finit tout de même par signer un contrat qui lui assure la bagatelle de 100 000 dollars par mois (1,2 million de dollars par an), soit deux fois plus que ses prédécesseurs. Maradona l'exubérant ne laisse personne insensible au pays. Lorsque le *pibe del oro* était encore footballeur, il faisait l'unanimité. L'amour était aveugle et passionnel. Mais son image s'est sérieusement écornée lorsqu'il s'est éloigné des terrains pour s'encanailler. Les sorties, la drogue, les commentaires mal placés, la déchéance physique avaient fini par fatiguer beaucoup d'Argentins. Alors, aujourd'hui, son image mi-ange mi-démon lui colle tellement à la peau que ses premiers pas à la tête de la *Selección* font débat. Dans les quartiers les plus défavorisés du pays, Diego sera toujours chaleureusement soutenu. Car il est l'un des leurs. Il est même un exemple, puisque le gamin de Villa Fiorito qui a grandi dans une minuscule et modeste case vit aujourd'hui dans les quartiers rupins de la ville. Son ascension sociale, sa renommée internationale, ses entrées au palais présidentiel leur ont prouvé que tout était possible, que les rêves les plus fous pouvaient êtres exaucés. Ils l'admirent, le vénèrent. « *Mais cette image de héros populaire n'est pas partagée par les classes dominantes*, assure le sociologue Pablo Alabarces. *Pour beaucoup de riches, Diego n'est et ne restera qu'un petit Noir des bidonvilles. Pour eux, c'est donc une insulte qu'un pauvre représente l'Argentine aux quatre coins de la planète. Tout allait bien lorsqu'il se contentait de taper dans un ballon. Mais depuis qu'il a pris un poste à responsabilité, comme celui de sélectionneur, leurs dents grincent.* » Depuis plusieurs années, de très nombreux Argentins ont tenté, à leur manière, de faire revenir *El Diez* en sélection. Avant le Mondial 2006, une pétition avait même été lancée sur Internet pour qu'il intègre la liste des vint-trois et qu'il puisse participer, ne serait-ce qu'une minute, à sa cinquième Coupe du monde. L'instigateur du projet, Raúl Champredone, qui avait récolté des milliers de signatures, expliquait alors cette démarche de la manière suivante : « *Après ses moments de déchéance, ses moments où il a côtoyé la mort, le voir revenir en forme, plus sain et affamé de reconnaissance, est un vrai plaisir. Il faut l'encourager, le soutenir dans sa démarche. Car jamais, nous ne devons oublier qu'il a fait connaître au pays les plus belles, les plus grandes joies de son histoire. Nous ne le remercierons jamais assez. Et Diego et la Sélection, c'est encore plus fort qu'une histoire d'amour.* » Et ce n'est pas Maradona qui prétendra le contraire. Un jour, il avait avoué, enjoué : « *Quand j'enfile le maillot* albiceleste, *le seul contact du tissu sur ma peau me donne des frissons.* » Dans le fond, les Argentins n'espèrent qu'une chose, qu'il fasse passer ce message à ses joueurs. Car, pour lui, la mission est simple : gagner la Coupe du monde. S'il échoue, le mythe risque de s'écorner un peu plus. Il a plus à y perdre qu'à y gagner. Surtout que Diego déteste toujours autant la défaite et le mépris dont font preuve certains secteurs de la presse à son égard. Au fil des matchs, au fil de ses sélections, les critiques sont de plus en plus virulentes, de plus en plus violentes. Il lui est reproché de convoquer sans compter. Avant le début de la Coupe du monde, il avait déjà sélectionné presque cent vingt-cinq joueurs. Tout a pourtant une explication. L'Argentine a joué des matchs officiels et d'autres, amicaux. Une fois encore, ces matchs qui comptent pour du beurre ont été organisés pour gagner de l'argent et ne pouvaient êtres assimilés à de véritables matchs internationaux. Alors, Diego a dû convoquer des joueurs évoluant au pays et s'arranger avec tous les aléas d'un calendrier bien mal fagoté. Cela ne justifie peut-être pas complètement sa frénésie de noms, mais c'est en tout cas le début d'une explication. Ensuite, il lui est reproché ses choix tactiques et ses méthodes de travail. Personne ne comprend pourquoi la *Selección* ne s'est jamais entraînée le matin ? Eh bien, parce qu'avant midi Diego Maradona dort. Il n'est définitivement pas du matin. Bref, l'air devient vite irrespirable pour Maradona. Et la tension est montée encore d'un cran à la veille du tout dernier match des éliminatoires. Quelques jours seulement après « *le miracle de San Palermo* » et la victoire, sur le fil et dans le déluge, des Argentins face au Pérou, Maradona et sa bande sont allés jouer leur qualification de l'autre côté du Rio de la Plata, à Montevideo. Avant la rencontre, la presse assure que Diego est sur la sellette et que ses jours sont comptés. Les statistiques ne lui sont guères favorables puisque les Argentins n'ont plus gagné en Uruguay depuis 1976. Le match est tendu. Les joueurs sont crispés. Diego tente de garder son calme. Ce n'est que dans les toutes dernières minutes d'une rencontre sans saveur que l'Argentine ouvre le score pour s'assurer la victoire (1-0) et composter son billet pour l'Afrique du Sud et sa Coupe du monde. Maradona est en transe. Il pleure, enlace et embrasse ses joueurs et Carlos Bilardo. Il exulte et s'apprête à régler ses comptes. Lorsqu'il débarque dans la salle de presse surchauffée, ils sont tous là, devant lui, ceux qui lui promettaient l'enfer en cas de défaite. Mais c'est lui qui dégaine le premier. La conférence de presse est surréaliste. Il s'emporte et insulte une assemblée médusée et choquée par les propos d'un homme blessé : « *Aujourd'hui, je voudrais remercier les joueurs, le public et personne d'autre. Alors vous, les autres, vous pouvez toujours me sucer. Oui, vous qui n'avez jamais cru en nous et qui m'avez traité comme une merde. Aujourd'hui, nous nous sommes qualifiés pour le Mondial sans l'aide de personne. À ceux qui n'ont pas cru en nous, excusez-moi mesdames, eh bien sucez-moi et sucez-moi longtemps !* » Ces propos de Maradona font le tour de la planète. Diego est dans l'œil du cyclone médiatique. Les journalistes argentins sont outrés. Les insultes de Maradona ont un prix, fixé par la FIFA : il est suspendu deux mois de toute compétition ou de tout rassemblement organisé par la Fédération internationale. Il s'en sort bien car il risquait jusqu'à cinq matchs de suspension. Mais la FIFA a préféré être indulgente. S'il avait été suspendu cinq matchs, il n'aurait pas pu se rendre en Afrique du Sud.

Avec cette peine allégée, la FIFA a donc prouvé qu'elle ne pouvait pas se passer de Diego et qu'elle n'imaginait pas une Coupe du monde sans la présence de son enfant terrible. Car avec lui tout est toujours possible. Avec Diego Armando Maradona, tout a toujours été blanc ou noir. Gris ? Jamais…

SOURCES

Ce livre n'aurait pas été possible sans la participation de nombreux témoins qui ont accepté de livrer leur histoire, leurs souvenirs, leurs anecdotes ou leurs analyses concernant Diego Armando Maradona.

Merci à Christophe Larcher, avec qui j'ai réalisé mon premier voyage maradonien et qui en avait gardé toutes les traces. Merci également à Thierry Dengerma et au service des Archives de *L'Équipe*.

Depuis trente-cinq ans, de nombreux journalistes ont écrit des milliers d'articles sur Diego Armando Maradona. Des journaux comme *La Nacion*, *Clarin*, *Olé*, *El Grafico*, *Gente*, *El Pais*, *La Repubblica*, *L'Équipe* ou *Le Figaro* ont été des sources inépuisables pour ce présent ouvrage. Des sources qui ont permis de vérifier dates, noms et déclarations... Merci à eux.

Enfin, trois ouvrages, édités en Argentine, méritent également d'être mentionnés. Il s'agit de :

Masculinades : fútbol, tango y polo en la Argentina, Eduardo Archetti, antropofagia, 2003.

Vivir en los medios, Maradona Off the record, Leandro Zanoni, Edition Marea, 2006.

Yo soy el Diego de la gente, Diego Armando Maradona, Daniel Arcucci et Ernesto Cherquis Bialo, Edition Planeta, 2000.

TABLE DES MATIÈRES

Impression réalisée par

CPI
BRODARD & TAUPIN

La Flèche
en avril 2010

Imprimé en France
N° d'impression : 57754